国家新能源汽车"十三五"重点规划
电动汽车系列教材

新能源电动汽车维修技术

主　编　刘建华

下载二维码可获取视频资料

北京交通大学出版社
·北京·

内 容 简 介

本书以目前市场主流新能源电动汽车为基础,围绕新能源电动汽车技术的"三电"(电池、电机、电控)展开,较为全面、系统地介绍了新能源电动汽车的基本结构、电动汽车使用与维护方面的知识、电动汽车各系统常见故障的诊断、检测与维修方法等内容。

本书可作为高等职业院校新能源汽车专业学生的教学用书,也可作为新能源电动汽车培训机构的培训用书,同时,本书也可作为希望了解新能源电动汽车的广大读者的科普读物。

图书在版编目(CIP)数据

新能源电动汽车维修技术/刘建华主编 . — 北京:北京交通大学出版社,2018.7
(国家新能源汽车"十三五"重点规划·电动汽车系列教材)
ISBN 978 - 7 - 5121 - 3605 - 2

Ⅰ. ①新… Ⅱ. ①刘… Ⅲ. ①电动汽车-维修 Ⅳ. ①U469.72

中国版本图书馆 CIP 数据核字(2018)第 154426 号

新能源电动汽车维修技术
XINNENGYUAN DIANDONG QICHE WEIXIU JISHU

责任编辑:贾慧娟
出版发行:北京交通大学出版社　　电话:010 - 51686414　　http://www.bjtup.com.cn
地　　址:北京市海淀区高梁桥斜街 44 号　　邮编:100044
印　刷　者:北京鑫海金澳胶印有限公司
经　　销:全国新华书店
开　　本:185 mm×260 mm　　印张:15.75　　字数:393 千字
版　　次:2018 年 7 月第 1 版　　2018 年 7 月第 1 次印刷
书　　号:ISBN 978 - 7 - 5121 - 3605 - 2/U · 312
印　　数:1~2 500 册　　定价:47.00 元

本书如有质量问题,请向北京交通大学出版社质监组反映。对您的意见和批评,我们表示欢迎和感谢。
投诉电话:010 - 51686043,51686008;传真:010 - 62225406;E-mail:press@bjtu.edu.cn。

前言

随着汽车工业的快速发展，日益加剧的能源危机和环境污染，已经成为人类社会发展的突出矛盾，为了解决能源短缺、环境污染等社会问题，减少汽车对不可再生的石油资源的依赖，世界各国对新能源汽车的认识已形成了共识，发展新能源汽车已刻不容缓。各个国家相继出台了各种节能减排的法规和标准，制定了各种鼓励研发、推广新能源汽车的政策和措施，使新能源汽车迅速推向社会，出现了以蓄电池为能源的纯电动汽车、混合动力（也称复合动力）汽车和以燃料电池为能源的新能源汽车。

在我国，新能源汽车作为国家的战略性新兴产业，伴随着国家政策和资金的大力扶持，得到了快速的发展。目前，我国自主品牌的新能源汽车在全球市场高歌猛进，很多自主品牌（如北汽新能源、比亚迪等）已经取得了优秀的成绩。近年来在政府政策的支持下，个人购买新能源汽车的数量急剧增加。新能源汽车的快速增长，带来的是售后服务体系的扩充，以及新能源汽车行业前、后市场对技能型人才的需求量不断增多。由于新能源汽车车型复杂及节能装置结构新颖、技术先进，目前大部分人还不熟悉其结构和工作原理，更不熟悉其使用与维修。为此，我们编写了本书以满足广大电动汽车驾驶人员和维修人员对新能源汽车使用和维修的需要，满足职业院校对新能源汽车专业的教学需求。

本书内容以目前市场上主流的北汽新能源电动汽车车型为参考（本书内文中直接简称电动汽车），同时结合其他品牌的电动汽车车型，以电动汽车技术的三大核心（即"三电"——电池、电机、电控），以及各系统故障的检测与维修方法为出发点，教学内容紧贴实际工作岗位的具体需要，按照汽车维修行业岗位应掌握的技能和知识进行学习安排和课程教学，对电动汽车的使用、检测与维护知识进行了全方位的介绍，主要内容涉及新能源电动汽车的基础知识、使用和维修的知识，以及新能源电动汽车各系统的检查与维护等。本书涉及面广，基本涵盖了新能源电动汽车维修技术的各个方面。

全书分为 14 章，具体包括新能源汽车概述、汽车维修基本知识、电动汽车维修基本知识、电动汽车的使用与维修、整车控制器的故障诊断与处理、动力电池系统的检查与维护、驱动电机系统的检查与维护、驱动电机控制器的检查与维护、电动汽车充电系统的检查与维护、高压辅助器件的检查与维护、减速器的检查与维护、冷却系统的检查与维护、空调系统的检查与维护，以及电动汽车底盘系统的维修。

由于编者水平和经验有限，以及新能源电动汽车各种技术的不断发展更新，书中难免存在缺点和疏漏，恳请广大读者批评指正，以便今后修订和改正，以共同促进新能源汽车事业的发展。

作者
2018 年 6 月

目 录

第1章　新能源汽车概述 ………………………………………………………… 1

1.1　电动汽车的结构组成 …………………………………………………… 3

1.2　电动汽车的工作原理 …………………………………………………… 12

1.3　电动汽车的类型 ………………………………………………………… 13

　　思考题 ……………………………………………………………………… 15

第2章　汽车维修基本知识 ……………………………………………………… 17

2.1　汽车拆卸与装配的原则及方法 ………………………………………… 17

2.2　汽车维护的基础知识 …………………………………………………… 22

2.3　汽车修理的工艺过程和作业组织 ……………………………………… 25

　　思考题 ……………………………………………………………………… 28

第3章　电动汽车维修基本知识 ………………………………………………… 29

3.1　电动汽车的高压安全与救助 …………………………………………… 29

3.2　电动汽车的高压安全防护 ……………………………………………… 38

3.3　电动汽车安全作业的基本要求 ………………………………………… 48

3.4　电动汽车维修的安全操作规程 ………………………………………… 48

3.5　电动汽车维护用具的使用 ……………………………………………… 51

3.6　电动汽车的断电检查 …………………………………………………… 60

　　思考题 ……………………………………………………………………… 62

第4章　电动汽车的使用与维护 ………………………………………………… 64

4.1　电动汽车的仪表认知 …………………………………………………… 64

4.2　电动汽车的使用注意事项 ……………………………………………… 68

4.3　电动汽车的充电注意事项 ……………………………………………… 74

4.4　电动汽车的维护 ………………………………………………………… 78

4.5　动力电池系统的维护 …………………………………………………… 83

4.6　电动机系统的维护 ……………………………………………………… 85

4.7　其他电气系统的维护 ·· 86

4.8　制动系统的维护 ·· 89

　　思考题 ·· 89

第5章　整车控制器的故障诊断与处理 ······························ 91

5.1　整车控制系统的组成 ·· 91

5.2　整车控制器的主要功能 ·· 92

5.3　整车控制系统的故障诊断与处理 ·· 94

5.4　踩加速踏板车辆无反应的故障检修 ···································· 103

　　思考题 ·· 110

第6章　动力电池系统的检查与维护 ································ 111

6.1　动力电池系统维修的条件与安全规定 ·································· 112

6.2　动力电池系统外部的检查与维护 ······································ 113

6.3　动力蓄电池系统的拆装更换 ·· 118

6.4　动力电池系统内部的检查与维护 ······································ 121

6.5　动力电池系统常见故障的检测与排除 ·································· 133

　　思考题 ·· 137

第7章　驱动电机系统的检查与维护 ································ 139

7.1　驱动电机系统的组成和故障分类 ······································ 139

7.2　驱动电机系统的维护周期与检查维护 ·································· 141

7.3　驱动电机的更换 ·· 149

7.4　驱动电机系统的故障分析 ·· 154

　　思考题 ·· 155

第8章　驱动电机控制器的检查与维护 ······························ 156

8.1　驱动电机控制器的组成及工作原理 ···································· 156

8.2　驱动电机控制器的检查与维护 ·· 158

　　思考题 ·· 161

第9章　电动汽车充电系统的检查与维护 ···························· 162

9.1　快充系统的结构组成与常见故障排除 ·································· 162

9.2　慢充系统的结构组成与常见故障排除 ·································· 174

　　思考题 ·· 182

第10章　高压辅助器件的检查与维护 ································ 183

10.1　DC/DC 电源变换器的检查与维护 ···································· 183

10.2　高压线束的检查与维护 ··· 188

　　思考题 ·· 191

第11章　减速器的检查与维护 ······································ 192

11.1　减速器的功能与工作原理 ··· 192

11.2　减速器的检查与维护 ………………………………………………… 193

思考题 ……………………………………………………………………… 196

第 12 章　冷却系统的检查与维护 …………………………………………… 197

12.1　冷却系统的功能与工作原理 ………………………………………… 197

12.2　冷却系统的检查与维护 ……………………………………………… 199

思考题 ……………………………………………………………………… 202

第 13 章　空调系统的检查与维护 …………………………………………… 203

13.1　空调制冷系统的检查与维护 ………………………………………… 203

13.2　送风系统的检查与维护 ……………………………………………… 208

13.3　暖风系统的检查与维护 ……………………………………………… 210

13.4　空调系统故障的诊断与处理 ………………………………………… 212

思考题 ……………………………………………………………………… 214

第 14 章　电动汽车底盘系统的维修 ………………………………………… 216

14.1　电动汽车转向系统的检查与维护 …………………………………… 216

14.2　电动汽车制动系统的检查与维护 …………………………………… 225

14.3　电动汽车行驶系统的检查与维护 …………………………………… 233

思考题 ……………………………………………………………………… 237

附录 A　电动汽车驱动电机系统故障分类 ………………………………… 238

A.1　电动汽车驱动电机系统故障的分类 ………………………………… 238

A.2　驱动电机系统的故障模式 …………………………………………… 239

A.3　驱动电机系统故障模式及分类举例 ………………………………… 240

参考文献 …………………………………………………………………………… 244

第1章

新能源汽车概述

我国 2017 年 1 月 16 日正式实施的《新能源汽车生产企业及产品准入管理规定》，明确指出：新能源汽车是指采用新型动力系统，完全或者主要依靠新型能源驱动的汽车，包括插电式混合动力（含增程式）汽车、纯电动汽车和燃料电池汽车等。

按照目前的技术状态和车辆驱动原理，一般也将新能源汽车分为：纯电动汽车（electric vehicles，EV）、混合动力汽车（hybrid electric vehicles，HEV）和燃料电池汽车（fuel cell electric vehicles，FCEV）三种类型。

新能源汽车产业是国家的战略性新兴产业，伴随着国家政策和资金的大力扶持，得到了快速的发展。为推动国内新能源汽车产业发展，我国政府多次出台了相关的补贴政策。2012年国务院通过了《节能与新能源汽车产业发展规划（2012—2020 年）》，根据该规划，到2020 年，我国纯电动汽车和插电式混合动力汽车的生产能力将达 200 万辆、累计产销量超过 500 万辆。

根据中国汽车工业协会的数据，我国 2016 年新能源汽车生产 51.7 万辆，销售 50.7 万辆，比上年同期分别增长 51.7％和 53.0％，其中，纯电动汽车产销分别完成 41.7 万辆和 40.9 万辆。截至 2016 年年底，我国新能源汽车保有量达 109 万辆，与 2015 年相比，增长 86.90％，其中，纯电动汽车保有量为 74.1 万辆，占新能源汽车总量的 67.98％，与 2015 年相比，增长 223.19％。

在世界范围内来看，截至 2015 年，全球电动汽车（纯电动和插电式混合动力乘用车）销量骤增到 54.9 万辆，其中，我国的增量最大，超过美国位居全球第一，挪威、英国、法国、日本、德国分别位列随后几位。2016 年，全球电动汽车销量约为 77.4 万辆，其中，我国就占了 53％。

1. 纯电动汽车

电动汽车（EV）是指以车载电源为动力，用电机驱动车轮行驶，符合道路交通、安全法规各项要求的车辆。它完全由可充电电池（如铅酸电池、镍镉电池、镍氢电池或锂离子电池等）或其他能量储存装置作为动力源，向电动机提供电能。

纯电动汽车相对于燃油汽车的主要差别在于四大部件，分别为驱动电机、驱动电机调速控制器、动力电池和车载充电器。纯电动汽车的品质和价值高低也取决于这四大部件。纯电动汽车的用途也在很大程度上与这四大部件的选用和配置相关。相对于加油站而言，纯电动汽车电能的补充主要通过各种充电桩，大、中、小型充电站及公用超快充电站等设施来完成。

1

纯电动汽车的行驶速度和加速性能取决于驱动电机的功率和性能，其续驶里程则取决于车载动力电池容量的大小，而车载动力电池的重量取决于选用何种形式的动力电池（如铅酸、锌碳、锂电池等），各种电池在体积，比重、比功率、比能量、循环寿命等方面都各有不同。对电池的选用则主要取决于制造商对整车档次和用途的定位及对于市场的界定的细分。

纯电动汽车的驱动电机有直流有刷与无刷、永磁与电磁之分，还有交流步进电机等新的形式，电机的选用也与整车配置、用途及档次有关。另外，驱动电机的调速控制也分为有级调速和无级调速，以及采用电子调速控制器和不用调速控制器之分。电动机的结构有轮毂电机、内转子电机等。车辆的驱动形式有单电机驱动、多电机驱动和组合电机驱动等。

纯电动汽车的优点主要包括：技术相对简单、成熟，只要有电力供应的地方都能够充电。其缺点主要为目前蓄电池单位重量所储存的能量太少，还有因电动车的电池较贵，又没形成规模经济，故购买价格较贵。电动汽车的使用成本在有些情况下比燃油汽车贵，而有些情况下则仅为燃油汽车的1/3，这主要取决于电池的寿命及当地的油、电价格。

2. 混合动力汽车

混合动力汽车是指装有两种或两种以上动力源（或可再充电能/能量储存装置）的汽车，目前主要以电力驱动装置同时搭载汽油或柴油内燃机的形式为主。

根据动力源的系统结构形式，混合动力汽车可分为以下三类。

（1）串联式混合动力汽车（SHEV）：车辆的驱动力只来源于电动机的混合动力（电动）汽车。其结构特点是发动机带动发电机发电，电能通过电机控制器输送给电动机，由电动机驱动汽车行驶。另外，动力电池也可以单独向电动机提供电能驱动汽车行驶。

（2）并联式混合动力汽车（PHEV）：车辆的驱动力由电动机及发动机同时或单独供给的混合动力（电动）汽车。其结构特点是并联式驱动系统可以单独使用发动机或电动机作为动力源，也可以同时使用电动机和发动机作为动力源驱动汽车行驶。

（3）混联式混合动力汽车（CHEV）：同时具有串联式、并联式驱动方式的混合动力（电动）汽车。其结构特点是既可以在串联混合模式下工作，也可以在并联混合模式下工作，同时兼顾了串联式和并联式的特点。

随着混合动力电动汽车技术的发展，其类型将不再局限于以上几种，还可按照其他形式划分。

那些通常采用传统燃料的汽车，可同时配以电动机/发动机来改善低速动力输出和燃油消耗。在国内市场，混合动力车辆的主流为汽油混合动力；而在国际市场上，柴油混合动力车型则得到了快速发展。

混合动力汽车的优点主要包括如下几个方面。

（1）采用混合动力后，可按平均需用的功率来确定内燃机的最大功率，并可使内燃机处于油耗低、污染少的最优工况下工作。当车辆处于需要大功率的场合且内燃机功率不足时，由电池通过电机驱动系统来补充；而当负荷低时，内燃机富余的功率可发电给电池充电，由于内燃机可持续工作，电池又可以不断得到充电，故其行程和普通汽车一样。

（2）因为有了电池作为储能装置，车辆可以十分方便地回收制动、下坡及怠速时的能量。

（3）在繁华市区，可关停内燃机，由电力单独驱动，实现"零排放"。

（4）有了内燃机的动力可以十分方便地解决耗能大的空调、取暖、除霜等纯电动汽车遇到的难题。

（5）可以利用现有的加油站加油，不必再投资。

（6）可让电池保持在良好的工作状态，不发生过充、过放，以延长其使用寿命，降低成本。

混合动力汽车的缺点主要为长距离高速行驶时基本不能省油。

3. 燃料电池汽车

燃料电池汽车是指以燃料电池作为动力电源的汽车。燃料电池的化学反应过程不会产生有害产物，因此，燃料电池车辆是无污染、零排放的汽车，燃料电池的能量转换效率比内燃机要高 2～3 倍，因此无论是从能源的利用还是从环境保护方面来看，燃料电池汽车都是一种理想的车辆。

单个的燃料电池无法提供汽车行驶所需的能量，因此其必须结合成燃料电池组以获得必需的动力，满足车辆使用的要求。随着石油资源的不断消耗，传统燃油汽车在未来将被新能源汽车取代已成定局。燃料电池汽车作为新能源汽车发展的终极目标，当前已进入市场导入期。

近几年来，燃料电池技术已经取得了重大的进展。丰田、本田、现代、宝马、奔驰、奥迪等国际主流车企都在紧锣密鼓地研发燃料电池汽车。其中，丰田 Mirai、本田 Clarity 和现代 ix35 FC 三款车型已进入市场销售。

目前，许多世界著名汽车制造企业的燃料电池轿车的样车正在进行试验，以燃料电池为动力的大客车正在北美的几个城市中进行示范运营。在开发燃料电池汽车的过程中，仍然存在技术性挑战，如燃料电池组的一体化及提高商业化等。燃料处理装置和辅助部件的制造厂商都在朝着集成部件和减少部件成本的方向努力，并已取得了显著的进步。

与传统汽车相比，燃料电池汽车具有以下优点：

① 零排放或近似零排放；

② 减少了机油泄漏带来的水污染；

③ 降低了温室气体的排放；

④ 提高了燃油经济性；

⑤ 提高了能的转换效率；

⑥ 运行平稳、无噪声。

1.1　电动汽车的结构组成

1.1.1　电动汽车的组成

电动汽车与传统的燃油汽车在结构上没有很大的区别，电动汽车主要由车载动力电源、电池组管理系统、电源辅助设施、电动机、控制器、底盘和车身 7 部分组成，按传统的汽车构造划分方式，可将电动汽车分成电动机驱动系统、底盘、车身和电气 4 大部分。

电力驱动及控制系统相当于传统汽车中的发动机与其他功能以机电一体化的方式相结合，电力驱动及控制系统由驱动电动机、电动机的调速控制装置、动力蓄电池及车载充电机等 4 大部件组成，是电动汽车的核心，也是其区别于燃油汽车的最大不同点。除了电力驱动控制系统外，电动汽车的其他装置与传统燃油汽车基本相同，不过有些部件根据所选的驱动方式的不同而有所差异，或已被简化及省去了。

典型的电动汽车的结构如图 1-1 所示。动力电池组输出电能给驱动电动机，从而驱动车辆行驶，在车辆行驶一定的里程后，电池通过充电系统进行电能的补充。电动汽车和燃油汽车组成的区别如表 1-1 所示。

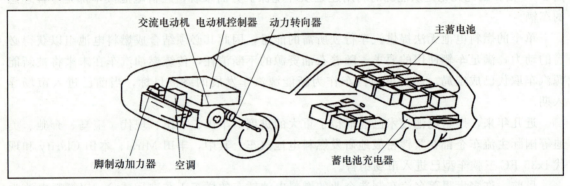

图 1-1　典型的电动汽车的结构

表 1-1　电动汽车和燃油汽车组成的区别

组成要素	电动汽车	燃油汽车
能量补给方式	从电网充电	从加油站加油
车载能量源	动力电池组	汽（柴）油箱
动力装置	电动机	发动机
传动系统	变速器等	离合器、变速器、传动轴、差速器等
辅助系统	车身电气、低压供电、整车控制、制动，空调，转向等	车身电气、低压供电、制动/空调/转向等

1.1.2　电动机驱动系统

1. 动力蓄电池系统

动力蓄电池系统主要由动力蓄电池模组、电池管理系统、动力蓄电池箱及辅助元器件等部分组成。内部设置有动力蓄电池管理器和温度、电压传感器。由于对电池有温度和电压的限制要求，所以动力蓄电池系统中需要有温度和电压传感器对其进行数据采集，然后将数据传给动力蓄电池管理器进行判断。

电池管理系统的主要功用包括动力蓄电池包电量的计算、电池温度和电压的检测、漏电检测、异常情况报警、充放电控制、预充控制、电池一致性检测及系统自检等。图 1-2 为某车型高压电池管理系统的结构。

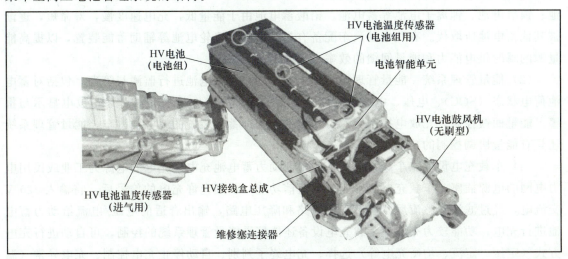

图 1 - 2　某车型高压电池管理系统的结构

蓄电池除了向电动机供电驱动汽车行驶外，还要给底盘的行驶安全装置和车身的舒适装置供电，所以既要求它容量大，以增加汽车的续驶里程；又要求它输出的电流大，以便于电动机产生大扭矩增加其动力性。为了满足电动汽车对高电压的需要，电动汽车一般是由多个 12 V 或 24 V 的单体电池通过串、并联形成的动力电池组作为动力源，动力电池组的电压为 144～400 V，通过周期性地充电来补充电能。动力电池组是电动汽车的关键装备，它储存的电能及其自身的重量和体积对电动汽车的性能有着关键性的影响。

在《电动汽车高压系统电压等级》（GB/T 31466－2015）中，对电动汽车高压系统中动力电池系统和/或高压配电系统（高压继电器、熔断器、电阻器、主开关等）、电机及其控制器系统、电动压缩机总成、DC/DC 变换器、车载充电机（如果配置）和 PTC 加热器等的直流电压等级做了规定和要求，分别有 144 V、288 V、317 V、346 V、400 V 和 575 V 6 个等级。

目前，国内外电动汽车和混合动力汽车的电池电压数据大多集中在 280～400 V 之间，也有采用 200 V 左右的蓄电池组但通过升压装置达到 500 V 以上来使用的案例。

电动汽车的蓄电池一般使用 144～400 V 的高电压供电。电动汽车之所以采用高电压供电，是因为在功率不变的情况下，提高电压可以降低电动机的工作电流。其好处主要是减小了导线的直径，也就减轻了整车的重量，降低了整车的成本；减少了能量在电路内部的损耗，既提高了能量的利用效率，又降低了蓄电池、电动机和电能转换器的工作温度，减少了对冷却系统的压力。图 1 - 3 为动力蓄电池系统的外观及内部结构。

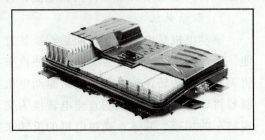

图 1 - 3　动力蓄电池系统的外观及内部结构

电动汽车的主动力源子系统包括主电源和能量管理系统，带有车载充电设备的电动汽车还应包括车载充电设备。

（1）主电源。主电源为电动汽车的驱动电动机提供动力来源，通过电能转换器向电动机提供电能，由电动机将电源的电能转化为机械能。目前，电动汽车的主电源通常采用铅酸电池、镍氢电池、锂离子电池等蓄电池。铅酸蓄电池由于能量低，充电速度慢，寿命短，逐渐被其他蓄电池所取代。有些电动汽车配备有超级电容或飞轮电池等辅助蓄能装置，以提高能量源的瞬时供电能力和能量回馈的效率。

（2）能量管理系统。能量管理系统的主要作用是对蓄电池进行监测与管理，包括对蓄电池荷电状态（SOC）、电压、电流和温度等参数的监测及存电量的显示，终止放电显示与报警，能量回馈控制，充放电控制等。对于配备了辅助蓄能装置的纯电动汽车，能量管理系统还具有能量协调控制的功能。

（3）车载充电设备。车载充电设备用于向动力蓄电池充电。充电的电源为工业或民用电力电网的电源插座，车载充电机一般具有通信功能，收到允许充电的信号后，将输入 220 V 交流电，经过滤波及整流后，通过升压电路和降压电路，输出合适的电压/电流给动力蓄电池进行充电。功能较为完备的车载充电设备还能接受能量管理系统的控制，可自动进行充电方式（定压、定流、均衡充电等）选择、充电终了判别、自动停止充电控制、充电异常（温度、电压、电流异常）的判别和自动停充保护控制等。

2. 电力驱动系统

电力驱动系统由整车控制器、电能转换器、驱动电机、机械传动装置和驱动车轮等部分组成，其中机械传动装置因纯电动汽车结构类型的不同而差别较大。

1）整车控制器

整车控制器根据从制动踏板和加速踏板输入的信号，发出相应的控制指令来控制电能转换器中功率开关的通断，进而对电动机的转速和转矩进行控制。同时，整车控制器通过对能量管理系统和电能转换器的协调控制，实现能量回馈控制和能量匹配控制。

2）电能转换器

电能转换器的主要功能是控制电动机和电源之间的功率流。当电动汽车在驱动工况时，电能转换器的功率开关在控制器输出的控制信号触发下适时地通断，以控制电动机的转矩、转速及转向；当电动汽车制动时，电能转换器使功率流的方向反向，以使电动机工作在发电状态，将再生制动的动能转换为电能，并被主电源吸收。

3）驱动电机

驱动电机是电动汽车的能量转换装置，驱动电机通过电机控制器控制将电能转化为机械能，通过传动装置或直接驱动车轮使汽车行驶。在驱动电机上安装有旋变传感器，主要用于将驱动电机的转速信号等传递给驱动电机控制器，从而对驱动电机的转速进行判断。电机控制器将动力蓄电池提供的直流电转换为交流电，然后输出给驱动电机；通过电机的正转来实现整车的加速、减速；通过电机的反转来实现倒车；通过有效的控制策略控制动力总成以最佳方式来协调工作。

（1）电动汽车对驱动电机性能的基本要求。汽车行驶的特点是频繁地起动、加速、减速和停车等。在低速或爬坡时需要高转矩，在高速行驶时需要低转矩。电机的转速范围应能满足汽车从零到最大行驶速度的要求，即要求电机具有高的比功率和功率密度。电动汽车对驱动电机性能的基本要求如下。

① 高电压。电动汽车驱动电机在允许的范围内，尽可能采用高电压，这样可以减小尺

寸，特别是可以降低逆变器的成本。

② 转速高。电动汽车所采用的感应式驱动电机的转速可以达到 8 000～12 000 r/min。高转速电机的体积较小，质量较轻，有利于降低整车的装备质量。

③ 质量小，体积小。驱动电机可通过采用铝合金外壳等途径降低质量，各种控制装置和冷却系统的材料等也应尽可能选用轻质材料。电动汽车驱动电机要求有高的比功率（电机单位质量的输出功率）和在较宽的转速和转矩范围内都有较高的效率，以实现降低车重，延长续驶里程；而工业用驱动电机通常对比功率、效率及成本进行综合考虑，在额定工作点附近对效率进行优化。

④ 驱动电机应具有较大的启动转矩和较大范围的调速性能，以满足启动、加速、制动等工况所需的功率与转矩。电机应具有自动调速功能，以减轻驾驶人员的操作强度，提高驾驶的舒适性，并且能够达到与内燃机汽车加速踏板同样的控制响应。

⑤ 电动汽车驱动电机需要有 4～5 倍的过载，以满足短时加速行驶与最大爬坡度的要求，而工业用驱动电机只需要 2 倍过载就可以满足各种使用要求。

⑥ 电动汽车驱动电机应具有高的可控性、稳态精度及动态性能，以满足多部电机协调运行，而工业用驱动电机只要求满足某一种特定的性能要求。

⑦ 电动汽车驱动电机应具有高效率和低损耗，并在车辆减速时，可进行制动能量回收。

⑧ 由于电动汽车的各种动力电池组和电机的工作电压高达到 300 V 以上，因此电气系统和控制系统的安全性应满足有关高电压标准和规定的要求。

⑨ 能够在恶劣条件下可靠工作。电动汽车驱动电机应具有高的可靠性、耐温和耐潮性，并且运行时噪声低，能够在较恶劣的环境下长期工作。

⑩ 电动汽车驱动电机具有结构简单，适合大批量生产，使用维修方便，价格便宜等特点。

（2）电动汽车驱动电机的分类。电机可分为交流电机、直流电机、交/直流两用电机（测速、伺服、自整角等）、开关磁阻电机及信号电机等多种。适用于电力驱动的电机可分为图 1－4 所示的直流电机（将直流电能转换为机械能的电机）和交流电机（将交流电能转换为机械能的电机）两大类。

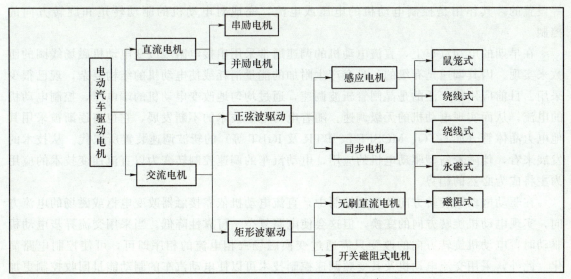

图 1－4　驱动电机的分类

目前在电动汽车上已应用和有应用前景的有直流电机、交流感应（异步）电机、永磁无刷电机和开关磁阻电机等，它们性能的比较如表1-2所示。表1-2中的控制器成本一栏以直流电机为基准，可见其他电机控制器的成本远高于直流电机。

表1-2　各种类型电机的性能比较

项目	直流电机	交流感应（异步）电机	永磁无刷电机	开关磁阻电机
功率密度	低	中	高	较高
过载能力/%	200	300～500	300	300～500
峰值效率/%	85～89	94～95	95～97	90
负荷效率/%	80～87	90～92	90～93	78～86
功率因数/%	—	82～85	90～93	60～65
恒功率区	～	1∶5	1∶2.25	1∶3
转速范围/(r/min)	4 000～6 000	12 000～20 000	4 000～100 000	＞15 000
可靠性	一般	好	优良	好
结构的坚固性	差	好	一般	优良
电机外形	大	中	小	小
电机质量	重	中	轻	轻
控制操作性能	最好	好	好	好
控制器成本	低	高	高	一般

尽管直流电机成本较低，但由于存在换向火花、功率小、效率低、维护保养工作量大等问题，随着电动机控制技术的发展，其势必将逐渐被直流无刷电机（BLDCM）、开关磁阻电机（SRM）和交流异步电机所取代。

（3）调速控制装置。电动机调速控制装置是为电动汽车的变速和正、反行驶方向的变换等设置的，其作用是控制电动机的电压或电流，完成对电动机的驱动转矩和旋转方向的控制。

在早期的电动汽车上，直流电动机的调速通常采用串接电阻或改变电动机磁场线圈的匝数来实现。因其调速是有级的，且会产生附加的能量消耗或使电动机的结构复杂，现已很少采用。目前应用较广泛的是晶闸管斩波调速，通过均匀地改变电动机的端电压，控制电动机的电流，从而实现电动机的无级调速。随着电力电子技术的不断发展，它也将逐渐被采用其他电力晶体管（如GTO、MOSFET、BTR及IGBT等）的斩波调速装置所取代。从技术的发展来看，伴随着新型驱动电机的应用，电动汽车的调速控制转变为以直流逆变技术的应用为主将成为必然的趋势。

在驱动电动机旋转方向的变换控制中，直流电动机依靠接触器改变电枢或磁场的电流方向，实现电动机旋转方向的变换，但这会使电路复杂、可靠性降低。当采用交流异步电动机驱动时，电动机旋转方向的改变只需通过变换磁场三相电流的相序即可，可使控制电路简化。此外，采用交流电动机及其变频调速控制技术可以使电动汽车的制动能量回收控制更加方便，控制电路更加简单。

（4）冷却系统。冷却系统一般由散热器、水泵、风扇、节温器、冷却液温度表和放水开关等组成。电动汽车可以采用两种冷却方式，即空气冷却和水冷却，一般多采用水冷却。

1.1.3　电动汽车底盘

电动汽车底盘是整个汽车的基体，不仅起着支撑蓄电池、电动机、电动机控制器、汽车车身、空调及各种辅助装置的作用，同时也将电动机的动力进行传递和分配，使车辆按驾驶人员的意志（加速、减速、转向、制动等）行驶。汽车底盘包括传动、行驶、转向和制动4大系统。

由于蓄电池和电动机在底盘上的布置比较灵活，因此可以根据设计要求进行多种驱动方式的配置。

1. 传动系统

电动汽车传动系统的作用是将电动机的驱动转矩传给汽车的驱动轴，当采用电动轮驱动时，传动系统的多数部件常常可以省略。由于电动机具有良好的牵引特性，可以带负载启动，所以电动汽车无须传统内燃机汽车的离合器。车速控制由控制器通过调速系统改变电动机的转速即可实现。因为驱动电机的旋转方向可以通过电路控制实现变换，所以电动汽车无须内燃机汽车变速器中的倒挡。当采用电动机无级调速控制时，电动汽车可以省略传统汽车的变速器。在采用电动轮驱动时，电动汽车还可以省略传统内燃机汽车传动系统的差速器。

2. 行驶系统

电动汽车行驶系统的作用是接受电动机经传动系统传来的转矩，并通过驱动轮与路面间的附着作用产生路面对电动汽车的牵引力，以保证整车正常行驶。此外，它还应尽可能缓和不平路面对车身造成的冲击和振动，保证电动汽车正常行驶。

电动汽车的行驶系统与燃油汽车相似，主要由车架、车桥、悬架、车轮和轮胎等组成。车架是整个汽车的装配基体，其作用主要是支撑连接汽车的各零部件，承受来自车内和车外的各种载荷；悬架是车架（或车身）与车轮（或车桥）之间的一切传力连接装置的总称，主要由弹性元件、减振器和导向机构等组成，它与充气轮胎一起缓和不平路面对车辆的冲击振动；车轮主要由轮辋、轮辐等组成，其内部还需要安装制动器，还可能要安装轮毂电动机，所以结构会很紧凑；为减小汽车行驶时的滚动阻力，要求采用子午线轮胎。车桥在采用轮毂电动机驱动时则可省去。

3. 转向系统

转向系统是控制转向轮偏转的一整套机构，其功用是根据汽车行驶需要，改变和恢复汽车的行驶方向。转向系统由转向操纵机构、转向器和转向传动机构3个主要部分组成。

驾驶员通过转动转向盘，将转向力矩输入转向器，经转向器增大后的力矩被传到转向传动装置，转向传动机构便可带动转向轮偏转，控制汽车行驶方向。

转向系统的形式有多种，但均由上述3个部分组成，它们之间的不同之处在于是否采用动力转向系统，或转向器的形式有所差异。多数电动汽车为前轮转向，工业中用的电动叉车常常采用后轮转向。电动汽车的转向装置有机械转向、液压转向、液压助力转向和电动助力转向等类型。纯电动汽车的转向系统一般都采用电动助力转向系统，这种系统的能量效率比较高。

4. 制动系统

电动汽车的制动系统同其他汽车一样，其作用主要包括：根据需要，使行驶中的汽车减速，或在最短距离内停车；使下坡行驶的汽车车速稳定；使已停驶的汽车在各种道路条件下稳定驻车。人们将完成这些任务的系统称为制动系统，其通常由制动器及其操纵装置组成。

（1）制动系统包括制动器、制动传动装置。现代电动汽车的制动系统中还装设了制动防抱死装置。与燃油汽车相似，纯电动汽车的制动系统也由行车制动和驻车制动两套装置构成。

（2）由于纯电动汽车不能像汽油车和柴油车那样利用进气歧管的真空产生的负压进行制动，所以就需要配置专门的电动真空泵产生负压，或配置电动油压泵产生油压提供制动所需的制动力。

（3）纯电动汽车的制动系统还需要配置制动能量回收装置，当车辆制动或减速时，电动机或发电机转换为发电状态进行发电，向蓄电池充电。

（4）在电动汽车中的滑片式空气压缩机上，一般还有电磁制动装置，它可以利用驱动电动机的控制电路实现电动机的发电运行，使减速制动时的能量转换成对蓄电池充电的电流，从而使能量得到再生利用。目前国内的大功率载客汽车主要采用压缩空气制动，耐力滑片式空气压缩机常用于给电动汽车提供制动空气。

5. 电动汽车的电气设备

电动汽车的电气设备包括蓄电池、辅助动力源、电能转换器和车载用电设备等，主要由辅助蓄电池、发电机、控制器、电能转换器、灯具、仪表、音响装置、刮水器等组成。

（1）蓄电池。蓄电池的作用是供给全车用电。由于动力电池组在纯电动汽车上占据很大一部分的有效装载空间，因此在布置上有相当的难度，通常有集中布置和分散布置两种形式。动力电池组布置在纯电动汽车地板下面是常采用的布置方法，这样可方便安装和拆卸。

目前，在电动汽车上应用最广泛的电源主要有二次电池（如铅酸电池、镍镉电池、镍氢电池或锂离子电池）和飞轮电池等。

（2）辅助动力源。辅助动力源用于向电动汽车上的电器和电子控制装置提供电力。辅助动力源通常配备 DC/DC 电能转换器，其主要功能是在车辆启动后将动力蓄电池输入的高压电转变成 12 V 的低压电向蓄电池充电，以保证行车时低压用电设备正常工作。DC/DC 变换器的功率范围一般为 1～2 kW，输入电压为动力蓄电池的电压范围，输出电压多为 14 V 的恒压输出。由于 DC/DC 变换器的功率相对较小，因此也常与其他高压电气部件集成布置，以便将主电源的电压转换为车载用电设备所需的电压。

（3）电能转换器（逆变器）。电能转换器的主要功能是控制电动机和电源之间的功率流。当电动汽车在驱动工况时，电能转换器的功率开关在控制器输出的控制信号触发下适时地通断，以控制电动机的转矩、转速及旋转方向；当电动汽车制动时，电能转换器使功率流的方向反向，以使电动机工作在发电状态，将再生制动的动能转换为电能，并被主电源吸收。

（4）车载用电设备。车载用电设备除了照明、信号、仪表等汽车必须装备的电器设备外，还包括刮水器、电动车窗、电动门锁和收放机等辅助电器。

灯具、仪表是提供照明并显示电动汽车状态的部件组合。仪表一般能够提供蓄电池电压显示、整车速度显示、行驶状态显示、灯具状态显示等，智能型仪表还能显示整车各电气部件的故障情况。

6. 电动汽车车身

纯电动汽车的车身造型与传统燃油汽车既有相近之处，又有较大区别。纯电动汽车车身主要由车身本体、开启件（各种门、窗、后备厢和车顶盖等）、各种座椅、内外饰附件和安全保护装置（保险杠、安全带、安全气囊灯）等组成。

另外，由于增加了蓄电池的重量，故对于蓄电池安装部位的车架强度必须有所考虑，同时为了方便蓄电池的充电、维护及更换，对蓄电池的安装方法和位置也要考虑其方便性。对环境温度有要求的蓄电池还需要考虑其散热空间及调温控制。为确保安全，还需采取密封等预防措施，以防车辆发生撞击事故时电解液泄漏伤及人身，且应具有防火等措施。

1.1.4　电动汽车的特点

1. 无污染，噪声低

电动汽车无内燃机汽车工作时产生的废气，不产生排气污染，对环境保护和空气的洁净是十分有益的，几乎是"零污染"。众所周知，内燃机汽车废气中的 CO、HC 及 NO_x、微粒、臭气等污染物是形成酸雨、酸雾及光化学烟雾的主要来源。电动机的噪声也较内燃机大为降低。而噪声对人的听觉、神经、心血管、消化、内分泌、免疫系统等也是有危害的。

2. 能源效率高，多样化

关于电动汽车的研究表明，其能源效率已超过汽油机汽车。特别是在城市运行时，汽车走走停停，行驶速度不高，电动汽车更加适宜。电动汽车停止时不消耗电量，在制动过程中，电动机可自动转化为发电机，实现制动减速时能量的再利用。有些研究表明，同样的原油经过粗炼，送至电厂发电，经充入电池，再由电池驱动汽车，其能量利用效率比经过精炼变为汽油，再经汽油机驱动汽车高，因此有利于节约能源和减少二氧化碳的排放。

另外，电动汽车的应用可有效地减少对石油资源的依赖，可将有限的石油用于更重要的方面。向蓄电池充电的电力可以由煤炭、天然气、水力、核能、太阳能、风力、潮汐等多种能源转化。除此之外，如果夜间向蓄电池充电，还可以避开用电高峰，有利于电网均衡负荷，减少费用。

3. 结构简单、维修方便

电动汽车较内燃机汽车结构简单，运转、传动部件少，维修保养工作量小。当采用交流感应电动机时，电机无须保养维护，更重要的是电动汽车易于操纵。

4. 动力电池成本高，续驶里程短

当下，电动汽车技术尚不如内燃机汽车完善，尤其是动力电源（电池）的寿命短，使用成本高。电池的储能量小，一次充电后行驶里程不理想，电动车的价格较贵。但从发展的角度来看，随着科技的进步，以及投入相应的人力、物力，电动汽车的问题会逐步得到解决。电动汽车在推广过程中做到扬长避短，其价格和使用成本必然会降低。

1.2 电动汽车的工作原理

电动汽车的行驶速度和加速性能取决于驱动电动机的功率及性能，其续驶里程的长短取决于车载动力电池容量的大小。驱动电动机的作用是将电池的电能转化为机械能，直接或通过传动装置驱动车轮工作，其工作原理可简要表述为：蓄电池—电流—电力调节器—电动机—动力传动系统—驱动汽车行驶。

电动汽车主要由蓄电池、逆变器、电动机和传动装置等组成，其工作原理如图1-5所示。蓄电池提供的直流电源经逆变器逆变为三相交流电，向电动机提供电能，电动机将电源的电能转化为机械能，通过传动装置或直接驱动车轮和工作装置来驱动汽车行驶。汽车在制动或减速时，电动机将作为发电机来发出电能，向蓄电池充电，并回收能量，从而达到节约能源的目的。

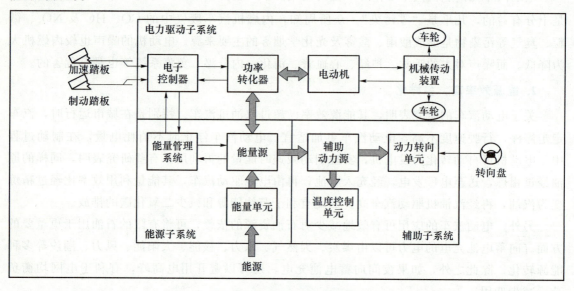

图1-5 电动汽车工作原理

电子控制器根据从制动踏板和加速踏板输入的信号，发出相应的控制指令来控制电能转换器中功率装置的通断，电能转换器的功能是调节电动机和电源之间的功率流。当电动汽车制动时，再生制动的动能被电源吸收，此时功率流的方向要反向。能量管理系统和电控系统一起控制再生制动及其能量的回收，能量管理系统和充电机一同控制充电并监测电源的使用情况。辅助动力供给系统供给电动汽车辅助系统不同等级的电压并提供必要的动力，它主要给动力转向、空调、制动及其他辅助装置提供动力。除了从制动踏板和加速踏板给电动汽车输入信号外，转向盘的转角也是一个很重要的输入信号，助力转向系统根据转向盘的转角位置来决定汽车能否灵活地转向。

1.3　电动汽车的类型

电动汽车的驱动系统由驱动电动机和驱动操纵系统共同组成，车辆的结构形式不同，采用的驱动系统也不同。目前，常见的电动汽车的驱动系统有着多种多样的组合形式，且每种电动汽车的驱动系统都具有自身的结构特点。驱动系统通常按组成和布置形式、车辆用途、车载电源数及用途分类。

根据电动汽车驱动轮的布置方式，可分为前轮驱动、后轮驱动和全轮驱动等方式。根据基本布置方式，可分为机械驱动系统、半机械驱动系统和纯电气驱动系统等。

如图 1-6 所示，机械驱动系统的特点是用电机及其控制系统取代内燃机及其控制系统，在其传动系统中，选用或保留了内燃机汽车的变速器、传动轴、后桥和半轴等传动部件。

早期开发的电动汽车上多采用机械驱动系统，这样有利于集中精力来研制和开发电机及其控制系统，并能更快地进行大量试验和改进工作，造价也较便宜。但其传动效率较低，并且不能充分满足电动汽车动力性能的要求。半机械驱动系统充分利用电机调速范围宽的特点，取消了传动效率低、操作烦琐的齿轮变速器，只是采用了一部分机械传动的齿轮、差速器、半轴等零部件来传递动力。

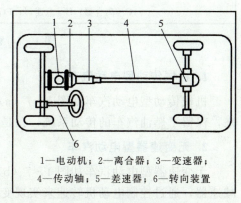

1—电动机；2—离合器；3—变速器；
4—传动轴；5—差速器；6—转向装置

图 1-6　机械驱动系统

电气驱动系统是由左右两个双联式电机或轮毂式电机组成，分别直接驱动左右两个驱动车轮。在双联式电机或轮毂电机之间装有电子控制的差速器，控制双联电机或轮毂电机在电动汽车直线行驶时同步转动和在电动汽车转弯时差速转动。由于纯电气驱动系统仅采用两根半轴来驱动车轮或用轮毂电机直接驱动车轮，使得电动汽车驱动系统的模式产生了根本变化，驱动系统结构更紧凑、传动效率更高，也使得整车的结构有了很大的改变，扩大了乘坐及载货空间，有利于在底盘上布置蓄电池，因而，纯电气驱动形式将会成为未来电动汽车的主要驱动形式。

1.3.1　按驱动系统的组成和布置形式分类

如图 1-7 所示，按电动汽车驱动系统的组成和布置形式，纯电动汽车可分为机械传动型、无变速器型、无差速器型和电动轮型 4 种。

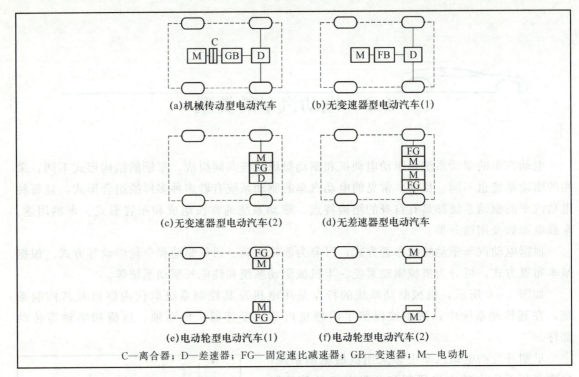

C—离合器；D—差速器；FG—固定速比减速器；GB—变速器；M—电动机

图 1-7 驱动系统的组成和布置形式

1. 机械传动型电动汽车

机械传动型电动汽车如图 1-7（a）所示。它由发动机前置后轮驱动的燃油汽车发展而来，保留了燃油汽车的传动系统，只是把内燃机换成了电动机。

2. 无变速器型电动汽车

无变速器型电动汽车如图 1-7（b）所示，该车取消了离合器和变速器，采用固定速比减速器，通过控制电动机转速来实现变速功能。

无变速器型电动汽车的另外一种结构如图 1-7（c）所示，这种结构与传统燃油汽车的发动机横向前置、前轮驱动的布置方式类似。它把电动机、固定速比减速器及差速器集成为一个整体，两根半轴连接驱动轮。这种结构在小型电动汽车上应用十分普遍。

3. 无差速器型电动汽车

无差速器型电动汽车的结构如图 1-7（d）所示，它采用两台电动机通过固定速比减速器来分别驱动两个车轮，可以实现对每个电动机转速的独立调节。因此，当汽车转向时，可以通过电动机的电子控制系统控制两个车轮的转速差，从而达到转向的目的，但是，这种结构的电动机控制系统比较复杂。

4. 电动轮型电动汽车

电动轮型电动汽车如图 1-7（e）所示，它是将电动机直接装在驱动轮内（也称轮毂电动机），可以进一步缩短电动机到驱动车轮之间的动力传递路径，减少能量在传动路径上的损失。电动轮型电动汽车要实现正常工作，还需要添加一个减速比较大的行星齿轮减速器，将电动机的转速降低到理想的车轮转速。

电动轮型纯电动汽车的另一种结构如图 1-7（f）所示。该结构采用低速外转子电动机，去掉了减速齿轮，将电动机的外转子直接安装在车轮的轮缘上。这种结构的电动机与驱动车轮之间无任何机械传动装置，因而也无机械传动损失，空间利用率最大。

1.3.2　按车载电源数的不同分类

按车载电源数的不同，纯电动汽车可分为单电源电动汽车和蓄电池加辅助蓄能装置的多电源电动汽车两种。

1. 单电源电动汽车

单电源电动汽车上的主电源就是蓄电池，有铅酸电池、镍氢电池、锂离子电池等多种。这种纯电动汽车的结构较为简单，控制也比较简便，主要缺点是主电源的瞬时输出功率容易受蓄电池性能的影响，制动能量的回馈效率也会受到蓄电池的最大可接受电流及荷电状态的制约。

2. 多电源电动汽车

采用蓄电池加超级电容或蓄电池加飞轮电池的电源组合，可以降低对蓄电池容量、比能量、比功率等的要求。在汽车起步、加速、爬坡等行驶工况下，辅助蓄能装置（超级电容、飞轮电池）可短时间内输出大功率，协助蓄电池供电，使电动汽车的动力性大为提高；在汽车制动时，则能够利用辅助蓄能装置可接受大电流充电的特点，提高制动能量回馈的效率。

1.3.3　按用途不同分类

按照用途不同，电动汽车可以分为电动轿车、电动货车和电动客车 3 种。

1. 电动轿车

电动轿车是目前最常见的电动汽车。除了一些概念车外，电动轿车已经实现了批量化生产，并已经进入市场。

2. 电动货车

电动货车就是主要用来运送货物的电动汽车，用作公路运输的电动货车目前还比较少见，而在矿山、工地及一些特殊场地，则早已出现了一些大吨位的电动载货汽车。

3. 电动客车

电动客车是一种以载客为目的的电动汽车，目前，电动小型客车比较少见；电动大型客车大多用作公共汽车。

除上述 3 种外，还有一种电动汽车称为电动微型汽车。它有载客式、载货式及其他用途式。电动微型汽车的特点是体积小，时速低，一般最高车速在 50～60 km/h，行驶里程较短，但成本低。

思　考　题

1. 按照目前的技术状态和车辆驱动原理，一般将电动汽车分为哪些类型？

2. 根据动力源系统的结构形式，混合动力汽车可分为哪些类型？

3. 电动汽车与传统汽车在组成上有哪些区别？

4. 电动汽车有何特点？

5. 简述电动汽车的工作原理。

6. 电动汽车驱动与布置形式有哪些？

第2章

汽车维修基本知识

　　汽车维修是汽车维护和汽车修理的泛称，就是对出现故障的汽车通过技术手段排查，找出故障原因，并采取一定措施使其排除故障并恢复达到一定的性能和安全标准。汽车维护是为了维持汽车完好技术状况或工作能力而进行的作业。维护作业包括清洁、检查、补给、润滑、紧固调整等内容，除主要总成发生故障时必须解体外，不得对其他部分进行解体。汽车各级维护必须按照政府管理部门所规定的周期和作业内容按时进行。汽车修理是指通过修理或更换车辆任何部件的方法，使汽车恢复完好技术状况或工作能力和寿命而进行的作业。汽车维修包括汽车大修和汽车小修，汽车大修是指用修理或更换汽车任何零部件（包括基础件）的方法，恢复汽车的完好技术状况和完全（或接近完全）恢复汽车寿命的恢复性修理。而汽车小修是指用更换或修理个别零件的方法，保证或恢复汽车工作能力的运行性修理。汽车在进行各类修理时应经过检测，视情况修理。

2.1　汽车拆卸与装配的原则及方法

　　汽车拆卸与装配在整个维修工作中具有重要的地位。实践证明，有了合格的零件，不一定能装配出合格的汽车。由于装配不良，往往使零件之间不能保持正确的位置及配合关系；由于拆卸不当，又会使零件造成不应有的缺陷，甚至损坏零件。这样不仅浪费工时，而且直接影响到维修的质量、成本及汽车的使用寿命，汽车拆卸与装配在整个汽车维护与修理作业中占有很大的比重。因此，在努力实现拆卸与装配机械化的基础上，还必须掌握正确进行拆装作业的知识和技能。

2.1.1　拆卸与装配的原则及方法

　　拆卸的目的是检查和维修汽车的零部件，以便对需要维护的总成进行维护，或对有缺陷的零件进行修复或更换，使配合关系失常的组合件经过调整达到规定的技术标准。拆卸应遵循以下原则。

1. 熟悉汽车的构造及工作原理

汽车的种类、型号、结构不同，拆卸顺序和使用的工具也随之不同。如果不了解汽车的结构和特点，任意敲击或撬打都会造成零件的变形或损坏，所以，了解汽车的构造和工作原理是确保正确拆卸的前提。

2. 按需要进行拆卸

零部件经过拆卸，往往产生变形和损坏，特别是紧配合件更是如此。不必要的拆卸不仅会降低汽车的使用寿命，而且会增加维修成本、延长维修工期。因此，应防止盲目地大拆大卸。如果可以通过不解体检测就能判定零部件的技术状况是否符合要求，就尽量不拆卸，以免损坏零部件。

3. 掌握正确的拆卸方法

（1）为了提高拆卸工效，减少零件的损伤和变形，需要使用相应的专用工具和设备，严禁任意敲击和撬打。例如拆卸紧配合件时，应尽量使用压力机和拉拔器；拆卸螺栓连接件时，要选用适当工具，以螺栓紧固力矩的大小依次优先选用套筒扳手、梅花扳手和固定扳手；应避免使用活动扳手和手钳，防止损坏螺母和螺栓的六角边棱，给下次的拆卸带来麻烦。

另外应充分利用汽车大修配备的专用拆卸工具。

（2）由外向内按顺序逐级拆卸。一般先拆表面护板、外部线路、管路、附件等，然后按机器—总成—部件—组合件—零件的顺序进行拆卸。

4. 拆卸时要为重新装配做好准备

（1）拆卸时要注意检查校对装配标记。为了保证一些组合件的装配关系，在拆卸时应对原有的记号加以校对和辨认；没有记号或标记不清的应重新检查并做好标记。有的组合件是分组选配的配合副，或是在装合后加工的不可互换的组合件，必须做好装配标记，否则将破坏它们的装配关系、工作性能或动平衡等。

（2）零件要分类、按顺序摆放。为了便于清洗、检查和装配，零件应按不同的要求分类、按顺序摆放。否则，零件任意地堆放在一起，不仅容易相互撞伤，而且可能会在装配时造成错装或找不到零件的麻烦。

为此，应按零件的大小和精度归类分格存放；同一总成、部件的零件应集中在一起放置；不可互换的零件应成对放置；易变形、易丢失的零件应专门放在相应的容器里。

5. 螺纹连接件的拆卸

拆卸连接件中最常见的是螺纹连接。一般来说，螺纹连接件的拆卸是比较容易的，但如果不重视拆卸方法，就会造成零件的损伤。

（1）螺纹连接件的拆卸方法。采用合适的套筒扳手或固定扳手（根据螺栓紧固力矩的大小，依次选用套筒扳手、梅花扳手和开口扳手）。当拆卸有困难时，应分析难拆的原因，不能蛮干。不应任意加长扳手以增大拆卸扭矩，否则会造成连接件的损坏或拧断螺栓。双头螺栓的拆卸要用专用的拆卸工具；在缺乏专用工具时，也可以在双头螺栓的一端拧上一对螺母，互相锁紧，然后用扳手把它连同螺栓一起旋下。

（2）锈死螺栓的拆卸。拆卸锈死螺栓可用下列方法：先将螺栓拧紧 1/4 圈左右再退回，反复松紧，逐渐拧出；用锤子振击螺母，借以振碎锈层，以便拧出；使锈层在煤油中浸泡 20～30 min，让煤油渗到锈层中去，使锈层变松，以便拧出；用喷灯加热螺母，使其膨胀，趁螺栓尚未热时，迅速拧出。有条件时可以使用除锈剂。

（3）断头螺栓的拆卸。原则上是在断头螺栓上加工出一个能承受力矩的部位，然后拧出；如断头露在外面，可将其凸出部分锉成一个方形，用扳手拧出；如断头在螺栓孔内，可在螺栓端面钻出一个小孔，然后用反扣丝锥将其旋出，或者在小孔内楔入一个多棱体，然后将其拧出；如断头与零件平齐，可在断头口焊上一个螺母，然后将其拧出。

（4）螺栓组与螺母组的拆卸。由多个螺栓或螺母连接的零件在拆卸时应注意以下事项：

① 为了防止因受力不均匀而造成零件变形、损坏，应首先将每一个螺栓或螺母拧松 1/2～1 圈，并尽量上下、左右对称地拆卸；

② 应先拆下难拆的螺栓或螺母，否则会由于微量变形的产生和零件位置的移动而使其变得更加难拆；

③ 对于拆卸后会因受重力而下落的零件，应使其最后拆下来的螺纹连接件具有拆卸方便，又能保持平衡的能力。汽车的种类、型号、结构不同，拆卸顺序和使用的工具也随之不同。

2.1.2　汽车装配的基本知识

将零件按照一定的顺序和要求相互连接组成部件、总成和整车的过程称为汽车的装配。

1. 装配的基本知识

1）装配的基本概念

汽车是一台很复杂的机器，通常由数千个零件组成。零件与零件的组成按其功用可分为合件、组合件、部件、总成等装配单元。这些装配单元各自具备一定的作用，它们之间具有一定的配合关系。装配就是将所有这些装配单元按照一定的技术要求与顺序组合起来，构成一台完整的汽车。

2）零件连接的种类

零件连接分为固定连接和活动连接两种。活动连接又分为可拆的（如轴与轴承、齿轮副、柱塞副等）和不可拆的（如滚动轴承、止回阀等）两种。

3）装配方法

一辆汽车能否可靠地运行，保证良好的动力性和经济性，在很大程度上取决于最终的装配质量。为此，必须保证装配精度，即要求保证配合件的配合精度、位置精度及其正确的连接关系。为了保证配合精度，装配工作必须严格按照修理技术标准规定的公差范围进行配合。

汽车维修通常采用以下几种方法。

（1）选配法。在汽车修理中，一些配合件的精度要求很高，当某些配合件的加工精度不能满足互换性要求时，必须进行选配。如气缸与活塞、活塞环与环槽等。其他配合也尽可能选配，使其具有较好的装配质量。除了配合间隙选配外，对于活塞连杆组还要进行质量选配，防止由于各组（缸）质量的不相等，引起发动机工作不平衡及不正常振动。

（2）修配法。这是在装配前进行的某种机械加工。如通过铰削、刮削、研磨等，使加工后的零件能够达到符合技术标准配合的精度。如连杆衬套和活塞孔的铰削、气门与气门座、气缸盖下平面的研磨等。

（3）调整法。利用调整垫片、调整螺钉等方法进行调整，以达到所规定的配合间隙要求。这种方法在汽车修理中比较常见。如圆锥滚动轴承的间隙调整、驱动桥锥形齿轮啮合位置和啮合间隙的调整、气门间隙的调整等。

2. 装配过程

一个完整的装配过程包括装配前的准备、装配及装配后的调整试验 3 个阶段。

1）装配前的准备

（1）装前准备。这是检查零件质量的最后一关。对于经过修理和更换的所有零件，在装配前都要进行认真的质量检查，以防止不合格的零件进入装配过程。这是保证装配质量的重要环节。

（2）清洁工作。零件装配前都要进行仔细的清洗，防止油污、尘粒、金属进入相对运动零件之间，以免破坏配合关系加速磨损。除指定清洗外，一般使用干净的煤油或柴油进行清洗，然后用压缩空气吹干。

（3）配合零件的选配。配合零件必须满足一定的配合要求，包括间隙配合、过渡配合及过盈配合，这就是装配前要做好的选配工作，以保证零件装配的正确性。

2）装配

按一定的顺序和技术要求进行零部件的组合，以保证它们之间的正确装配关系。

3）装配后的试验调整

无论是部件、总成或是整台车辆，装配后都应进行试验。其目的主要有以下两个方面。

（1）检查装配是否符合要求。对装配后的部件、总成试验或对整车进行整体性能试验和运转试验，是检验其装配质量的重要内容。通过试验，可以发现是否存在卡涩、异响、过热、渗油等现象，并检测其工作能力和性能等指标是否符合要求。

（2）试运转中进行调整。在汽车装配中，某些项目要通过运转试验才能完成最后的调整。例如，制动、转向等机构必须在路试中进行调整等。

3. 安全操作规程

（1）电动汽车拆卸前必须穿戴好高压电安全防护用具。

（2）发动机（或驱动电机）拆卸前必须全车断电，排出冷却液、机油，释放燃油压力。

（3）发动机的拆卸必须在完全冷却的状态下进行，以免机件变形。

（4）发动机起吊时必须连接牢固，以确保起吊的安全性。

（5）使用千斤顶等举升机具时，必须确保支撑点的正确无误，并使支撑稳固可靠，否则不能进入车下进行操作。

（6）吊装发动机等总成时，必须由专人负责指挥，操作过程中不可将手脚伸入易被挤压的部位，以免发生危险。

（7）汽车总成解体时，应使用专用工、机具按照分解顺序进行；对较难拆卸的零件，必须采用合理有效的方法，不能违反操作规程。

（8）对于螺纹连接件的拆卸，应选用合适的专用工具、套筒扳手、梅花扳手或开口扳手，不可使用活动扳手或手钳，以免损伤螺母或螺栓头的棱角。

（9）对重要件的拆卸，首先要熟悉其结构，并按照合理的工艺规程进行。

（10）拆卸蓄电池接线柱引线时，应拉动接头本体，以免损坏引线。

（11）在任何零件的加工面上锤击时，都必须垫以软金属或垫棒，不可用锤子直接敲打。

（12）所有零件在组装前必须经过彻底清洗并用压缩空气吹干，经检验确认合格后方可装配。

（13）凡是螺栓、螺母所使用的平垫圈、弹簧垫圈、锁止垫圈、开口销、垫片及其他金属索线等，必须按照规定装配齐全；主要螺栓的螺纹紧固后，螺栓端部应伸出螺母1～3扣；一般螺栓允许螺纹不低于螺母上平面，在不妨碍使用的情况下，也可高出螺母。

（14）对于螺栓、螺柱，如有变形便不可再用，如螺纹断扣、滑牙不可修复时，都应更换。一次性螺栓拆卸后不可再用。

（15）使用手电钻、台钻、砂轮机、空气压缩机等机具时，必须严格遵守有关安全操作规程，防止发生事故。

（16）装配时，应注意以下问题。

① 必须明确配合性质和要求，掌握配合的技术标准。对过盈配合和间隙配合的零件，应严格按照规定的装配工艺进行装合；如冷压、热装、预润滑等工艺要求。

② 严格按照规定的拧紧力矩和拧紧顺序进行螺纹连接件的紧固。例如连杆螺栓、主轴承螺栓、缸盖螺栓等重要螺栓及生产厂对全车各个螺纹连接件都有规定的拧紧力矩，螺栓组必须分次交叉均匀拧紧。缸盖螺栓应从中央到四周按对角线分次交叉均匀拧紧。

③ 止动零件应牢固可靠。螺栓、螺母、锁片、开口销、锁丝等凡是一次性使用的零件，不能重复使用。锁片的制动爪和倒边应分别插入轴槽和贴近螺母边缘；弹簧垫圈的内径要与螺栓直径相符，其高度近似为垫片厚度的两倍；对于成对、成组的固定螺栓可在螺栓头上的每一个面钻上通孔，当拧紧后，用钢丝穿过螺栓头上的孔，使其互相连锁。

④ 密封部分应防止"四漏"，即漏电、漏油、漏气和漏水。四漏的原因一般是装配工艺不符合要求，或由密封件磨损、变形、老化、腐蚀所致。密封的质量往往与密封材料的选用、预紧程度、装配位置有关。凡是一次性使用的密封件，一经拆卸必须更换。

⑤ 高速往复运动和高速回转运动的主要零件要注意分组质量相等和动平衡，以免造成运行时的剧烈振动。

⑥ 对于出厂前已涂有密封、紧固胶的零件，在重新安装时必须除净残胶、油污，涂上所规定的新密封紧固胶加以密封或紧固。

⑦ 在拆开真空管时，必须在其端头做出位置标签，以保证安装的准确性，在脱开真空软管时，只能拉动软管的端头，不允许拉软管的中部。

⑧ 在拆卸线束连接器时，只能用手握住连接器拉开，不允许拽动线束。

⑨ 在拆卸、维修转向系、转向盘上的零部件及线路时，应注意气囊的安全性，防止误爆。

⑩ 电动汽车装配前必须穿戴好高压电安全防护用具。注意防止漏电、失火，要会熟练使用灭火器等安全设备。

2.2 汽车维护的基础知识

汽车是由上万个具有不同功能的零件组成执行多种规定功能的部件、机构和总成件，按一定的工艺程序和技术要求装配成的整体，是一种价值较高的机械产品。各总成、机构和部件状况的综合，形成了汽车的技术状况。所谓汽车的技术状况，是定量测得的，表征某一时刻汽车外观和性能的参数值的总和。在汽车长期的运行使用过程中，零部件会逐渐地丧失原有的或技术文件所要求的性能，从而引起汽车技术状况变差，不可避免地要发生故障和损坏。了解汽车零部件性能恶化的进程，就能针对零件失效的原因采取相应的措施，防止零件的早期损坏，进而控制汽车的技术状况，使汽车的技术状况处于规定水平。汽车维护的基本任务就是采用相应的技术措施预防故障的发生，避免损坏。汽车修理的基本任务就是消除故障和损坏，恢复车辆的工作能力和完好状况。

2.2.1 汽车维护的类型与方式

汽车维护按其维护的性质可分为预防维护和非预防维护。

预防维护是指维护作业的内容和时机是按预先规定的计划执行的，其目的是预防故障，维持汽车的工作能力。预防维护又分为例行维护和计划维护。例行维护的时机和内容与汽车的行驶里程无关，如日常维护、停驶维护和换季维护等。计划维护的时机和内容是与汽车的行驶里程有关的，如一级维护、二级维护等。如果维护作业是按计划强制执行的则称为定期维护；如果维护作业是根据定期检查的结果按需执行的则称为按需维护。

非预防维护通常是在汽车出现故障后进行的，它适用于突发性故障，因为这类故障的出现具有很大的随机性．在故障出现前是很难预测的，因而无法预先安排维护计划。

汽车的维护方式是维护类型、维护时机和维护内容的综合体现，通常可分为定期、按需和事后3种形式。

1. 定期维护

定期维护是预防维护的一种，它根据技术状况的变化规律及故障统计分析数据，规定出相应的维护周期，每隔一定的时间（或里程）对汽车进行一次规定作业内容的维护。

定期维护可使维护工作在有准备的情况下进行，便于组织安排，并能保证维护质量。但汽车是一个复杂系统，由于各部件工作条件也不一，初始技术状况也不一致，因而其寿命长短也不一。若均按规定周期进行维护，必然会使一些部件的寿命不能得到充分的发挥。

2. 按需维护

按需维护也是预防维护的一种。它以故障机理分析为基础，通过诊断或检测设备，定期或连续地对汽车技术状况进行诊断或检查，根据检查结果组织维护工作。按需维护必须做到以下几个方面：

①　掌握汽车技术状况变化的规律；

②　掌握技术状况参数的极限值；

③　掌握故障的现象、特性及对汽车工作能力的影响。

根据这 3 个条件，就可以求出汽车的无故障续驶里程 L_T，当 $L_T > L$（检测周期）时，可以不维护；否则，应进行维护。

由于按需维护是在发现故障征兆时才进行的，因此它既能提高汽车的有效度，又能发挥汽车零部件的寿命潜力，是一种比较理想的维护方式。

2.2.2　汽车维修制度简介

汽车维修制度与国家的社会经济条件及车辆状况有着密切的联系，现分别介绍如下。

1. 我国的维修制度

我国现行的维修制度属于计划预防维修制度，规定车辆维修时必须贯彻预防为主、定期检测、周期维护、视情修理的原则。

1）预防为主

汽车维护是预防性的，保持车容整洁、车况良好，及时消除发现的故障和隐患，防止汽车早期损坏是汽车维护的基本要求。汽车维护的各项作业是有计划、定期执行的，其内容是依照汽车技术状况变化的规律来安排的，并须在汽车技术状况变坏之前进行，以符合预防为主的原则。

2）定期检测

定期检测是指汽车在二级维护前，必须用检测仪器或设备对汽车的主要性能和技术状况进行检测诊断，以了解和掌握汽车的技术状况和磨损程度，并做出技术评定，根据检测结果确定该车的附加作业或小修项目，从而结合二级维护一并进行附加作业或小修。

3）周期维护

周期维护是在计划预防维护的前提下所执行的维护制度，是指汽车维护工作必须遵照交通运输管理部门或者汽车生产厂家使用说明书和维修手册规定的行驶里程或时间间隔，按期进行，不得任意拖延。

4）视情修理

视情修理是随着现在汽车的高科技特征和汽车检测技术的发展而提出的。根据车辆诊断检测后的技术评定，按不同作业范围和作业深度进行修理。

2. 汽车的维护等级

《汽车维护、检测、诊断技术规范》（GB/T 18344—2016），对传统燃油汽车的维护保养、检测等进行了规定，规定车辆的维护作业内容为清洁、检查、补给、润滑、紧固、调整等，除主要总成发生故障必须解体时，不得随意对车辆进行解体。《汽车维护、检测、诊断技术规范》（GB/T 18344—2016）将维护分为三级，分别为日常维护、一级维护和二级维护。

1）日常维护

日常维护属于日常性作业，是由驾驶员每日出车前、行车中和收车后负责执行的车辆维护作业。其作业中心内容是清洁、补给和安全检视。车辆的日常维护是驾驶员必须完成的日常性工作，其主要内容是：

零件因磨损引起尺寸上的变化，或因变形引起几何形状或相互位置偏差的变化，必须采用通用或专用量具，通过测量尺寸或相对位置偏差来确定零件的技术状况。对于零件的物理力学性能和零件内部的隐蔽缺陷，则必须采用染色法、磁力探伤法、X射线法、超声波法等设备来检验。

2.3.5 汽车总成装配的一般技术要求

汽车总成装配是按照规定的技术条件，将组成总成的零部件连接在一起的过程。

汽车修理时的总成装配与汽车制造时不同，修理过程中进入总成装配的零件有3类，分别为：具有允许磨损量的旧零件、经修复合格的零件和换用的新零件。通常前两类的尺寸公差都比制造公差大，为使配合副的配合特性达到装配技术条件的要求，配套时必须按装配技术条件的要求对配合件进行选配，包括按尺寸进行选配和按重量进行选配。

此外，为达到装配技术条件规定的配合特性要求，在配套过程中，往往需要进行一些钳工修合工作，如刮削、铰孔、珩磨等。

总成装配的技术要求通常包括：配合副的配合特性；主要连接件的紧固力矩及其均匀性；各零件工作表面和轴线间的相互位置；旋转件的平衡要求；高速运动件的质量要求，以及密封性、清洁度和调整要求等。零件的配合特性要求与零件的结构、几何尺寸、形状公差及表面粗糙度有关，常以间隙或过盈表示。

零件间的位置要求包括轴线间的平行度、垂直度和同轴度等。

总成的装配精度是指采用相应的装配方法装配后，各配合副达到总成装配技术要求中各项指标的符合程度，包括配合精度、位置精度和回转件的运动精度等。

思 考 题

1. 汽车拆卸与装配的原则及方法有哪些？
2. 汽车拆装中的安全操作规程有哪些？
3. 何谓汽车的装配？
4. 简述汽车装配过程的3个阶段。
5. 简述我国汽车维护的等级及主要内容。
6. 简述就车修理法和总成互换修理法的特点。

第3章

电动汽车维修基本知识

随着新能源汽车的快速增长，带来的是售后服务体系的扩充。因为新能源汽车的原理和结构与传统汽车相比，有了很大的不同，因此对维修人员的素质提出了更高的要求。作为由高压动力电池提供动力的电动汽车在使用、维护保养和检查维修时，必须重视高压电安全问题。

3.1　电动汽车的高压安全与救助

电可对人体构成多种伤害。例如，电流通过人体，人体直接接受电流可能会遭到电击；电能转换为热能作用于人体，致使人体受到烧伤或灼伤；在电磁场的照射下，人体吸收电磁场的能量也会受到伤害。与其他一些伤害不同，电流对人体的伤害事先没有任何预兆。伤害往往发生在瞬息之间，而且人体一旦遭受电击后，防卫能力迅速降低。这两个特点都增加了电流伤害的危险性。

电动汽车动力系统的一个重要特点就是具有高电压、大电流的动力回路。根据目前国内外新能源汽车的电池电压数据，高压电气系统的工作电压，大部分集中在 $280\sim400$ V，少数采用 200 V 左右蓄电池组的新能源汽车通过升压装置达到 500 V 以上来使用，而且电力传输线路的阻抗很小。300 V 左右的直流电压等级相当于 220 V 的交流电，直流 600 V 左右的直流电压等级相当于 380 V 的交流电。

3.1.1　高压电的定义

根据《电动汽车　安全要求　第 3 部分：人员触电防护》（GB/T 18384.3—2015）的定义，车辆电路的工作电压分为 A 级和 B 级。如表 3-1 所示。

电动汽车的高压电气系统是指工作电压值在 B 级电压范围内的高压电部件和电气线束及插接件。在纯电动汽车和混合动力汽车的电力驱动系统中，直流电的电压值普遍超过 300 V，交流电的工作电压则达 $345\sim800$ V。

表 3 - 1　电压等级

电压等级	最大工作电压 U/V	
	直流	交流
A 级	0＜U≤60	0＜U≤30
B 级	60＜U≤1 500	30＜U≤1 000

注：

△检查 A 级电压电路中的部件时，人员不需要进行触电防护，而对于 B 级电压电路中的部件，应进行触电防护。

△安全电压：不致使人直接致死或致残的电压，一般环境条件下允许持续接触的安全特低电压是 36 V。

电动汽车高压电气系统的正常工作电流可达到数十甚至数百安培，瞬时短路放电电流更是成倍增加。高电压和大电流会危及车上乘员的人身安全，同时还会影响低压电气元件和车辆控制器的正常工作。因此，高压电气系统不仅应充分满足整车动力驱动要求，还必须确保车辆运行安全、驾乘人员人身安全和车辆运行环境安全。

3.1.2　高压触电对人体的危害

触电是指人体触及带电的导线时，电流对人体及人体内部组织造成不同程度的伤害。根据伤害的性质不同，触电可分为电伤、电击和电磁场伤害。电击的危害大于电伤的危害，电流从手流到脚的危害最严重。

电伤是指由于电流的热效应、化学效应和机械效应对人体的外表造成的局部伤害，主要是指电弧烧伤、熔化金属溅出烫伤等，如电灼伤、电烙印和皮肤金属化等。当人体过分接近 1 kV 以上的高压电时，它可将空气电离，通过空气进入人体，同时伴有高电弧，把人烧伤。

电击是指电流流过人体内部，造成人体心脏、肺及神经系统正常功能的伤害。电击严重时可能会致人死亡，电击使人致死的原因有三方面分别为流过心脏的电流过大，持续时间过长引起"心室纤维性颤动"而致死；电流作用使人窒息而死亡；电流作用使心脏停止跳动而死亡。

电磁场生理伤害是指在高频磁场的作用下，人会出现头晕、乏力、记忆力减退、失眠和多梦等神经系统的症状。

1. 电击电流的大小与危害

触电时，让人体受伤的是电流而不是电压。30 V 以上的交流电和 60 V 以上的直流电都具有危险性。例如，德国法规规定人体允许的最大接触电压是 50 V 交流电及 120 V 直流电；有大约 5 mA 的电流通过人体时可视作是"电气事故"，会产生麻木感，但是仍可以导走电流；体内通过的电流达到约 10 mA 时，达到了导出电流的极限，人体开始收缩，无法再导走电流，电流的滞留时间也相应增加；30～50 mA 交流电的长时间滞留会导致呼吸停止以及心室纤维性颤动。在短时间内危及生命的最小电流为致命电流，其最小电流即致命阈值。经过人体的电流达到约 80 mA 时，被认为是"致命值"。流过人体的电流与人体反应如表 3 - 2 所示。不同性别人体对不同性质电流的反应如表 3 - 3 所示。

表 3 - 2　流过人体的电流与人体反应

流过人体的电流/mA	人体的反应
0.6～1.5	手指开始感觉发麻
2～3	手指感觉强烈发麻
5～7	手指肌肉感觉痉挛，手指感觉灼热和刺痛
8～10	手指关节与手掌感觉痛，手已难以脱离电源
20～25	手指感觉剧痛，迅速麻痹，不能摆脱电源，呼吸困难
50～80	呼吸麻痹，心房开始震颤，强烈灼痛，呼吸困难
90～100	呼吸麻痹，持续 3 s 或更长时间后，心脏停搏或心房停止跳动

表 3 - 3　不同性别人体对不同性质电流的反应

通过电流的性质						人体的反应
直流/mA		交流 50 kHz/mA		交流 10 kHz/mA		
男	女	男	女	男	女	
5.2	3.5	1.1	0.6	12	8	有感觉，不太痛苦
62	41	9	6	55	37	有痛苦感觉，手已难以脱离电源
74	50	16	10.5	75	50	痛苦难忍，肌肉不自由，呼吸困难，心室开始震颤
90	60	23	15	94	63	呼吸困难，肌肉收缩，心脏停搏或心房停止跳动

致命电流与电流持续时间关系密切。当电流持续时间超过心脏跳动周期时，致命电流仅为 50 mA 左右；当电流持续时间短于心脏周期时，致命电流为数百毫安。

2. 电流流过人体的路径

通过人体的电流所引发的后果还取决于接触位置、电压的强度、电流强度和电流的持续时间，还有电流的路径及电流的频率。

电流从手流到脚的危害最严重。电流通过头部可使人昏迷；通过脊髓可能导致瘫痪；通过心脏会造成心跳停止，血液循环中断；通过呼吸系统会造成窒息。因此，从左手到胸部是最危险的电流路径，从手到手、从手到脚也是很危险的电流路径，从脚到脚是危险性较小的电流路径。

电流由一手进入，另一手或一脚流出，电流通过心脏，即可立即引起室颤；通过左手触电比通过右手触电严重，因为这时心脏、肺部、脊髓等重要器官都处于电路内。

3. 摆脱电流

摆脱电流是指人在触电后能够自行摆脱带电体的最大电流。一般人体能感觉到刺激的电流值大约是 1 mA，当人体通过 5～20 mA 的电流时肌肉就产生收缩现象，使人不能自离电线。

成年男性的平均摆脱电流约为 16 mA，成年女性的平均摆脱电流约为 10.5 mA，儿童的摆脱电流较成人要小。摆脱电流是人体可以忍受而一般不会造成危险的电流。若通过人体的电流超过摆脱电流且时间过长，会造成昏迷、窒息，甚至死亡。

电流强度随时间对人体的伤害如图 3-1 所示。在强度范围①内，不论多长时间对人体都无不良影响；在强度范围②内，电流可能会导致器官受伤；在强度范围③内，电流可能会导致生命危险。

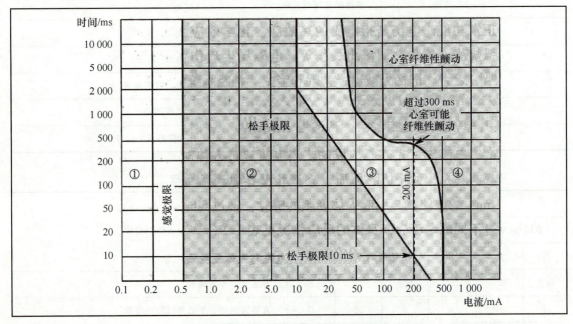

图 3-1　电流强度随时间对人体的伤害

4. 人体的电阻

人体电阻是不确定的电阻，皮肤干燥时一般为几千欧姆左右，而一旦潮湿可降到 1 kΩ（冬季及皮肤干燥时，人体电阻可达 1.5～7 kΩ；当皮肤裂开或破损时，电阻可降至 300～500 Ω）。人体不同部位在不同湿度下的实测电阻值如表 3-4 所示。

表 3-4　人体不同部位在不同湿度下的实测电阻值

测试部位	测试环境		人体电阻/Ω
	相对湿度	温度/℃	
手腕到手腕	82%	28	6 300
	66%	23	14 600
手腕到脚踝	82%	28.5	7 400
	66%	23	24 500
手腕到大地	湿度较大		6 000
	比较干燥		300 000

身体状况不同，对电流的敏感程度也不一样，一般地说，儿童较成年人敏感，女性较男性敏感。患有心脏病者，触电后的死亡可能性就更大。身体越强健，受电流伤害的程度越

轻，因此，触电时女性比男性受伤害更重，儿童比成人更危险，患病的人比健康的人遭受电击的危险性更大。

电动汽车的动力蓄电池具有高电压，那么就有漏电的可能性，人体本身又是个大电阻，根据欧姆定律（$I=U/R$）可知，流经人体电流的大小与外加电压和人体的电阻有关。在高压电操作中，千万不要把自己的身体串入正负极之间构成导电回路，造成触电的严重事故。另外，负直流母线与车身接地相连将存在严重的高压电击隐患，一旦人员在车上接触了高压电，将会造成严重电击伤害或死亡。

当对人体施加一个电压后，便形成了一个回路，随着产生电流的增大，会给人体造成不同程度的伤害，比如身体痉挛、肌肉收缩、血压上升、呼吸困难、昏迷甚至窒息死亡。因此在电动汽车的使用和维护中，一定要做好安全防护措施，避免高压电给人体带来的触电危险。

5. 交流电对人体的危害

电流的类型不同，对人体的损伤也不同。直流电一般引起电伤，而交流电电伤与电击同时发生。

工频交流电的危害性大于直流电，因为交流电主要是麻痹、破坏神经系统，往往难以自主摆脱。交流电压的频率越低，危险性越高，交流电会触发心室纤维性颤动，如果不进行急救很快就会致命。一般认为 40～60 Hz 的交流电对人体最危险。随着频率的增加，危险性将降低。当电源频率大于 2 000 Hz 时，所产生的损害明显减小，但高压高频电流对人体仍然是十分危险的。对于交流电，如果电流在心脏的滞留时间达到 10～15 ms，就会致命（心室纤维性颤动）！

在电动汽车中，高电压系统中的交流电机由三相交流电压驱动，三相交流电机的输出功率和转速由电压大小和频率控制。三相电机处于低频运转状态，所以其引发的电气事故相当危险。

如果规格中注明了交流电压，则该电压指的是行业内通用的有效电压，但是，实际的接触电压会高得多，这取决于交流电压的波形（正弦或者矩形）。图 3-2 说明了交流电压与直流电压的对比情况。由于交流电压的峰值是有效电压值的 $\sqrt{2}$ 倍，因此可以看出，有效电压为 25 V 的交流电比 60 V 的直流电压对人体的实际接触电压要高。

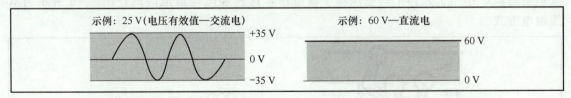

示例：25 V（电压有效值—交流电）　　示例：60 V—直流电

图 3-2　交流电压与直流电压的对比

3.1.3　人体触电的方式

人体触电有直接触电（单线触电、双线触电）和间接触电（跨步电压触电、其他触电形式）两种方式。直接触电是指人体直接接触或过分靠近电器设备及线路的带电导体而发生的触电现象。间接触电是指人体触及了在正常运行时不带电，而在意外情况下带电的金属部分。其他触电形式还有感应电压触电、剩余电荷触电、静电触电和雷电电击等。

图 3-3　单线触电方式

1. 单线触电

当人体某一部分触及一相电源或接触到漏电的电器设备时，电流通过人体流入大地，这种触电现象称为单线触电。通常分为电源中性点搭铁的单线触电（占多数）和电源中性点不搭铁的单线触电。对于高压带电体，人体虽未直接接触，但由于超过了安全距离，高电压对人体放电，造成单相接地而引起的触电，也属于单线触电，图 3-3 所示为单线触电方式。

图 3-4 所示为中性点搭铁的单线触电方式，图 3-5 所示为中性点不搭铁的单线触电方式。

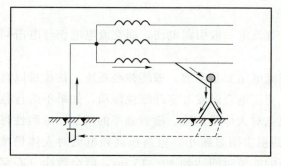

图 3-4　中性点搭铁的单线触电方式

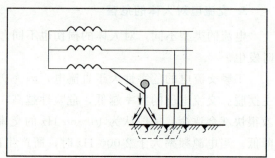

图 3-5　中性点不搭铁的单线触电方式

在人体与大地之间互不绝缘的情况下，若人体的某一部位触及三相电源线中的任意一根导线，电流从带电导线经过人体流入大地也会造成触电伤害。

2. 双线触电

人体同时接触带电设备或线路中的两相导体，或在高压系统中，人体同时接近不同相的两相带电导体，而发生电弧放电，电流从一相导体通过人体流入另一相导体，构成一个闭合电路，这种触电方式称为双线触电。发生双线触电时，人体承受的线电压将比单线触电时高，作用于人体上的电压等于线电压，这种触电是最危险的，图 3-6 所示为双线触电方式。

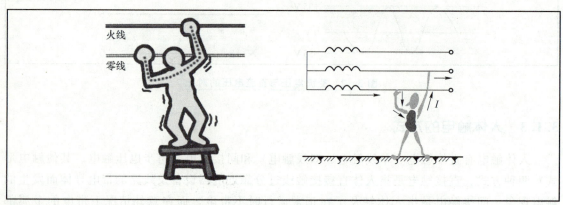

图 3-6　双线触电方式

3. 接触正常不带电的金属体

电气设备的金属外壳本不应该带电，但由于设备使用时间过长或内部绝缘老化造成击穿；或由于安装不良，造成设备的带电部分碰壳；或其他原因使电气设备的金属外壳带电。当人体触及带电设备的外壳时就会触电，这种触电亦称为接触电压触电。相当于单线触电，大多数触电事故属于这一种。

4. 跨步电压触电

当高压电网接地（搭铁）点、防雷接地点、高压相线断落或电气设备绝缘损坏处发生接地故障时，强大的接地电流通过接地体将向大地四周流散，这时在地面上形成分布电位，要 20 m 以外，大地的电位才等于零。人假如在接地点周围（20 m 以内）行走，其两脚之间就会有电位差，这就是跨步电压。如图 3-7 所示，由跨步电压引起的人体触电，称为跨步电压触电。如果误入接地点附近，应双脚并拢或单脚跳出危险区。从安全防护的角度而言，在查找搭铁故障点时，应穿绝缘靴，以防跨步电压电击。

图 3-7　跨步电压触电

3.1.4　发生触电事故时的急救措施

在维修电动汽车时，如果万一发现有人触电时，应当及时抢救，视受伤情况采取不同的急救方法，坚持迅速、就地、准确、坚持的原则。

在援救电气事故中的受伤人员时，应谨记自身的安全是第一位的，绝对不要去触碰仍然与电压有接触的人员。如果可能，马上将电气系统断电（关闭点火开关或者马上拔出维修开关），用不导电的物体（木板、扫帚等）把事故受害者与导电体或者电压分离。图 3-8 为发生电击事故时的急救流程。

1. 脱离电源

（1）触电急救，首先要使触电者迅速脱离电源，应立即、迅速地拉开电闸或拔下插头，如果距离开关太远，可用较长绝缘物将电线拨开或用绝缘工具将电线切断，使伤员脱离电源，越快越好。因为电流作用的时间越长，伤害越重。

（2）如果触电者未脱离电源，救护人员严禁直接用手去拉动触电的人，以免发生触电危险。必须使用绝缘工具、干燥的木棒或木板、绳索等不导电的物体使触电者与带电体脱离；也可抓住触电者干燥而不贴身的衣服，将其拖开，切记不要碰到带电物体和触电者的裸露身躯；也可戴绝缘手套后帮助触电者与带电体脱离。

（3）在动力电池组维修或更换电芯时触电，触电者受到电击后极易麻痹、昏厥或休克而倒在电池上，由于电池内部的带电部分外露较多，为避免触电面积增加，进而加大对触电者的伤害，施救时可用绝缘隔板、干木板或绝缘塑料板插于触电者与电池之间，再进一步将触电者移开，同时施救者也要保证自身安全。

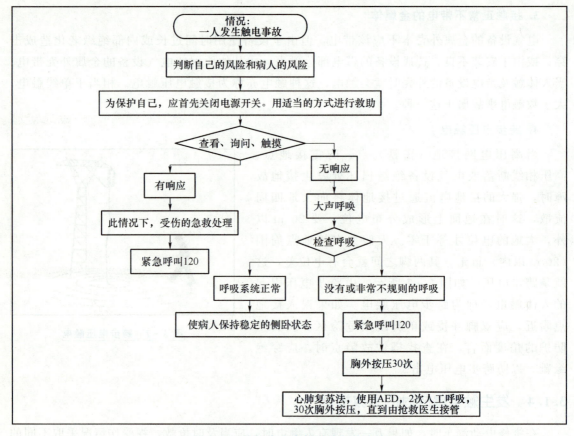

图 3-8 发生电击事故时的急救流程

2. 伤员脱离电源后的处理

伤员脱离电源后，询问事故受害者。

（1）触电伤员若有反应（如神志清醒），应使其就地躺平，严密观察，暂时不要站立或走动。可先对受伤处进行降温处理，用消毒的绷带包扎。

（2）触电伤员若无反应（如神志不清），应就地仰面躺平，且确保气道通畅，先观察受害者的脉搏和呼吸，察看是否有生命迹象，并用 5 s 时间呼叫伤员或轻拍其肩部，以判定伤员是否意识丧失。然后拨打急救电话 120，必要时在医生到达前对受害者进行人工呼吸或胸部按压，禁止摇动头部呼叫伤员。

（3）如果是一度昏迷、尚未失去知觉、需要抢救的伤员，应立即将伤员抬到通风处，使其仰卧并解开衣服，以免妨碍呼吸；如果是呼吸暂时停止，心脏停止跳动，伤员尚未真正死亡，或者虽有呼吸，但是比较困难，这时必须毫不迟疑地用人工呼吸和心脏按压方法进行抢救，并坚持不断地进行，同时及早与医疗部门联系，争取医务人员接替救治。在医务人员未接替救治前，不应放弃现场抢救，更不能只根据呼吸或脉搏擅自判定伤员死亡，放弃抢救。只有医生有权做出伤员死亡的诊断。

呼吸、心跳情况的判定方法如下为：触电伤员如意识丧失，应在 10 s 内，用看、听、试的方法，判定伤员的呼吸和心跳情况。

① 看——看伤员的胸部、腹部有无起伏动作；

② 听——用耳贴近伤员的口鼻处，听有无呼气声音；

③ 试——试测口鼻有无呼气的气流，再用两手指轻试一侧（左或右）喉结旁凹陷处的颈动脉有无搏动。

若看、听、试结果为既无呼吸又无颈动脉搏动，则可判定呼吸、心跳停止。

3. 心肺复苏法

当触电者停止呼吸又无心脏跳动时，应在最快时间内进行人工呼吸和心脏按压法抢救，两种抢救方法交替进行。就地抢救的项目包括通畅气道，口对口（鼻）人工呼吸，胸外按压（人工循环），以及用除颤仪进行电除颤。心脏通过心肺复苏法 2 次、人工呼吸和 30 次胸外按压可维持氧气供应，直到急救人员到达。

自动体外除颤器（AED）是一种便携式、易于操作、稍加培训即能熟练使用、专为现场急救设计的急救设备，可独立提供伤者的心电图（ECG），并在适当的情况下进行除颤。越早使用 AED，人的生存机会越大。

1）人工呼吸

当触电者无呼吸而有心跳时，需要进行人工呼吸。如图 3-9 所示，首先将伤者伸直仰卧（胸腹朝天）在空气流通的地方，然后用拇指和食指扒开伤员的嘴，检查口腔内是否有异物，确保呼吸道畅通，同时解开领口、衣服、裤带，再使其头部尽量后仰，鼻孔朝天，使舌根不致阻塞气道，救护人用一只手捏紧伤员鼻孔，用另一只手托起下巴，深吸一口气，口对口，用力对伤者吹气，吹完后，救护人的嘴离开吸气，然后再口对口对伤者深吹气。吹气约 2 s，放松 2 s，成人

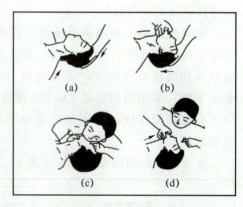

图 3-9　人工呼吸示意图

一般 14～16 次/min，儿童 20 次/min。如果扒不开嘴，可以捏紧伤员的嘴，紧贴着鼻孔吹气和放松。

在进行人工呼吸的过程中，若发现伤员表现出有好转的体征时（如眼皮闪动或嘴唇微动），应停止人工呼吸数秒钟，让其自行呼吸。

如果伤员还不能完全恢复呼吸，须把人工呼吸进行到伤员能正常呼吸为止，人工呼吸法必须坚持长时间地进行，在没有呈现出明显的死亡症状以前，切勿轻易放弃，死亡症状应由医生来判断。

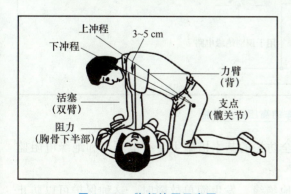

图 3-10　胸部按压示意图

2）心脏按压法

当触电者有呼吸而无心跳时，则需要做胸部按压，如图 3-10 所示，将伤员平放在木板上，头部稍低，救护人员站在伤员一侧，救护人将一只手掌的根部放在伤员胸骨下端，另一只手放在第一只手上方，手臂伸直，利用救护人员的身体部分重量下压胸部 3～5 cm，

然后放松，让胸廓自行弹起，如此有节奏地压挤，掌根和患者胸部不要脱离，成人 80～100 次/min，儿童 30～40 次/min。急救如有效果，伤员的肤色即可恢复，瞳孔缩小，颈动脉搏动可以摸到，自发性呼吸恢复，此时可以停止心脏按压。心脏按压法可以与人工呼吸法同时进行。

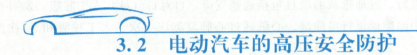

3.2　电动汽车的高压安全防护

由于电动汽车的动力蓄电池具有高压电特性，为了防止漏电、保证驾驶和维修安全，必须进行必要的电气防护。

电动汽车的主要防护措施有：高压正极和高压负极使用各自单独的高压线；系统带有等电位线，用于引开接触电压；插头和连接均有接触保护；动力电池上有可控的高压正极触点和高压负极触点；动力电池上安装有维修开关，在拔下维修开关后高电压断电或电压下降；采用电绝缘式 DC/DC 转换器；高压部件内的中间电容器会进行放电；高压元件上有互锁安全线；高压元件采用绝缘监控；在识别出碰撞时，动力电池上的高压触点就会断开。

电动汽车的高压安全措施如图 3-11 所示。

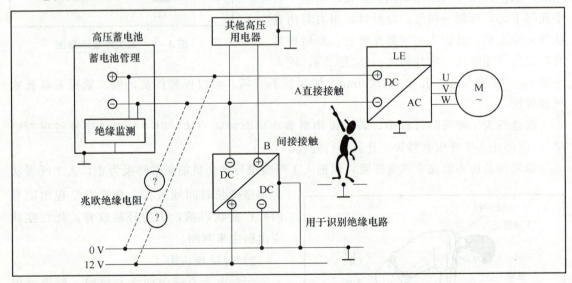

图 3-11　电动汽车的高压安全措施

从图 3-11 中可以看出，电动汽车高压安全防护的基本措施主要有电隔离和绝缘电阻监测两种方式。

（1）电隔离。高压电采用正负极与车辆接地绝缘。发生简单故障时，这种保护可以防止电击。

（2）绝缘电阻监测。检测整个高压系统有无绝缘故障，并在仪表中用声音或光提示故障。

3.2.1　电动汽车的高压安全防护措施

相对于传统燃油汽车，电动汽车具有高压系统，因此就会存在高压用电危险。考虑到驾驶员和维修人员的安全，防止触电事故的发生，在设计和生产电动汽车时需要采取一些高压用电安全措施。常见的电动汽车高压安全防护措施如下。

1. 高压电气网络防护

对于电动汽车的高压部分，其电气网络结构决定了从供电器（如动力电池）到用电器（如电机）的电能传输路径。图 3－12 所示为一般的电气网络结构类型。电气网络的结构说明如表 3－5 所示。

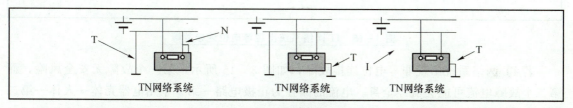

图 3－12　一般的电气网络结构类型

表 3－5　电气网络的结构说明

第一个字母（供电器）	第二个字母
是否与车身连接	壳体与车身是否连接
T—是，已连接	N—否，但与起保护作用的不带电搭铁线连接
I—否，绝缘的	T—是，以电位补偿方式（等电位）连接

对于 TN（共用接地）网络系统和 TT 网络系统，如果从正极到壳体的导线出现故障，那么无论当前行驶状态是什么，高压系统都会立即被断电，图 3－13 说明了这种情况。

车辆中所用的高压网络就是一种 IT 网络系统，如图 3－14 所示。对于 IT 网络系统，由于高压电有单独的回路，与壳体绝缘，所以就不会有电流经过车身，而是流向动力电池负极。IT 网络系统的优点是如果从正极到壳体的导线出现故障，IT 网络系统不会被断电。

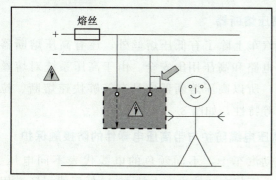

图 3－13　TN 网络系统和 TT 网络系统

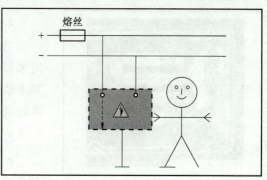

图 3－14　IT 网络系统

若 IT 网络系统出现等电位连接故障，如图 3-15 所示，第一个故障在车上出现时，系统仍能工作，有报警信息。第二个故障出现时，动力电池管理系统（battery management system，BMS）会将高压系统切断（断电），同时系统内会短路，功率电子装置内和维修开关内的熔丝会熔断，组合仪表上会有报警信息，高压系统无法工作，也无法重新启动。

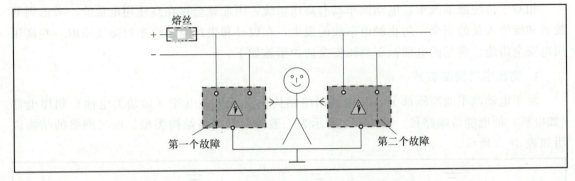

图 3-15　IT 网络系统出现等电位连接故障

若 IT 网络系统出现非等电位连接故障，如图 3-16 所示，第一个故障无安全风险，而第二个故障电流可能会流经全身。电流的路径为正极电路—第一个用电器壳体—人体—第二个用电器壳体—负极电路。

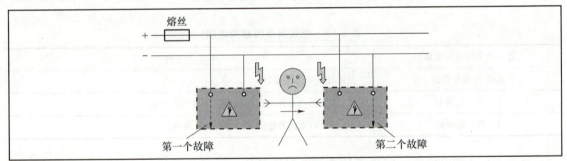

图 3-16　IT 网络系统出现非等电位连接故障

等电位（电位均衡）保护要求所有接触面应洁净且无油脂。导线截面不可因电缆断裂而减小。若接触电阻大和电缆断裂导致电阻增加，在出现故障时，等电位保护就可能无法起到作用了。

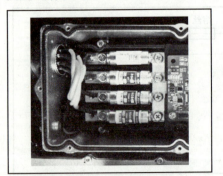

图 3-17　高压熔断器

2. 高压熔断器

电动汽车上除了有低压熔丝外，还有高压熔断器用来保护电路和高压用电安全。由于高压系统对熔丝要求较高，所以高压熔断器应具有能够快速熔断、拉弧时间短等特性，如图 3-17 所示。

3. 高压电缆防护与带高压电零件的防接触保护

在电动汽车上，不同颜色的电线代表不同电压。电动汽车上不仅有传统汽车上的 12 V 低压线，还有用于电驱动系统的高压线。为了安全和使用方便，都将它们装在硬质绝缘管中，并用不同的颜色进行区分。

（1）黑色、红色——12 V 低压电线，一般用于车载电器，如音响、车灯、安全气囊等。人体接触它们没有危险。

（2）蓝色、黄色——42 V 低压线，一般用于转向助力电动机。人体接触它们没有危险，但电路切断时会有电弧产生。

（3）橙色——144～600 V 的高压电缆（高压线束），一般用于动力系统供电线路。人体接触它们非常危险。

一定要高度重视高压部件上的橙色高压线路和上面的警示通知。高压电缆和高压电标识如图 3-18 和图 3-19 所示。

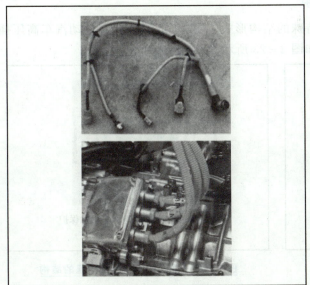

图 3-18　高压电缆　　　　　　　　　　　　图 3-19　高压电标识

高压正极和高压负极使用各自单独的高压电缆。高压正极和高压负极通过各自单独的导线与高压部件相连接，车身不用作搭铁。图 3-20 所示为某电动汽车单芯高压电缆的结构，双芯高压电缆的结构如图 3-21 所示。

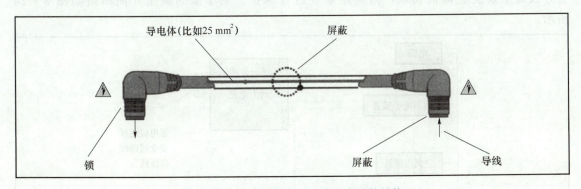

图 3-20　某电动汽车单芯高压电缆的结构

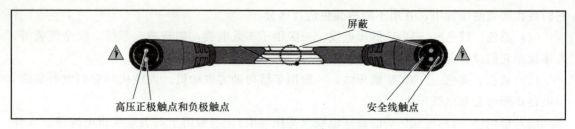

图 3 – 21　双芯高压电缆的结构

带高压电零件的防接触保护，采用多层（三层）绝缘防止意外直接或间接接触带电零件。

4. 插头的接触保护和插座的接触保护

电动汽车的高压插头和插座都具有特殊的结构形式。图 3 – 22 所示为某电动汽车高压插头的结构，某电动汽车高压插座的结构如图 3 – 23 所示。

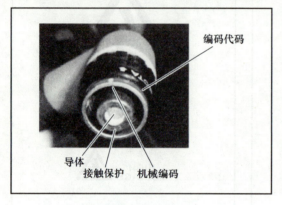

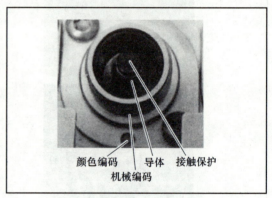

图 3 – 22　某电动汽车高压插头的结构　　　图 3 – 23　某电动汽车高压插座的结构

5. 高压系统的高压互锁

高压互锁是指在危险电压互锁回路（hazardous voltage interlock loop，HVIL）通过低压电网来监控高压电网，即通过使用电气小信号来检查整个高压产品、导线、连接器及护盖的电气完整性（连续性），当识别到回路异常时，及时断开高压电。如果安全回路线断路，会导致高压系统立即被切断，对高压系统进行保护。某车型的高压互锁回路如图 3 – 24 所示。

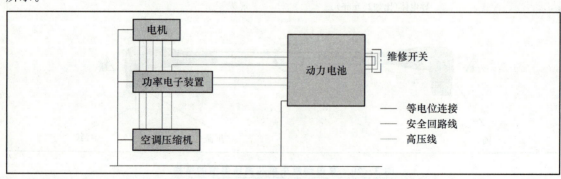

图 3 – 24　某车型的高压互锁回路

在高压接插件未插紧或高压设备打开时，通过自动断开设备切断保持电路，同时向控制电路发送报警信号，使整车高压系统无法上电，确保车辆使用安全。如图 3-25 所示，高压安全系统对所有设备的高压插件和盖板配备高压互锁功能；串联成一个网络，从电池管理系统开始，经空气压缩机、助力转向、高压配电箱、DC/DC 转换器、DC/AC 转换器、驱动电动机、驱动电动机控制器，再回到电池管理系统，连成一个整体，当有一处断开时，电池管理系统（BMS）可以根据不同的运行工况，停止充放电，或者切断动力电池的高压。

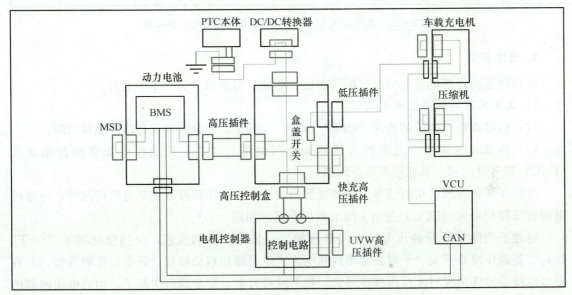

图 3-25　高压互锁原理图

当高压互锁系统识别到危险时，整车控制器应根据出现危险时的行车状态及故障危险程度运用合理的安全方法，主要包括下列几个方面。

（1）故障报警。无论电动汽车处于何种状态，高压互锁系统在识别到危险时，车辆都应该对危险情况做出报警提示，即通过仪表或指示器以声音或光报警的形式提醒驾驶员，让驾驶员注意车辆的异常情况，以便及时处理，避免发生安全事故。

（2）切断高压源。当电动汽车处于停止状态，高压互锁系统识别到严重危险情况时，除了进行故障报警外，还应通知系统控制器断开自动断路器，使高压源被彻底切断，避免可能发生的高压危险，确保财产和人身安全。

（3）降功率运行。电动汽车在高速行车的过程中，高压互锁系统在识别到危险情况时，不能马上切断高压源，应首先通过报警提示驾驶员，然后通过控制系统降低电动机的运行功率，使车辆速度降下来，以使整车高压系统在负荷较小的情况下运行，尽量降低发生高压危险的可能性，同时也允许驾驶员将车辆停到安全的地方。

6. DC/DC 转换器内的安全防护

电气分离装置会将 DC/DC 转换器的初级线圈和次级线圈分离开。与车身搭铁的连接仍是接在 12 V 车载供电网络上，因此，初级线圈和次级线圈之间就不会有电压了。某电动汽车 DC/DC 转换器内的安全防护原理如图 3-26 所示。

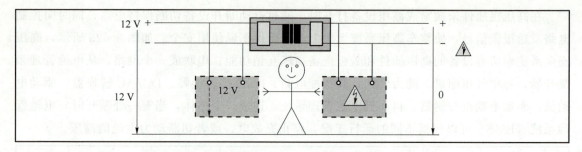

图 3-26　某电动汽车 DC/DC 转换器内的安全防护原理

7. 维修开关

电动汽车高压断电系统的电气断开部位有两处，即维修开关和主继电器。

1) **主继电器的软件控制方式**

（1）启动按钮。挡位切换至"OFF"挡时，主继电器即会断开，高压线路被切断；

（2）碰撞断电信号。当碰撞传感器识别到碰撞发生时，即通过电源管理控制单元（ECU）断开继电器，从而切断高压回路；

（3）互锁装置激活切断信号。互锁装置检测到存在高压部件开盖等危险情况时，即通过电源管理控制单元（ECU）控制主继电器切断高压回路。

通过手动操作断开高压电的方式有两种，一是操作启动按钮，使挡位切换至"OFF"挡；二是操作维修开关。平时最常用的断电方式就是操作启动按钮，只有在车辆维修、存在漏电危险等特殊情况时才使用维修开关。拔下维修开关，安全线就中断了，动力电池内部的连接就断开了。

2) **维修开关电气部位的布置**

维修开关电气部位的布置一般有两种，一种位于高压电源的正极；另一种布置于电池组中间。第一种维修开关位于电池包的正极，在电池正极与维修开关之间有一段电路，如果采用此类布置方式，需要保证此段电路处于人体不能接触的区域。

某电动汽车动力电池组内部维修开关线路和维修开关的保险实物如图 3-27 所示。

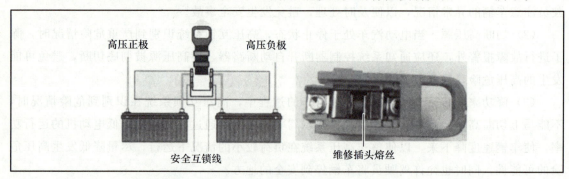

图 3-27　某电动汽车动力电池组内部维修开关线路和维修开关的保险实物

因涉及高压安全，所以对于维修开关的规范操作是非常重要的，不规范的操作不仅可能造成车辆故障，还有可能引起高压拉弧等危险，维修开关的规范操作如下。

① 维修开关只有在特殊情况下才使用，如车辆维修、漏电报警等情况，在非特殊情况

下不允许对维修开关进行操作。

② 维修开关应由专业人员进行操作，至少操作人员应该进行过相关培训。

③ 操作时，操作人员必须佩戴必要的劳保用品，如绝缘手套、绝缘胶鞋等，其电压等级必须大于电池组的最高电压。用前需检查其是否完好无损，确保安全。

④ 拔下维修开关手柄后，必须妥善保管，直至检修完毕，避免误操作。

⑤ 拆开维修开关之后，必须等待至少 10 min 后方能进行维修操作，以确保高压线路的余电已释放，如果条件允许，建议等待时间为 30 min。

维修开关的操作步骤如下：

① 断开点火开关，并将钥匙移出智能钥匙系统的探测范围；

② 断开低压蓄电池负极端子；

③ 确认绝缘手套不漏气，并佩戴；

④ 断开维修开关；

⑤ 将维修开关保存于自己衣兜内；

⑥ 等待 10 min 或更长时间，以便高压部件总成内部电容放电；

⑦ 进行维修操作。

由于暂无法规规定维修开关的配置要求，目前维修开关为各厂家自行配备的功能件，故部分电动汽车是无此开关的。

手动断开装置一般放置于动力电池系统中。如果只使用一个单极（刀）型手动断开装置，则应位于动力电池组的电气中点，即中间分断的位置。如果使用双极（刀）型手动断开装置，则应能够同时切断动力电池组的正负极。手动断开装置的应用如图 3 - 28 所示。无论采用何种方式，当进行高压系统维护时，均可以使得高压输出端不带危险电压，从而防止人员误接触导致的触电。

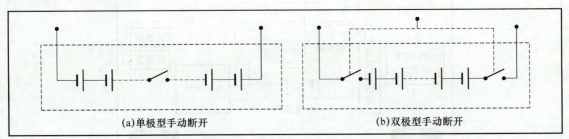

(a)单极型手动断开　　　　　　　　　(b)双极型手动断开

图 3 - 28　手动断开装置的应用

手动断开装置的断开操作或拆卸不需要任何工具，并且操作人员可以很容易地提供所需要的力。手动断开装置对操作人员应该是绝缘的。

8. 电容器放电

电机控制器（moter control unit，MCU）或功率电子装置内安装有电容器，电容器具有放电作用。通过放电可以消除功率电子装置内电容器上的残余电压。主动放电是由电动汽车的管理系统来操控的，每次切断高压系统或者中断控制线，都会发生这种主动放电过程。被动放电是为了保证在拆卸高压部件时可以把残余电压消除掉。为了能把残余电压可靠地消除掉，在拔下维修开关后，需要等待一段时间，然后才可以开始高压部件的检修工作。

9. 服务断开/高压接通锁

工作人员使用诊断辅助系统断开电压后，不仅要确保关闭整个高压系统（高压互锁打开），还要防止高压系统通过"点火开关开启"重新接通。借助高压接通锁的插入（连接），对高压系统又加了一道防止接通的保险。

10. 在碰撞时切断高压系统

通过碰撞识别触发断开蓄电池和停止发电机的发电模式，并将母线电容器放电至允许的电压极限以下。另外，在短路时切断高压系统，并将母线电容器放电至允许的电压极限以下。

电动汽车在总体设计和车身设计阶段，不仅要充分考虑发生碰撞后避免乘员和救护者触电，而且还要在检测到遭受碰撞后，立即将高电压部件和蓄电池组断开，以切断冒烟、失火的根源。电动汽车在车身前、后端和左、右两侧均安装有碰撞传感器，当碰撞强度水平超过一定强度值（指加速度值）时，车内的 EV ECU 单元便会发出指令，通过接触器使动力蓄电池组内的高压电回路断开。三菱 i－MiEV 电动汽车的高压电断开系统如图 3－29 所示。其中，SRS ECU 由中央安全气囊传感器、点火控制驱动电路、安全传感器、备用电源、诊断电路、记忆电路和安全电路组成，用于接收前气囊碰撞传感器输入的信号，判断是否需要引爆气囊充气，并对 SRS 系统具有故障诊断功能。EV ECU 单元包括动力电池管理系统、高压电控制系统、续驶里程控制系统、牵引力控制系统、平滑启动控制系统、动力蓄电池容量推测系统、再生制动控制系统和节能控制系统等。

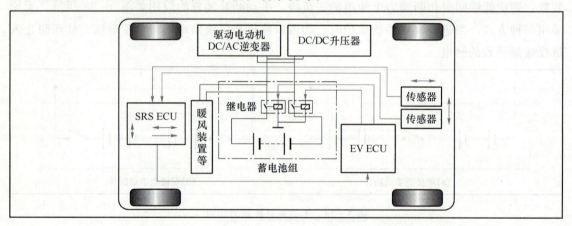

图 3－29　三菱 i－MiEV 电动汽车的高压电断开系统

日产 Leaf 电动汽车的高压电力电路如图 3－30 所示。当车辆发生碰撞时，安装于蓄电池组上碰撞系统中的 A/B 传感器工作，通过车辆控制模块（VCM）切断接线盒 J/B 中的主继电器 RLY，从而实现动力蓄电池组的高压电防护；当检测、校准电力系统时，需接主继电器，以便全面检测、校准系统的正常工作参数；当维修、保养蓄电池组的各电芯、电池（共 96 处）和检测电池组的总电压时，需使用维修保养工具断开连接开关 SD/SW。

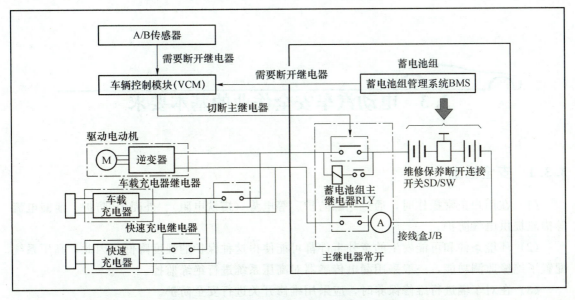

图 3－30　日产 Leaf 电动汽车的高压电力电路

3.2.2　维修电动汽车的安全防护用具

对电动汽车高压部件进行检测或维修时，一定要坚持"以人为本，安全第一"的原则，为防止电击伤害，在进行检测或维修前，首先应准备必需的绝缘防护用具（如绝缘手套、绝缘靴、绝缘服、绝缘帽、安全护目镜、绝缘隔板等）和辅助安全用具（如灭火器、吸水毛巾布及绝缘胶布等），以及安全围栏（网）和标志牌等，以确保电动汽车维修工作的安全性。

图 3－31 所示为常见的绝缘防护用具和辅助安全用具。

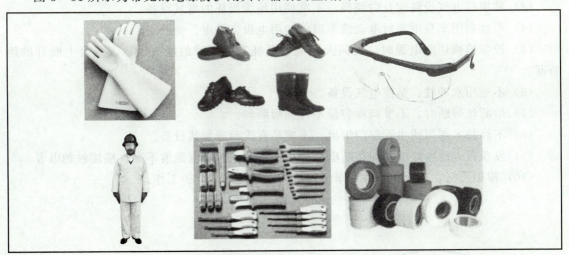

图 3－31　常见的绝缘防护用具和辅助安全用具

3.3　电动汽车安全作业的基本要求

3.3.1　安全措施

（1）在用户正常操作时，通过绝缘防护、等电势（搭铁电阻）、外壳 IP 防护、泄漏电流等措施提供电气防护。

（2）环境条件和可能发生的意外事件都可能使得这种保护的强度降低，因此，高压系统配置了绝缘监测功能，一般采用漏电传感器对高压系统进行绝缘监控。

（3）在对车辆进行维修保养时，应采用维修开关进行安全防护。

（4）在异常使用时（例如碰撞、非正常操作断开高压连接器等），采用高压互锁、高压泄放（主动放电、被动放电）等措施保障使用安全。

（5）在电路设计时，应能满足电气间隙、爬电距离等要求，并具备各类过压、过流和短路防护功能。

3.3.2　安全作业基本要求

（1）非持证电工不准装接电动汽车高压电气设备。

（2）任何人不准玩弄电气设备和开关。

（3）破损的电气设备应及时调换，不准使用绝缘损坏的电气设备。

（4）不准利用车身电源对电动汽车以外的用电设备供电。

（5）设备检修切断电源时，任何人不准启动挂有警告牌的电气设备，或合上断开的熔断器。

（6）不准用水冲洗、揩擦电气设备。

（7）熔断丝熔断时，不准调换容量不符的熔断丝。

（8）不经技术部门或主管部门审批，不准私自改动或加装设备。

（9）发现有人触电，应立即切断电源进行抢救，未脱离电源前不准直接接触触电者。

（10）雷雨天气，禁止在室外对车辆进行充电和维修、维护工作。

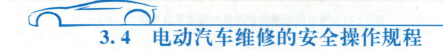

3.4　电动汽车维修的安全操作规程

电动汽车的维修人员须具备一定的资质，严格遵守高压安全操作规程。

3.4.1　电动汽车维修人员的资质要求

维修电动汽车的人员必须参加过厂家的电气培训，经过授权可以检修有高压系统的车辆，并能给车辆做标识和对工作场所进行防护。维修人员须获得国家安监局电工作业资格，参加过电动汽车高压系统维修的资格培训（电动车、燃料电池车），经销商内部认可后可以执行电动汽车高压系统的维修工作。

（1）未接受高压电意识培训的员工，不允许在电动汽车上执行操作。其在电动汽车上的权限仅限于客户咨询或对电动汽车进行简单的操作，如设置仪表，空调控制面板或阐述驾驶室管理及数据系统（COMAND）；以及简单的车辆驾驶（如洗车人员将车辆驶向洗车装置）。此外，只是简单驾驶车辆时，也没有必要进行高压意识培训。

（2）除以上简单操作外的其他所有操作都必须由经过高压意识培训的人员来实施（包括开启发动机罩，清洗发动机或添加风挡玻璃清洗液）。

如果不具备"高压资格"和"高压产品资格"，员工不得在高压网络上作业。不遵守相关注意事项会导致严重后果。接受过高压意识培训的非电工技术专业人员可以在高压系统外执行作业。接受过附加资格认证（高压资格和高压产品资格培训）的汽车技师、电气技师、机械电子工程师可以在高压系统上执行作业。

（3）高压技术人员的主要工作有断开高压系统供电并检查是否已绝缘；严防高压系统重新合闸；将高压系统接通重新投入使用；对高压系统上的所有作业负责；培训和指导经销商内部所有与车辆高压系统相关的人员，使得这些人员在监督下能执行高压工作。

3.4.2　高压维修的安全操作规范

在检查或维修电动汽车高压系统时，必须遵循以下安全措施。

（1）在调试过程中一定要坚持"以人为本，安全第一"的原则，安全一定要放到首位，人的安全问题是最优先级的考虑。

（2）操作人员上岗不得佩戴金属饰物，如手表和戒指等，工作服衣袋内不得有金属物件，如钥匙、金属壳笔、手机和硬币等。

（3）维修、调试人员必须佩戴必要的防护工具，如绝缘手套、绝缘鞋和绝缘帽等。在使用绝缘手套前，请确认有无裂纹、磨损及其他损伤。

（4）严禁非专业人员对高压部件进行移除及安装。

（5）未经过高压安全培训的维修人员，不允许对高压部件进行维护。

（6）在电动汽车充电过程中不允许对高压部件进行移除和维护等工作。

（7）对高压部件进行作业前，必须确认车辆钥匙处于 LOCK 挡位并将钥匙妥善保管。断开低压 12 V 电池负极端子。

（8）戴好绝缘手套，拆除维修开关，等待 10 min 或更长时间以便使高压电器的电容放电。

（9）用绝缘乙烯胶带包裹被断开的高压线路插接器。

（10）高压部件打开后或插头断开后，使用万用表对其电压进行测量，电压在 36 V 以下时可以进行下一步的操作。

3.4.3　电动汽车检测维修操作的注意事项

（1）在电动汽车全部停电或部分停电的电气设备上工作，必须确保完成下列措施，包括停电、挂锁、验电、放电、悬挂标示牌、装设遮拦、有监护人。

（2）在高压设备上进行检修工作需要停电时，必须把各方面的电源完全断开，禁止在只通过开关断开电源的设备上工作，工作地点各方必须有明显的断开点。

（3）对电气设备进行验电前，应先在有电设备上进行试验，确保验电器良好；必须用电压等级合适而且合格的验电器在检修设备进出线两侧分别验证，放电后用测量用具确认放电完成，无电压。

（4）对于大事故车辆或异常车辆（如有焦煳味、冒烟、浸水等），要在专用的场地（或工位）进行48 h的观测，并有防爆、防火设施。

（5）维修动力电池组或更换电芯时，施工人员应做好相应的屏护和警示工作，并出示施工的内容及工作进程，离开施工现场时，应将绝缘隔板或绝缘罩设置在动力电池组的外露部分，并写明离开原因。维修或更换其他高压部件时，安全工作应符合动力电池的安全措施要求。

图 3 - 32　电动车辆维修工作区域

3.4.4　设置电动汽车维修工作安全区

在汽车维修车间内，维修电动汽车必须设置有安全工作区或安全围栏（网）。使用专用的警示标牌，安全工作区或安全围栏（网）内必须防止其他无关人员进入。对所维修的配备有高压装置的车辆，必须做上标识。电动车辆维修工作区域如图 3 - 32 所示。

3.4.5　检修和断开高压系统时的注意事项

1. 检修高压系统时的注意事项

在检修电动汽车高压系统时，应注意以下事项：

① 所有橙色的线均带高压，可能危及生命；

② 不得将喷水软管和高压清洗装置直接对准高压部件；

③ 所有松开的高压插头必须严防进水和污物；

④ 检修进水的高压系统时要非常小心，特别是潮湿的部件是非常危险的；

⑤ 高压插头上不可使用润滑油、润滑脂和触点清洗剂等；

⑥ 损坏的所有导线必须予以更换；

⑦ 在高压导电部件附近进行检修工作时，必须先让系统断电。

⑧ 在进行焊接、用切削工具加工及用尖锐工具进行操作时，必须先让系统断电；

⑨ 佩带有电子/医学生命和健康维持装置的人（如带有心脏起搏器）不得检修高压系统（包括点火系统）；

⑩ 必须使用合适的专用测量仪器。

2. 断开高压系统电源的注意事项

汽车进行常规检修工作时，不用断开或者关闭高压电路。但是，对下列任何部件进行检修时，必须按照检修程序断开高压系统的电源后，再进行检修，以防止发生可能的触电及人身伤害。包括：

① 高压（HV）蓄电池组。

② 任何使用了橙色电线的电子控制器，如逆变器和转换器。

③ 电传动系统且用橙色电线连接的空调压缩机。

安全断开汽车电源要按照汽车制造商的指示说明进行操作。其操作步骤一般包括：

（1）熄火，把钥匙（如配置了）从点火开关上取下。如果使用按钮启动，把钥匙拿到离车至少 5m 远的地方，以防止汽车误启动。

（2）拿开高压控制器的 12 V 电源。

① 拿开熔丝或者继电器；

② 断开辅助 12 V 电池的负极线。

（3）拿开高压（HV）熔丝或电源接头（又或维修开关）。

特别提示：即使按照以上步骤操作，仍有高压电池触电危险。应严格遵照汽车制造商的指示操作，并戴上高压手套及其他规定的个人防护设备。

3.4.6　恢复系统运行的主要工作

在电动汽车维修完毕后，要由高压电技师恢复系统的运行，主要工作如下。

① 要目视检查所有的高压连接及高压系统的接插口和螺孔连接是否都正确锁止；

② 要目视检查所有的高压电缆是否都无法被触碰到；

③ 要目视检查电压是否平衡、电缆是否清洁并无法被触碰到，确认无误后插入维修开关并把它锁闭；

④ 打开点火开关读取所有电动汽车系统的故障码，把"高压系统已关闭"的警示标签从车辆上移除；

⑤ 在电动汽车显眼的位置贴上"高压系统已激活"的警示标签。

3.5　电动汽车维护用具的使用

在维修高压系统时，维护人员必须做好高压安全防护，正确选择和佩戴绝缘防护用具，必须使用电工专用绝缘工具和高压检测工具。主要有警示牌、绝缘手套、皮手套、绝缘鞋、防护眼镜、绝缘帽、绝缘工具和绝缘表等。各专用绝缘工具的用途如表 3-6 所示。

表 3-6　专用绝缘工具用途

绝缘工具名称	用　途
警示牌	在地面或车辆附近明显位置放置
绝缘手套（绝缘等级为 1 000 V/300 A 以上）	拆除及安装高压部件时使用
皮手套	拆除及安装高压部件时使用（保护绝缘手套）
绝缘鞋	拆除及安装高压部件时使用
防护眼镜	拆除及安装高压部件时使用
绝缘帽	拆除及安装高压部件时使用
绝缘胶布	用于包住高压电线和端子
绝缘表	测试高压部件的绝缘阻值
绝缘工具	拆除及安装高压部件时使用

　　车辆的传统机械部分（如制动系统、行驶系统、转向系统等）的维护也应正确使用相关检查和维护工量具。

3.5.1　高压防护用具的使用

1. 绝缘手套

　　绝缘手套是用天然橡胶制成的，起到对人的保护作用，具有防电、防油、耐酸碱等功能。主要在高压电器设备操作时使用，如动力电池高压回路的放电、验电，高压部件的拆装等。

图 3-33　绝缘手套铭牌

　　绝缘手套铭牌上有最大使用电压，如图 3-33 所示，电压值越大，手套越厚。根据测量实物的最大电压值选择绝缘手套。

　　（1）在使用绝缘手套前，必须按照高压防护手套检查流程，检查手套的气密性，如图 3-34 所示，以确认是否有诸如针孔、破裂、撕裂或者裂口等损坏情况，发现有任何破损则不能使用。如果一双绝缘手套中的一只破损，那么这副手套不能使用。

　　检查绝缘手套的方法为侧位放置手套，卷起手套边缘，然后松开 2~3 次，折叠一半开口去封住手套，确认无空气泄漏，则证明绝缘手套完好。

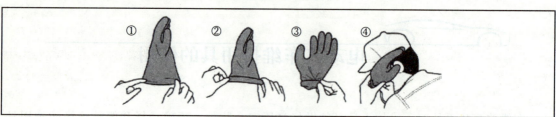

图 3-34　绝缘手套的气密性检查流程

　　（2）当戴绝缘手套作业时，应将衣袖口放进手套筒内，以防发生意外。

（3）绝缘手套使用后，应将内外擦洗干净，待干燥后，撒上滑石粉放置平整，以防受压受损，且不能放置于地上。在操作时不可以不戴绝缘手套，将手套缠绕或附在测量部件上。

2. 绝缘帽

绝缘帽在电动汽车举升状态维护时使用。使用前应检查绝缘帽有无裂缝或损伤，有无明显变形，下颚带是否完好、牢固等。佩戴时必须按照头围的大小调整并系好下颚带。

3. 绝缘鞋

绝缘鞋是高压操作时使人与大地保持绝缘的防护用具。一般在较潮湿的场所使用。穿戴绝缘鞋前需检查（如图 3 - 35 所示）鞋面有无划痕、鞋底有无断裂、鞋面是否干燥。绝缘鞋应放在干燥、通风处，不能随意乱放，并且避免接触高温、尖锐物品和酸碱油类物质。

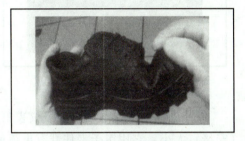

图 3 - 35　绝缘鞋检查

4. 防护目镜

检查和维护电动车时，需要佩戴防护目镜，主要用于防御电器拉弧产生的电火花对眼睛的损伤。使用前需要对防护目镜进行检查，看目镜有无裂痕、损坏。

5. 绝缘服

绝缘服主要用于维护人员带电作业时的身体防护。

6. 绝缘垫

绝缘垫是具有较大电阻率和耐电击穿的胶垫，主要在电动汽车维护时用于地面的铺设，起到绝缘的作用，在雨季湿度大或者地面潮湿时，绝缘垫就更加重要。

3.5.2　高压检测工具的使用

1. 新能源汽车的测量仪表

1）CAT Ⅲ级数字万用表

多数新能源汽车配置了电压超过 600 V 的直流电系统。需要用一个认证为 CAT Ⅲ级的数字万用表（DMM）测量这类高压系统。

国际电工委员会（IEC）把仪表及仪表导线的电压标准分为几类。这些类别是过压保护级别，它们分别是 CAT Ⅰ级、CAT Ⅱ级、CAT Ⅲ级和 CAT Ⅳ级。（CAT）级别越高，测量高电压时就越安全。每一类都有不同的电压值。

（1）CAT Ⅰ级。一般 CAT Ⅰ级仪表用于低压测量，如测量家里墙上的电源插座的电压。CAT Ⅰ级仪表的电压等级一般是 300～800V。CAT Ⅰ级仪表相对能级较低，测量新能源汽车时，也可以使用这类仪表，但其保护能级比需要的能级低。

（2）CAT Ⅱ级。一般用于测量家庭断路器板的电压。CAT Ⅱ级仪表的电压等级是 300～600 V。CAT Ⅱ级仪表的标值与 CAT Ⅰ差不多，但是它的保护能级比 CAT Ⅰ级更高。

（3）CAT Ⅲ级。CAT Ⅲ级是用于测量新能源汽车级别最低的仪表。CAT Ⅲ级的电压等级一般是 600~1 000 V，可最大限度地保护检修技术人员。如果测量仪表需要 CAT Ⅲ 级，那么测量仪表的导线也应该是 CAT Ⅲ 级，如图 3-36、图 3-37 所示。

图 3-36　测量仪表是 CAT Ⅲ

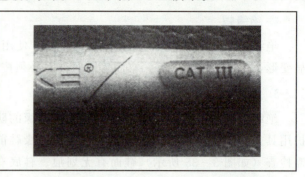

图 3-37　测量仪表的导线也应该是 CAT Ⅲ 级

（4）CAT Ⅳ 级。CAT Ⅳ 级仪表只表示钳式安培计。钳式安培计用于测量电路中的电流（安培）大小，它用钳子夹住载有电流的电线进行测量。如果钳式安培计也有测量电压用的导线，安培计的导线将标为 CAT Ⅲ 级。

2）绝缘测量仪表

电绝缘测量仪表用于测量高压电线或者高压部件与车体之间的电气连接。如果新能源汽车有过任何会导致绝缘物质损坏的碰撞或者其他事件，都应检查高压系统。从事新能源汽车工作的技术人员或者维修企业都应该配备一个绝缘测量仪表。

2. 绝缘表的使用

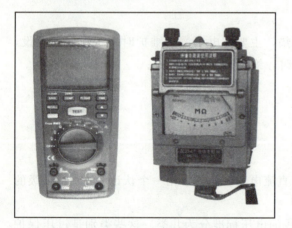

图 3-38　数字式和指针式绝缘电阻表

绝缘电阻是表征新能源汽车电气安全好坏的重要参数。高压电线绝缘介质的老化或受潮湿环境影响等会导致高压电路和车辆底盘之间的绝缘性能下降，负极引线通过绝缘层和底盘构成漏电流回路，使底盘电位上升，危及乘客的人身安全。为了消除高压电对车辆和驾乘人员人身的潜在威胁，保证新能源汽车电气系统的安全，在新能源汽车维护时需要使用绝缘电阻表来检测绝缘电阻。

绝缘表主要分为指针式绝缘电阻表和数字式绝缘电阻表两种，如图 3-38 所示。

1）绝缘电阻表

绝缘电阻表又叫作兆欧表。它由一个手摇发电机、表头和三个接线柱（L、E 和 G）组成，如图 3-39 所示。L 为接线端，E 为搭铁端，G 为屏蔽端（也叫作保护环），一般被测绝缘电阻都接在 L 端和 E 端之间，但当被测绝缘体表面漏电严重时，必须将被测物的屏蔽环或不需测量的部分与 G 端相连接。这样漏电流就经由屏蔽端 G 直接流回发电机的负端形成回路。

绝缘电阻表的额定电压有 250 V、500 V、1 000 V、2 500 V 等，测量范围有 500 MΩ、1 000 MΩ、2 000 MΩ 等。

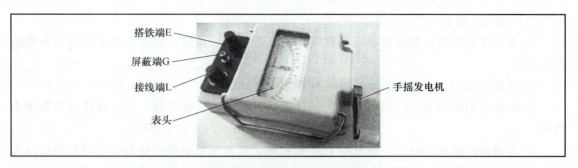

搭铁端 E

屏蔽端 G

接线端 L

表头

手摇发电机

图 3 - 39　绝缘电阻表的组成

使用绝缘电阻表测量绝缘电阻时，应该根据如下原则测试电压等级和测量电阻范围。

（1）根据额定电压等级选择，如表 3 - 7 所示。

表 3 - 7　根据额定电压等级选择

被测设备额定电压/V	选用绝缘电阻表的额定电压/V
≤500	500 或 1 000
≥500	1 000 或 2 500

（2）根据电阻量程范围选择。表头刻度线上有两个小黑点，小黑点之间的区域为准确测量区域，在选表时应使被测设备的绝缘电阻值在准确测量区域内，如图 3 - 40 所示。

使用绝缘电阻表测量绝缘电阻前，需要检查绝缘电阻表是否处于正常工作状态，先将其放在平稳、牢固的地方，然后进行断路试验和短路试验。

图 3 - 40　绝缘电阻表的量程

① 断路试验：将 L 和 E 表笔分开，由慢到快摇动手柄使发电机达到 120 r/min 的额定转速，观察指针是否指在标度尺 "∞" 的位置，如果实则为正常，如图 3 - 41 所示。

② 短路试验：将 L 和 E 短接，由慢到快摇动手柄使发电机达到 120 r/min 的额定转速，观察指针是否指在标度尺 "0" 的位置，如果是则为正常，如图 3 - 42 所示。

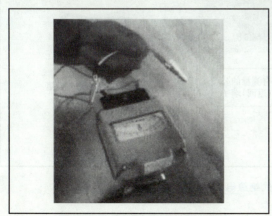

图 3 - 41　断路试验

图 3 - 42　短路试验

（3）绝缘电阻表的使用注意事项。

① 为了保证安全，测量前必须将被测设备电源切断，并搭铁放电，决不允许设备带电进行测量。

② 摇测过程中，被测设备上不能有人工作。

③ 绝缘电阻表的引线应用多股软线，且两根引线切忌绞在一起，以免造成测量数据不准确。

④ 当测量绝缘电阻时，一般只用 L 端和 E 端，但在测量电缆搭铁的绝缘电阻或被测设备的漏电流较严重时，就要使用 G 端，并将 G 端接屏蔽层或外壳。线路接好后，可按顺时针方向转动摇把，摇动的速度应由慢而快，当转速达到 120 r/min 左右时，保持匀速转动，1 min 后读数，并且要边摇边读数，不能停下来读数。

⑤ 测试完毕后，先拆线，然后停止摇动绝缘电阻表，防止电器设备向绝缘电阻表反向充电损坏绝缘电阻表。

⑥ 禁止在雷电时或高压设备附近测绝缘电阻。

2）数字式绝缘电阻表

数字式绝缘电阻表是一种由电池供电的绝缘测试仪，如图 3-43 所示。它可以测量交流/直流电压、搭铁耦合电阻和绝缘电阻。数字式绝缘表上有三个插线孔，分别对应三根表笔（两红一黑），根据测量数据的不同选用不同的插线端子。

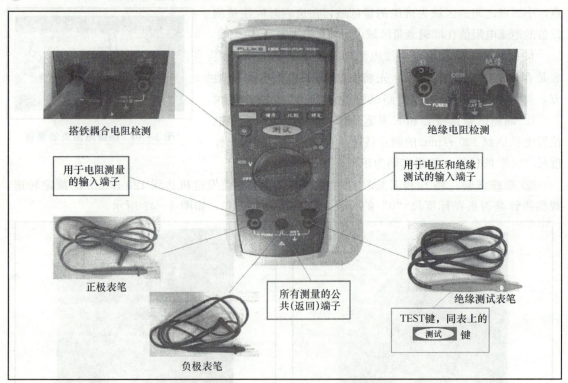

搭铁耦合电阻检测　　　　　　　　　　　　　　　　绝缘电阻检测

用于电阻测量的输入端子　　　　　　　　　　　用于电压和绝缘测试的输入端子

正极表笔　　　　　　　　　　　　　　　　　　　绝缘测试表笔

所有测量的公共（返回）端子　　　　TEST键，同表上的 测试 键

负极表笔

图 3-43　数字式绝缘电阻表

（1）数字式绝缘电阻表的使用注意事项。

数字测试绝缘电阻表的使用注意事项如下：

① 严格按照绝缘电阻表手册的规定使用，否则可能会破坏绝缘电阻表提供的保护措施；

② 在将绝缘电阻表与被测电路连接之前，始终记住选用正确的端子、开关位置和量程挡；

③ 用绝缘电阻表测量已知电压来验证测试表操作显示是否正常；

④ 绝缘电阻的测量必须在断电情况下进行，一定是各导电端子与车体或壳体之间的测量。绝缘组织测量需要保持 1 min，数值稳定后结束测量；

⑤ 因为高压部件内部有电容存在，严禁测量端子之间的绝缘电阻；

⑥ 由于绝缘电阻表两表笔之间的电压为 1 000 V，因此测量过程中注意保持手指与身体不能与任何导电部位接触，手指应保持在保护装置的后面；

⑦ 在端子之间或任何一个端子与搭铁点之间施加的电压不能超过测试表上标明的额定值。交流电压有效值高于 30 V、交流电压峰值高于 42 V 或直流电压高于 60 V 时应格外小心，这些电压有造成触电的危险；

⑧ 在测试电阻、导通性、二极管或电容以前，必须先切断电源，并将所有的高压电容器放电；

⑨ 当出现电池低电量指示符时，应尽快更换电池；

⑩ 切勿在爆炸性的气体或蒸气附近使用绝缘电阻表；

⑪ 严禁用绝缘电阻表测量低压电器设备。由于汽车低压电器设备的工作电压为 12 V 或 24 V，其内部电子元件的耐压等级基本为 25 V 和 36 V，且车身也是低压电器电流返回地，若对低压电器信号端或 12 V 端进行绝缘测试，电子元件会被击穿、烧毁。

（2）使用数字式绝缘电阻表测量绝缘高压线束的绝缘性能。

使用数字式绝缘电阻表测量绝缘电阻的方法如图 3 - 44 所示。

① 将测试探头分别插入绝缘电阻表 V 和 COM（公共）输入端子。

② 将旋转开关旋至所需要的测试电压。

③ 将探头与待测电路连接。测试仪会自动检测电路是否通电。

④ 按住 TEST 测试按钮开始测试。辅显示位置显示被测电路上所施加的测试电压。主显示位置显示高压符号（⚡）并以 MΩ 或 GΩ 为单位显示电阻，显示屏的下端出现测试图标，直到释放测试按钮。当阻值超过最大显示量程时，测试仪显示＞符号及当前量程的最大电阻。

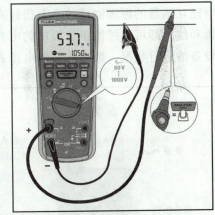

图 3 - 44　数字式绝缘电阻表测量绝缘电阻的方法

⑤ 继续将探头留在测试点上，然后释放测试按钮。被测电路即开始通过绝缘电阻表放电。

根据欧洲经济委员会 ECE-R100 标准，绝缘电阻不得小于 500 Ω/V。例如：288 V×500 Ω＝1.44 MΩ，测量工具的测量电压至少要与所检测部件的常规工作电压一样高。测试仪的两支表笔分别接线束的端子和绝缘层。

如图 3 - 45 所示，对高压线束不同部位进行绝缘检测，测量电压为 500～1 000 V 的直流电压。测量点有屏蔽内部导线，屏蔽与车辆的搭铁端，内部导线连接到车辆搭铁端。

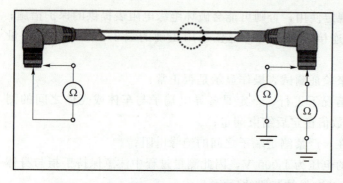

图 3-45　对高压线束的不同部位进行绝缘监测

图 3-46　实车检测时表的正确使用步骤

（3）数字式绝缘电阻表实车检测时的正确使用步骤。

如图 3-46 所示，实车检测时，数字式绝缘电阻表的正确使用步骤如下。

① 根据测试车辆的电压范围值选择量程。如 EV200 绝缘电阻的检测一般选用 500 V 挡位即可；

② 将绝缘电阻表笔与部件高压端子接触，负极表笔与部件壳体或车体接触；

③ 按住绝缘电阻表笔测试键或表体的测试键，待数值稳定后，读取屏幕上的数据，即为绝缘电阻值。

3. 钳形电流表的使用

在对电动汽车进行检查时，有时会用到钳形电流表。钳形电流表又叫作电流钳，是利用电流互感器的原理制成的，有指针式和数字式两种。钳形电流表使用非常方便，无须断开电源和线路即可直接测量运行中的电力设备线路的工作电流，便于及时了解设备的工作电流及设备的运行状况。数字式钳形电流表的外观及功能按键如图 3-47 所示。

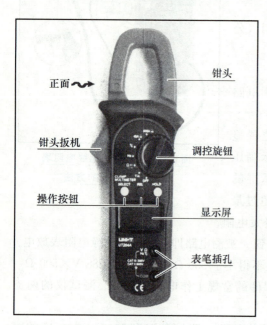

正面

钳头扳机

操作按钮

钳头

调控旋钮

显示屏

表笔插孔

图 3-47　数字式钳形电流表的外观及功能按键

1）钳形电流表的使用注意事项

（1）钳形电流表使用前先判断它是否能正常工作。

（2）测量之前应检查钳口上是否有污物，检查被测导线是否绝缘。

（3）根据额定功率估测额定电流，选择合适的量程挡位，不可用小量程测量大电流。如果电流大小无法估算，就选最大量程，以防烧表。如果读数小，切换至小量程。严禁测量过程中换量程挡。

（4）测量时被测导线应垂直放在钳形电流表的钳口中心。钳形电流表测量时一次只能测量一根导线，不可以同时测量多根导线。

（5）钳形电流表上有额定电压，不能用钳形电流表去测量超过额定电压的高压电路电流，否则容易造成事故或引起触电危险。

（6）钳形电流表不能测量裸导体的电流。测量时，测量人员应戴绝缘手套，穿绝缘鞋，双手不得触碰其他设备，防止短路和搭铁。

（7）测量时应注意身体与带电体保持安全距离。当测量高压电缆各相电流时，电缆头线间距离应在 300 mm 以上，且绝缘良好。观测读数时，要特别注意保持头部与带电部分的安全距离，人体任何部分与带电体的距离不得小于钳形电流表的整个长度。图 3-48 所示为钳形电流表测量交流电时正确和错误的使用方法。

（8）如果被测电流较小，应将被测导线缠绕几圈后放进钳口内测量，如图 3-49 所示。实际电流值为表盘读数与导线缠绕圈数的比值。

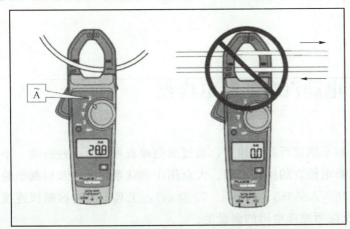

图 3-48　钳形电流表测量交流电时正确和错误的使用方法

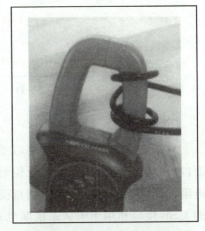

图 3-49　钳形电流表测量小电流

2）使用钳形电流表测试电流的步骤

（1）使用时应按紧扳手，使钳口张开，将被测导线放入钳口中央，然后松开扳手，并使钳口闭合紧密。钳口的结合面如有杂声，应重新开合一次，仍有杂声，应处理结合面，以使读数准确。

（2）不可同时钳住两根导线。读数后，将钳口张开，将被测导线退出，将挡位置于电流最高挡或 OFF 挡。

4. 绝缘工具的使用

绝缘工具属于高压作业工具，如图 3-50 所示，是能够保证带电作业安全的工具。绝缘工具和传统工具相比，多加了抗高压的绝缘层，从而保证了维护人员的人身安全。注意日常保养，防止受潮、损坏和脏污。

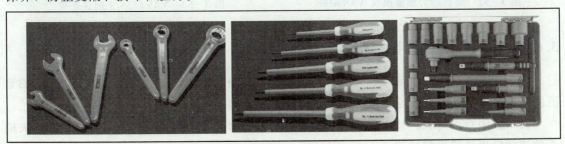

图 3-50　绝缘工具

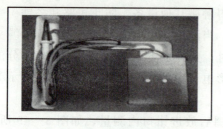

图 3-51 放电工装

5. 放电工装的使用

由于电动汽车整车的动力电池及一些高压部件带有电容，即使断开电源电容还会存储部分电量，因此电动汽车需要放电工装（如图3-51所示）对高压端口进行放电，避免产生触电危险。

3.6 电动汽车的断电检查

有些电动汽车在断电结束后要对车辆进行断电检查，通过断电检查可判断一些故障。下面以大众混合动力车型为例，说明断电检查的操作步骤。大众用于确认系统断电及检测绝缘电阻的测量工具为混合动力测量模块 VAS6558（如图3-52所示），工具上有与诊断仪连接的 USB 接口和用于确认系统断电及检测绝缘电阻的测量笔。

混合动力测量模块 VAS 6558/1 是测量高压蓄电池绝缘的工具，其测量的插头上有正极、负极、屏蔽线插孔，其外观如图3-53所示。该套工具还包括用于电能管理器的 VAS 6558/1-2 测量适配器和用于空调压缩机的 VAS6558/1-3 适配器。

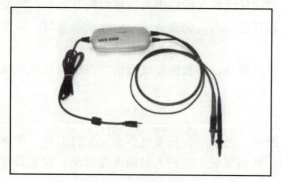

图 3-52 混合动力测量模块 VAS 6558

图 3-53 VAS 6558/1 插头外观

3.6.1 动力电池的断电检测

图 3-54 为在动力电池处检查断电的示意图。在绝缘检测中，会产生高达 1 000 V 的直流测量电压，为了保证安全，动力电池的断电检查步骤如下。

（1）关闭点火开关，拔出维修开关插头，插入维修开关插头的保护塞或者为维修开关插头的接插口提供绝缘保护罩。

（2）等待大约 1 min（电容中储存的能量进行放电）。

（3）断开高压蓄电池的高压电缆，并将测量适配器连接到高压蓄电池。

（4）进行测量，图 3 - 54 中电压表的读数应与电压表断路相同，若结果为 0，即确认高压动力电池断电。

如果在测量中电压出现更高的值，那么在蓄电池管理器（BM）或者开关继电器中存在故障。

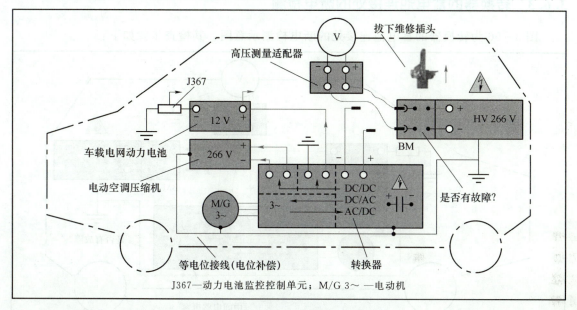

图 3 - 54　在动力电池处检查断电的示意图

3.6.2　动力电池正负极和搭铁端之间的断电检测

图 3 - 55 为动力电池负极和搭铁端之间的断电检测示意图。

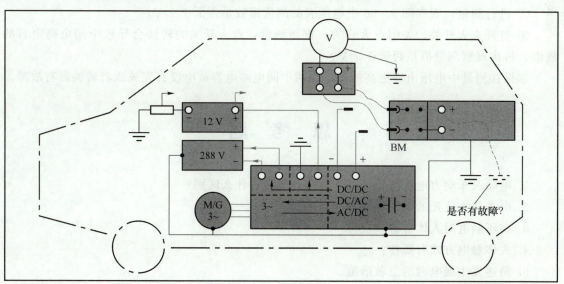

图 3 - 55　动力电池负极和搭铁端之间的断电检测示意图

图 3 - 55 中电压表的读数应为 0。如果在测量中电压出现更高的值，那么在动力电池正极和搭铁之间存在搭铁故障或者短路。

动力电池正极和搭铁端之间检测断电与动力电池负极和搭铁端之间检测断电的情况类似。

3.6.3 转换器的蓄电池连接处的断电检测

图3-56为转换器的蓄电池连接处的断电检测示意图，其检查步骤如下：

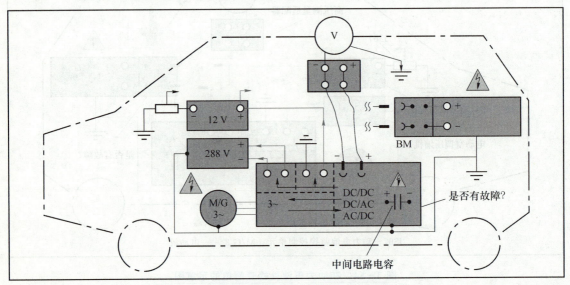

图 3-56 转换器的蓄电池连接处的断电检测示意图

① 关闭点火开关，拔出维修开关插头；

② 断开转换器的蓄电池连接处的高压电缆，并将测量适配器连接到转换器的蓄电池上；

③ 进行测量，观察图3-56中电压表的测量读数是否低于7 V；

④ 打开点火开关，关闭点火开关，重新测量，点火开关的转换会导致中间电路电容的放电，再次观察测量值是否低于7 V。

如果在测量中电压出现更高的值，说明中间电路电容放电没有完成或者转换器有故障。

思 考 题

1. 电动汽车动力电压与传统汽车的电源电压有什么区别？

2. 电击使人致死的原因是什么？

3. 高压触电对人体有哪些危害？

4. 人体触电方式有哪些？

5. 简述发生触电时的急救措施。

6. 发生触电后如何进行心肺复苏？

7. 电动汽车的高压安全防护措施有哪些？

8. 电动汽车维修开关的操作规范是什么？

9. 简述电动汽车维修开关的操作步骤。

10. 维修电动汽车的安全防护用具有哪些？并说明其用途及使用注意事项。

11. 在电动汽车上，因存在高压电，为了保证驾驶和维修的安全，必须进行的必要电气防护有哪些？

12. 维修电动汽车是否需要经过专门的培训？培训涉及哪些内容？

13. 维修高压车辆的人员应具有哪些资质？

14. 维修电动汽车时应注意哪些事项？

15. 如何检查绝缘手套的好坏？

16. 简述维修电动汽车的安全作业基本要求。

17. 电动汽车高压维修的安全操作规范是什么？

18. 检修电动汽车高压系统时需要注意什么？

19. 在使用数字绝缘表时要注意哪些事项？

第4章

电动 汽车的使用与维护

4.1　电动汽车的仪表认知

4.1.1　电动汽车驾驶操作的基本要求

（1）驾驶操作电动汽车前要认真阅读电动汽车的《使用手册》，在《使用手册》中详细说明了电动汽车的特殊配置，有关驾驶和使用该车的注意事项、出现问题时的处理办法等。

（2）要明白电动汽车与传统的燃油汽车有很多不同，包括驾驶方法和维护保养的特殊性，不可按对待燃油汽车的方法来对待电动汽车。例如，电动汽车行驶时噪声极小，遇到行人要多加注意；电动汽车比较怕水，在雨雪天气使用时更要注意。

（3）驾驶过程中要注意从仪表盘观察续驶里程、动力性能等，如果感觉出现不正常现象，如续驶里程突然缩短、动力性能衰退等，应及时进行修理，修好后方可继续驾驶。

4.1.2　电动汽车的仪表认知

1. 电动汽车的仪表显示

汽车上都设有表示汽车工作状况的仪表、指示灯、警告灯等装置。指示灯（如大灯远近光变换指示）只起提示作用，例如提示是打开还是关闭状态。警告灯一旦点亮，就应采取必要的措施。电动汽车的仪表是电动汽车主要状态和工作参数显示的窗口，便于驾驶员随时了解汽车各系统的工作状况并及时采取措施，防止发生事故和故障。

在电动汽车上通常采用的是电子显示组合仪表，采用数字显示和大 LCD 屏幕，显示精确度高、信息刷新快。使用数字进行分时显示，可使仪表盘得到简化且能显示大量信息。驾驶员可以手动选择仪表的常显示内容，仪表系统还能在汽车有潜在的内在或外在危险情况时，让平时不显示的信息自动显示并发出警报，以提醒驾驶员注意。

1）电动汽车仪表显示

电动汽车的仪表是在传统燃油汽车仪表通用的显示信息的基础上删除了一部分燃油汽车

仪表功能，增加了专有的电动汽车仪表功能，如电流、电压、电池剩余电量与电动机工作状态等信息和报警指示灯的显示。混合动力汽车则基本不删除原有燃油汽车仪表的功能，但增加了电动汽车仪表功能。

　　电动汽车电动机转速表一般不单独设计，多用功率表代替，并采用功率表显示方式。如图 4-1 所示的 EV200 电动汽车的仪表盘能实时显示功率、数字车速、瞬时电耗、倒车雷达、动力电池电压、电流、驱动电机转速、平均电耗、保养里程、车外温度等 20 多项信息，让驾驶员及时了解车辆状况。

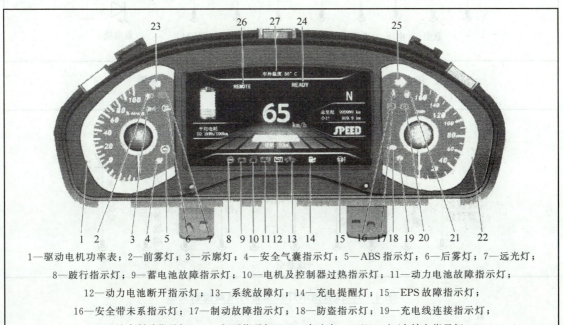

1—驱动电机功率表；2—前雾灯；3—示廓灯；4—安全气囊指示灯；5—ABS 指示灯；6—后雾灯；7—远光灯；
8—跛行指示灯；9—蓄电池故障指示灯；10—电机及控制器过热指示灯；11—动力电池故障指示灯；
12—动力电池断开指示灯；13—系统故障灯；14—充电提醒灯；15—EPS 故障指示灯；
16—安全带未系指示灯；17—制动故障指示灯；18—防盗指示灯；19—充电线连接指示灯；
20—驻车制动指示灯；21—门开指示灯；22—车速表；23/25—左/右转向指示灯；
24—READY 指示灯；26—REMOTE 指示灯；27—室外温度提示

图 4-1　EV200 的仪表盘

2）电动汽车仪表和指示灯

　　与传统汽车组合仪表一样，电动汽车组合仪表显示的内容包括指示表头（指针）指示灯和报警（指示灯）显示两部分。

　　指示表头主要用来显示动力电池、电动机和整车相关信息，电动汽车组合仪表中一般设计有 5 个指示表头，它们分别用来指示电动机转速、行驶车速、电流、电压和荷电状态（SOC），各个表头采用步进电动机驱动。

　　纯电动汽车取消了燃油汽车的油量报警、水温报警、发动机故障报警、机油压力报警、真空度报警、预热报警、沉淀水报警、冷却液位等与发动机相关的报警指示灯。增加了与动力电池、电动机相关的指示灯，如运行准备就绪、动力电池充电状态、电动机及控制器过热、超速、剩余容量低限、绝缘电阻、驱动控制器就绪、能量回馈故障、停车指示、充电指示、互锁指示、系统故障、动力蓄电池故障等。

　　图 4-2 为电动汽车主要仪表电路信号输入和输出示意图，其中指示灯和报警灯电路又分为控制负极和控制正极两种，如图 4-3 和图 4-4 所示。

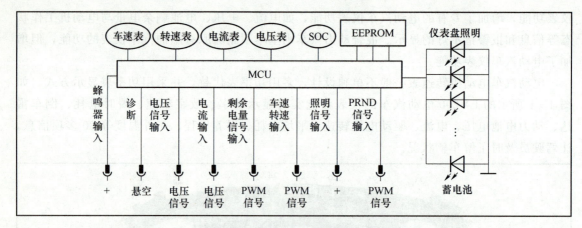

图 4-2 电动汽车主要仪表电路信号输入和输出示意图

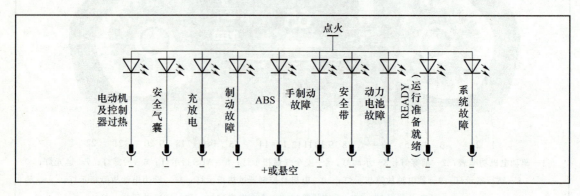

图 4-3 仪表指示灯和报警灯电路控制负极

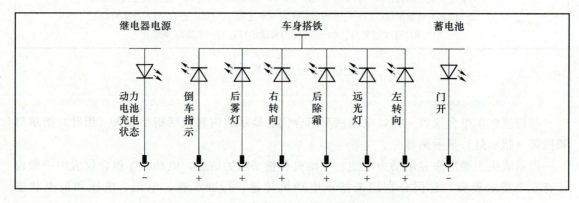

图 4-4 仪表指示灯和报警灯电路控制正极

2. 常见的电动汽车仪表主要报警指示灯的含义

报警及信号指示装置用来告知驾驶员有关电驱动系统和动力蓄电池正确操作条件的信息，通常称作某某报警指示灯。因此，驾驶员及维修人员必须了解和掌握电动汽车仪表和指示灯的含义。电动汽车操纵件、指示器及信号装置的标志形状和显示颜色的基本规定为：红色表示危险，黄色表示注意，绿色表示安全、正常的操作状态。常见电动汽车仪表主要报警指示灯的含义如表 4-1 所示。不同电动汽车的报警指示灯在显示数量上略有差异。

表 4-1　常见电动汽车仪表主要报警指示灯的含义

指示灯	名　称	指示灯含义
READY	系统准备完毕指示灯	车辆准备完毕时，系统准备完毕指示灯点亮；启动时，系统准备完毕指示灯自检点亮
	高压开关断开指示灯	启动时，高压开关断开指示灯自检点亮；高压开关断开时，高压开关断开指示灯点亮
	12 V 蓄电池充电故障警告灯	DC/DC 转换器未工作；12 V 蓄电池电压异常；DC/DC 转换器故障
	绝缘报警指示灯	当出现动力系统绝缘故障时，绝缘报警指示灯点亮；启动时，绝缘报警指示灯自检点亮
	驱动电机故障报警	驱动电机工作时亮起表明驱动电机系统出现故障
	电机过热指示灯	启动时，电机过热指示灯自检点亮；当电机或电机控制器温度过高而引起冷却液温度过高时，电机过热指示灯点亮
	充电插头插入指示灯	充电插头插入工作时，充电插头插入指示灯点亮；启动时，充电插头插入指示灯自检点亮；充电枪线缆接触不好时，显示"请连接充电枪"
HV	动力蓄电池绝缘电阻低指示灯	如果报警灯点亮，表示动力蓄电池绝缘性能降低，应尽快靠边安全停车，与授权服务商联系
	真空度报警指示灯	制动真空助力过低时，真空度报警指示灯点亮，同时蜂鸣器报警
	电池温度过热指示灯	点火锁处于"ON"挡，电池温度高于 50℃ 时，控制器驱动指示灯点亮
	电机冷却液温度过高警告灯	表示电机冷却液温度太高，必须停车并使电机降温
LOCK	互锁信息指示灯	互锁回路断开，汽车不能行驶，控制器驱动该指示灯点亮

续表

指示灯	名　称	指示灯含义
	动力电池故障报警指示灯	当动力电池出现故障时，动力电池故障报警指示灯点亮；启动时，动力电池故障报警指示灯自检点亮
	动力电池充电指示灯	启动时，充电指示灯自检点亮；充电提醒功能：电量小于30%时，指示灯点亮；在电量低于5%时，提示"请尽快充电"
	系统故障指示灯	启动时，系统故障指示灯自检点亮；整车系统出现故障时，系统故障指示灯点亮 红色：仪表与整车失去通信时，指示灯持续闪烁；车辆出现一级故障时，指示灯持续点亮 黄色：车辆出现二级故障时，指示灯持续点亮
SOC	动力电池容量低报警灯	SOC低于25%时，动力电池容量低报警灯点亮；启动时，动力电池容量低报警灯自检点亮。当汽车行驶时，如果该指示灯点亮，应到最近的充电站充电，不要继续行驶
(!)	制动故障警告灯	制动系统故障；制动液位低；EBD（电子制动力分配）故障
ABS	ABS故障	异常闪烁表明仪表失去ABS信号；常亮则表明ABS出现故障

4.2　电动汽车的使用注意事项

4.2.1　电动汽车的驾驶操作要领

　　电动汽车依靠动力电池输出电力驱动车辆行驶，与传统燃油汽车不同，电动汽车没有手动挡和自动挡之分，它依靠电动机带动减速器改变车速的快慢和方向，不需要离合器来切断和传递动力。电动汽车的驾驶方法更加简单、方便、易操作。电动汽车的行驶和停车部分操作方法与传统汽车没有什么区别，但在启动和驾驶电动汽车时，一定要注意到它与燃油汽车的不同点，主要包括电动汽车的无声启动、电动汽车行驶噪声小和大雨、暴雨天气应尽量减少出行三点。电动汽车具体的驾驶操作要领与注意事项如下。

1. 启动

常见的启动开关如图 4-5 所示，其上的各标识的含义如下：

① LOCK：拔下启动钥匙，转向盘锁止，此时大多数电路不能工作；

② ACC：转向盘解锁，个别电器和附件可以工作；

③ ON：高压通电，所有仪表、警告灯和电路工作；

④ START：READY 绿灯点亮，启动高压电气系统。

图 4-5　启动开关

1）检查是否拉起驻车制动手柄

当钥匙转动到 ON 挡时，至少停 3～5 s 使整车通电并完成自检，观察仪表显示正常后，再转动钥匙至 START 位置。

2）确认变速杆在行驶挡上

电动汽车的换挡方式有变速杆和旋钮式电子换挡两种类型。变速杆有 3 或 4 个位置，分别为 D、R、N 和 E。

（1）当车辆启动时，应踩着制动踏板转动钥匙门至 START 位置或按下 START 按钮。当驾驶员将钥匙转到 START 或按下 START 按钮时，电动汽车是没有声音的，电动机并没有因此开始运转。只要驾驶员不踩加速踏板，电动机就不会开始工作。这与燃油汽车是不一样的，燃油汽车在将钥匙转到启动挡或按下启动按钮时，发动机就开始运转并发出声响。

（2）变速杆处于驻车挡或空挡（P/N）位置时才能启动汽车，当变速杆处于其他位置时，车辆无法启动。

（3）电动汽车刚启动时会有"嗡嗡"的响声，这是水泵的声音，不影响正常使用。

2. 变换行驶模式

（1）选择前进挡 D，在换挡之前，请先踩制动踏板，否则挡位选择无效。

（2）选择倒挡 R，在选择倒挡前，确保汽车处于静止状态。然后，踩下制动踏板，轻轻压下手柄，再将变速杆置于 R 位。

（3）选择空挡 N，在选择空挡前，确保汽车处于静止状态。启动汽车前必须确认手柄处于 N 挡位置。

（4）选择经济模式 E，在 E 位时踩下制动踏板，会启动制动能量回收功能。

3. 行驶

在汽车行驶时不要拔出启动钥匙，否则将会导致方向锁啮合，不能转向。当电动汽车行驶时（或插电式混合动力汽车以纯电模式行驶时），汽车发出的声响极小。而国内交通状况极为复杂，混行道路较多，因此遇到行人、骑自行车者等，要尽量离他们远些，必要时可鸣喇叭示意。

4. 停车

① 拉起驻车制动手柄或驻车制动阀手柄；

② 将挡位开关置于空挡 N；

③ 将启动开关钥匙拧转至"LOCK"（锁固）位置（8 t 和 16 t 车型应先断开高压开关）；

④ 检查并确保灯已熄灭。

5. 汽车的停放

① 每月对动力电池进行 1 次补充充电；

② 每月检查 1 次电气仪表、制动系统、转向系统等的动作情况；

③ 检查各轮胎气压，气压不足时应补充充气。

4.2.2 驾驶电动汽车应注意的事项

（1）行车前应确认变速杆的位置。

（2）电动汽车启动时，不允许先踩加速踏板，后闭合高压开关。

（3）电动汽车行驶中，如发现有失控现象，应先切断自动空气断路器，然后用气制动停车，不能用关闭低压电气总开关的办法来关断控制器。

（4）自动空气断路器跳闸后，未查出原因时，不允许再合闸强行启动。

（5）如果行车中发现异常声音和异味，应停车检查，并找出引起故障的原因。

（6）如果行车中发现指示灯不正常，应停车检查并找出引起故障的原因。

（7）电动汽车行驶时，一般情况下不要猛加速、猛减速，尽可能保持匀速行驶或间断滑行。当高速行驶需要减速时，应轻踩制动踏板进行减速。如需汽车停止时，则继续踩下制动踏板进行电和气压制动或用驻车制动器使汽车停住。

（8）新电动汽车行驶时，必须经常注意前轴、驱动桥的轮载、制动器的温度，如发现有不正常现象时，应及时找出原因，排除后才可继续行驶。新电动汽车的驱动桥、转向机油罐和空气压缩机应在行驶到 1 000 km 时换油，以后按保养规程进行保养。

（9）电动汽车转向时，转向盘转到极限位置后，不能再继续用力转动转向盘，也不允许长时间使转向盘处于转动的极限位置。

在行驶中除油路损坏外，不允许停用转向助力油泵，以便急转弯时保证有足够的转向力。

（10）行驶中要注意观察动力电池系统的状态，如荷电状态（SOC）、电压、电流、温度等重要参数。

（11）不允许在行驶状况下，扳动前进/后退开关。

（12）大雨、暴雨天气尽量减少出行。电动汽车在雨天行驶时，涉水前一定要充分了解路况，降低车速到 20 km/h 以下通过。涉水深度不能超过 150 mm，超过 150 mm 时积水将没过动力电池箱底部，可能造成电池进水而无法行驶，严重进水时，可能会造成电池损坏。

涉水时行驶速度不应超过 5 km/h；在汽车涉水之后，要检查后桥和变速器的齿轮油里是否进水，如果有水时，应全部更换规定牌号的齿轮油。

（13）在大雨中行驶或通过浅的河流后，开车必须特别小心，因为被弄湿的制动器会使制动力暂时减弱。

（14）下坡行驶时，要注意防止驱动电动机超速运转。

4.2.3　电动汽车的使用注意事项

（1）每天出车前先检查电量是否正常（纯电动汽车是否充足电），仪表显示是否正常，制动性能是否良好，螺钉是否松动等，若有故障应及时修理排除，检查完成后确定没有故障时才能出车。

（2）若经常在凹凸不平的道路上行驶或经常负载运输，应每天检查车身受力部分和重要焊接点，如发现异常情况，应及时进行修理。

（3）电动汽车行驶中电量不足需要拖车时，一定要挂入空挡，否则反拖电动机会造成电动机和电动机控制器烧毁。

（4）如果发现整车异常，在未得到专业维修人员的许可下，不允许对汽车进行使用，不允许擅自修理。禁止随便触摸或者拆卸高压部件，如高压电池、电动机控制器、高压线束等。维修人员对电动汽车进行维修时，必须正确按照维护说明进行操作，不正当的操作会对电动汽车及人身安全造成非常危险的后果。

（5）因事故或其他原因造成起火时，应立即关闭总电源和总开关。

（6）当电池着火时，不能用水去熄灭和使用磷酸铵盐灭火器，着火时应用干沙、氮气和氩气灭火器。

（7）每次停车都必须关闭电源开关，拔出钥匙，将挡位开关扳至空挡位置，并将驻车制动器拉起。

（8）修理充电部分或更换充电熔丝时，必须先拔下 220 V 电源插头，不准带电工作。

（9）儿童在车内玩耍时要拔掉钥匙开关，以免造成危险。充电应在儿童无法接触到的地方进行。

（10）维修或更换蓄电池及其他电器时，必须在关闭电源总开关后进行操作。

4.2.4　动力电源系统的使用注意事项

（1）动力电源系统在使用时，必须正确识别其正负极，不得接反，不得短路；动力电源系统的充电应按照指定的充电条件进行。在 0～30 ℃环境温度下进行充电。

（2）动力电源系统在使用时，应严格控制放电终止电压，使之不低于放电最低电压，否则会引起电池性能和循环寿命下降等。避免对动力电源系统进行长时间过度充电。

（3）动力电源系统在充、放电过程中，如果出现异味、异常声响，应立即停止充电。

（4）动力电源系统的连接均应牢固可靠，动力电源系统应避免在倒置状态下工作。

（5）环境温度过高或过低均对动力电源系统的充电效率、放电容量、电压的稳定及使用寿命等有不良影响。

（6）动力电源系统在使用中若发生异常情况，应立即断开电源，并及时与厂家联系进行维修。

（7）严禁用金属或导线同时接触动力电源系统的正负极，以免造成短路。充足电的动力电源系统要防止短路，否则会严重损坏电池，甚至产生危险。在运输和使用时，不要损坏或拆卸电池组，以免电池组短路。

（8）动力电源系统应储存在干燥通风、温度不高于35℃的环境中，切勿接近火源，并避免和酸性或其他腐蚀性气体接触。

4.2.5 电动机系统的使用注意事项

（1）按照使用说明书的要求进行使用和维护。

（2）密切注视汽车驾驶室仪表板上相关电动机及其控制系统的指示灯和警告灯的显示，如图4-6所示，如果出现不正常，即刻停车检查。不要在警告灯点亮的状态下驾驶汽车，哪怕是一小段距离，否则将毁坏电动机。

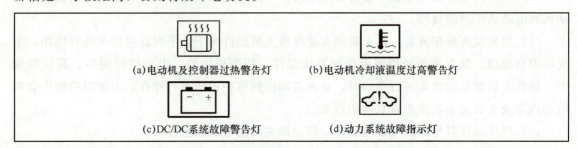

(a)电动机及控制器过热警告灯　　　　(b)电动机冷却液温度过高警告灯

(c)DC/DC系统故障警告灯　　　　　　(d)动力系统故障指示灯

图 4-6　电动汽车组合仪表中的指示灯和警告灯

① 图4-6（a）所示为电动机及控制器过热警告灯。如果此指示灯点亮，表示电动机温度太高，必须停车并使电动机降温。在下列工作条件下，电动机可能会产生过热现象：在炎热的天气进行长途爬坡；频繁急制动、急加速的状态；拖曳挂车等。

② 图4-6（b）所示为电动机冷却液温度过高警告灯。如果此指示灯点亮，表示电动机冷却液温度太高。必须停车并使电动机降温。在下列工作条件下，电动机可能会产生过热现象：在炎热的天气进行长途爬坡；频繁急制动、急加速的状态；拖曳挂车等。

③ 图4-6（c）所示为DC/DC系统故障警告灯，此灯用于显示DC/DC模块的工作状态，如果在行驶中此灯点亮，表示DC系统存在问题，应立即关闭空调、风扇、收音机等，并到维修站维修。

④ 图4-6（d）所示为动力系统故障指示灯。当启动按钮处于ON位置时，此灯自检点亮。如果动力系统工作正常，则几秒钟后此灯熄灭。如果此灯不亮或持续发亮，又或行驶中此灯点亮，则表示由警告灯系统监控的电动机、控制器等部件发生故障，必须尽快检查维修。

（3）注意汽车上的安全注意标识。

为了避免人身伤害，不要接触电动机和电动机控制器的高电压电缆（橙色）及其接头。刚驾驶完的汽车，发动机室的电动机、DC/DC转换器、电动机控制器、散热器等的温度很高。因此须小心，切勿触摸。管路里的油液温度也同样很高。

（4）若发现电动机运行中突然出现异常振动、噪声、过热、异味、无力等现象，应及时检查排除。

（5）禁止电动汽车超载超速，以免电动机长期过载损坏。

（6）长期不用的纯电动汽车，应保存在通风、干燥、清洁的地方，以免电动机受潮损坏。

4.2.6　电动汽车机舱的使用注意事项

（1）打开电动汽车机舱前，须将钥匙拧至"OFF"挡；电动汽车机舱内部标有高压危险警示标的器件严禁用手直接去触摸；车辆机舱内严禁喷水、冲洗；不要在雨中打开前舱盖，以防漏电。

（2）用户不得私自开启高压电器盒。如果高压熔断丝熔断，表示汽车电气系统有较大的故障，应立即与相关维修厂家取得联系。

（3）在机舱进行作业之前，必须关闭启动开关。

4.2.7　电动汽车夏季和冬季使用注意事项

为提高电动汽车的续航里程，在日常驾驶使用过程中应该注意一些操作规程和方法。下面以一款典型电动乘用车型为例，说明在夏季和冬季使用电动汽车时的注意事项。

1. 夏季使用电动汽车时的注意事项

（1）雨季行车前，应先做好行车前检查，主要检查刮水器、车辆空调除雾功能是否正常。

（2）雨天行驶速度尽量不要超过 60 km/h，暴雨时尽量不要行驶，若需行驶，车速不应超过 20 km/h。

（3）请勿驶入深水中，以免发生漏电短路事故。当车辆被积水浸泡时，不要考虑继续行驶，应迅速断电并离开车内，尽量不要与车身金属接触，以免发生触电。

（4）在泥泞路面行驶时，不要猛踩加速踏板，以免发生侧滑。

（5）雨季车辆发生故障无法行驶后，应当靠边停车，正确放置三角警示牌等待救援，严禁自行维修。

（6）避免高温充电。因动力电池温度特性，车辆高速行驶后，夏季建议停放 30 min 后在阴凉通风处进行充电。

（7）当暴雨打雷时尽量不要充电；当车辆在露天或者地势较低的地方充电时，如遇下雨应终止充电，以免积水高度超过充电口发生短路。

（8）避免车辆暴晒。建议将车辆停放在阴凉通风处，以防车内温度过高，造成安全隐患。

2. 冬季使用电动汽车时的注意事项

（1）纯电动车辆在冬季低温行驶后，建议及时充电，避免因长时间停驶导致动力蓄电池温度低，造成用电浪费和充电延时。

（2）车辆充电时，建议将车辆尽量停放于避风朝阳且温度较高的环境中。

（3）充电时应防止雪水淋湿充电接口，更不要将充电插头直接暴露在雪水中，防止发生短路。

（4）避免因冬季气温过低导致充电异常等情况的出现，建议车辆充电开始后，检查充电桩充电电流，若充电电流达到 12 A 以上，则表示充电已开启。

4.2.8　车辆起火的处理

若车辆在行驶中机舱电器起火，主要原因有电机控制器故障导致元件温度失控，电线插头接触不良在通电时打火引燃电线，电线绝缘层，以及动力蓄电池内部故障等。当出现车辆起火时，须按照如下步骤冷静处理起火事故，分别为迅速停车切断电源，取下随车灭火器，依据实际情况采用不同灭火方式。

灭火器的种类有水基、二氧化碳、ABC 干粉灭火器等。

图 4-7 使用灭火器灭火

如果火势太大，应迅速远离车辆并拨打 119。如能确保无人身危险时，可以使用灭火器灭火，如图 4-7 所示。

电动汽车着火不能使用水基灭火器，应选用干粉或二氧化碳灭火器。使用灭火器时主要分为以下三步：

（1）提起灭火器（若为干粉灭火器，使用前先摇动数次，使瓶内干粉松散）。

（2）拔下保险销，压下压把。

（3）离火焰两米处，站在上风口对准火焰根部喷射。禁止直接对高电压部件喷水或者采用高压清洗液冲洗。

4.2.9 电动汽车拖车时的注意事项

（1）车辆在需要救援时，应首先选择专业的拖车公司，不得盲目自行拖拽，以免对车辆造成不可逆的损坏。

（2）如无专业拖车公司时，在保证安全的前提下，选择自行拖车时应保证车辆钥匙处于 ON 挡，变速杆置于 N 位。

（3）建议使用硬拖，选择合适的拖车杆。在自行拖车时，因车辆特性需控制拖车速度不超过 15 km/h。

4.2.10 电动汽车磕碰到底盘时的注意事项

在遭遇凹凸不平的路面时，应减速通过，尽量避免磕碰到底盘的情况，一旦车辆磕到底盘，应立即停车，进行以下操作：

（1）检查动力电池外观是否发生损坏。

（2）若无损坏，重新启动车辆行驶。

（3）若发生车辆无法启动，应及时拨打售后服务电话，待救援人员赶赴现场处理。

4.3 电动汽车的充电注意事项

作为以电能为动力的电动汽车，充电系统是电动汽车主要的能源补给系统，主要分为常规充电（俗称慢充）和快速充电（俗称快充）两种方式，这两种充电方式的区别如图 4-8 和表 4-2 所示。

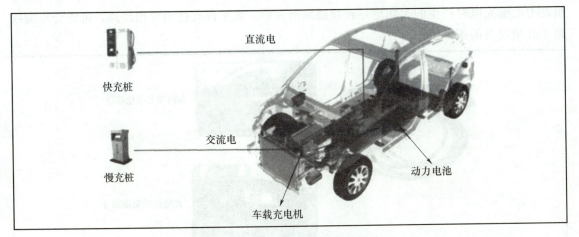

图 4-8　慢充和快充两种方式

表 4-2　慢充和快充两种方式的区别

充电方式	慢充	快充
原理	车载充电机将充电桩输出的交流电变为高压直流电给电池充电	充电机直接输出电流进行充电
设备	交流充电桩＋小功率车载充电机	大功率非车载直流充电机
充电时间	时间长	时间短

　　以北汽新能源 EV200 电动汽车为例，该车有两个充电口，包括一个慢充口和一个快充口（如图 4-9 所示）。慢充为交流供电，充电时间为 6～8 h；快充为直流供电，半小时可充至 80%。

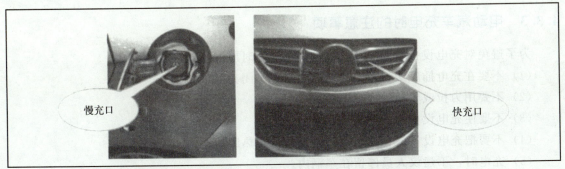

图 4-9　慢充口和快充口

4.3.1　慢充系统

　　电动汽车随车都会配备 16 A 和 32 A 两种专用交流充电线，可以满足家用电源或专用充电桩充电，用家用电源充电时必须使用 16 A 的交流充电线和电源插座（16 A 插座）。图 4-10 所示为车辆端充电枪部分和充电桩供电端部分。

　　纯电动汽车的充电必须采用专用交流电路和电源插座，不允许使用外接转换接头、插线板等，且应确保 16 A 电源插座接地良好。专用交流电路的作用是避免线路被破坏或者由于给动力电池充电时产生的大功率导致线路跳闸保护，如果没有使用专用线路，可能会影响线路上其他设备的正常工作。

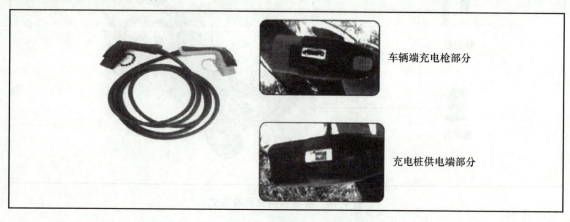

图 4 - 10　车辆端充电枪部分和充电桩供电端部分

4.3.2　快充系统

快充顾名思义就是能够快速给电动汽车充满电的充电方法。非车载充电机采用大电流直接给动力电池充电，短时间内就能将动力电池电量充到 80% 左右。快速充电的电流一般在 150～400 A，充电电压在 200～750 V，充电功率大于 50 kW。如特斯拉的超级充电站可在 40 min 内将动力电池电量充至 80%。

快充通常不能将电池全部充满，其原因在于快充的控制策略是当动力电池某个单体达到设定电压时即停止充电，没有末端恒压小电流充电和电量修正，所以在车辆多次连续快充时会出现充不满现象，可以在使用快充后再用慢充充满即可。

4.3.3　电动汽车充电时的注意事项

为了避免对充电设备造成破坏，电动汽车充电时应注意以下事项。

(1) 不要在充电插座塑料口盖打开的状态下关闭充电口盖板。

(2) 不要用力拉或者扭转充电电缆。

(3) 不要使充电设备承受撞击。

(4) 不要把充电设备放在靠近加热器或其他有热源的地方。

(5) 充电时，不建议人员停留在车辆内。

(6) 充电时，建议将车辆停放在通风处。

(7) 停止充电时，应先断开交流充电连接装置的车辆插头，再断开电源端供电插头。

(8) 不要将车辆搁置在超过 55 ℃ 以上的环境下超过 24 h，或低于 −25 ℃ 的环境下超过 1 天。

4.3.4　电池的循环使用寿命与充电周期

1. 电池的循环寿命

蓄电池的工作是一个不断充电—放电—充电—放电的循环过程，电池的循环寿命是指以电池充电和放电一次为一个循环，按一定测试标准，当电池容量降到某一规定值（一般规定为额定值的 80%）之前，电池所能承受的充放电循环总次数称为蓄电池的循环寿命。电池的循环寿命是评价电池寿命性能的一项重要指标。

2. 使用寿命

电池除了以循环次数表示使用时间外，通常还要用电池的使用年限来表示电池的寿命。

使用寿命是指电池在规定条件下的有效寿命期限。电池发生内部短路或损坏而不能使用，以及容量达不到规范要求时电池失效，这时电池的使用寿命终止。

电池的使用寿命包括使用期限和使用周期。使用期限是指电池可供使用的时间，包括电池的存放时间。使用周期是指电池可供重复使用的次数。

3. 充电周期

一个充电周期指的是蓄电池的一次完全充放电过程，即由一个充满电和一个满放电过程组成。一个充电周期意味着电池的所有电量由满用到空，再由空充到满的过程，但这并不等同于充一次电。如一块 600 mA·h 的锂电池，第一次由 0 充到了 400 mA·h，用了 N 毫安；然后又充了 150 mA·h，再用了 N 毫安；最后再充 100 mA·h，当最后一次充到 50 mA·h 的时候，这块电池的一个充电周期就到了，即 $400+150+50=600$（mA·h）。

不同类型的蓄电池，其循环寿命不同。对于某种类型的蓄电池，其循环寿命与充放电的电流大小、蓄电池工作温度、放电深度等均有密切关系。电池寿命与其充电周期的完成次数有关，和电池充放电次数没有任何关系。锂离子电池充电也讲究"少吃多餐"，浅度充放电有助于延长电池的寿命。

电动汽车和手机一样都是使用的锂离子电池，对充电的规范性有较高的要求。使用电动汽车的过程中，如果能够按充电的一些注意事项操作，会在很大程度上提高锂离子电池的使用寿命。

充电次数对于动力电池寿命没有直接关系，锂离子电池本身没有记忆效应，及时充放电可保持动力电池较好的充放电能力。冬季使用后及时充电可确保动力电池处于一个较高温度，可免去充电加热阶段，有效缩短充电时间。如果需要长期停放车辆，首先要断开蓄电池负极，最好在动力电池电量 50%～80% 时停放，同时每隔 1～2 个月对动力电池进行一次充放电，避免长期停放造成动力电池性能下降。

4. 动力蓄电池的充放电率

充放电率（C-rate）通常以字母 C（Capacity 的首字母）来表示，用来表示电池充放电时电流大小的数值。

例如：充电电池的额定容量为 1 100 mA·h 时，1 C 的放电率即表示以 1 100 mA 放电时，可持续 1 h 的时间。

5. 电动汽车常用的蓄电池

电动汽车常用的蓄电池有铅酸电池、镍镉电池、镍氢电池、锂聚合物电池和锂离子电池。

（1）铅酸电池。电压为 2 V；循环寿命为 400～500 次；放电温度为 0～45 ℃；充电温度为 0～45 ℃。用于一般车辆（以 6 个 2 V 单体电池串联成 12 V 的电池组），免加水的电池使用寿命长达 10 年。

（2）镍镉电池。电压为 1.2 V；循环寿命为 2 000 次；放电温度为－20～60 ℃；充电温度为 0～45 ℃；耐过充电能力较强。

（3）镍氢电池。电压为 1.2 V；循环寿命在 1 000 次以上；放电温度为－10～45 ℃；充电温度为 10～45 ℃。

（4）锂聚合物电池。电压为 3.7 V；循环寿命为 500 次；放电温度为－20～60 ℃；充电温度为 0～45 ℃。锂电的改良型没有电池液，而改用聚合物电解质，可以做成各种形状，比锂电池稳定。

（5）锂离子电池。电压为 3.6 V；循环寿命在 2 000 次以上；放电温度为－20～60 ℃；充电温度为 0～45 ℃；重量比镍氢电池轻 30％～40％；容量高出镍氢电池 60％以上；不耐过充，如果过充会造成温度过高而破坏结构，最终会导致爆炸。

4.4　电动汽车的维护

4.4.1　电动汽车的维护内容

电动汽车的维护一般可分为日常维护、周期维护及夏季维护等。

1. 日常维护

汽车进行日常外观养护及机舱内清洁时，应首先关闭点火开关，并拔出钥匙。机舱内清洁时，应严格遵守电动汽车机舱的使用注意事项。擦拭时不得使用潮湿的抹布接触高压部件，如充电机、高压控制插接头、高压线束插头。确有必要清洁时，应在关闭点火开关 10 min 后进行，并尽量单手擦拭。

日常维护的主要内容如下。

（1）检查转向、制动、悬架、传动等主要部件的紧固情况。

（2）检查真空管道有无漏气现象。

（3）检查驱动桥主减速器、转向机构、真空泵等有无渗漏油现象。

（4）经常检查轮胎气压是否合乎标准，剔除嵌入轮胎花纹的渣石、铁钉等杂物。否则会影响行驶距离，严重时将造成轮胎损坏。

（5）要及时进行机械部件的润滑保养和安全检查。按车辆使用手册对润滑部件的规定，按时、按量对各润滑点进行润滑。

（6）当仪表显示电量较低时，及时给电池充电，以防使用过程中动力电池亏电。禁止私自拆卸车身零部件。

（7）汽车运输过程中保证电量 SOC 在 40％左右。电池的最高温度不能超过 60 ℃。电池在任何时候都不能出现短路，重物和尖的物品不能跌落到电池上，电池不能在潮湿的环境内存放，不能将水溅到电池上。

（8）严禁超载使用，以免损坏控制器、蓄电池和电动机。

（9）应避免整车长时间暴晒和雨淋，以免使蓄电池和控制器内元器件损坏，造成操纵失灵，发生意外事故。

（10）正常使用电动汽车 2 个月以后应到指定维修点进行维护。正确的日常维护有利于延长电动汽车的使用寿命。

（11）电动汽车的清洗。清洗电动汽车时，应按照正常的洗车方法清洗，手工清洗电动汽车时，应在阴凉处进行，待车身温度降至 40 ℃以下后，再进行清洗。用水管将松动的脏物冲掉，再用中性清洗剂清洗汽车，清洗剂的混合应根据制造厂的说明进行。用软布浸清洗剂清洗，不要用力擦，以免损坏漆面。

清洗时，使用高压水枪对车身表面、轮辋、轮胎进行冲洗不会造成触电、漏电等问题，但由于很多电动汽车的快充口安装在前格栅处，因此，在洗车时应尽量避免用高压水枪直接对准前格栅，避免水流入车体充电插座，造成车身线路短路。动力电池安装在车身的底部，高压水流的冲击可能会造成水渗入到电池箱而影响绝缘，因此也应避免直喷车身底盘后部。

由于机舱内布置了很多高压设备，因此禁止掀开机舱盖冲洗，否则会造成高压部件各插接件受潮，导致汽车出现绝缘故障，无法行驶。

2. 周期维护

除日常维护外，汽车行驶一段距离后还要进行周期性的维护与保养，以保持汽车良好的运行状态。周期维护需将车辆开到电动汽车专业维修厂或 4S 店，由相关专业人员进行维护作业。

（1）每行驶 1 000 km 后，在完成每日保养内容后，还应检查蓄电池是否合格；电气系统各部件绝缘阻值是否符合规定要求。

（2）每行驶 3 000 km 后，须紧固全车的各紧固件，尤其注意检查并紧固好转向拉轩、前、后桥悬架，电动机、传动轴、制动等系统的紧固件；轮胎换位；检查真空泵和助力转向系统。

（3）每行驶 6 000 km 后，须清洗、润滑各车轮轮毂轴承，并调整松紧度；检查调整前束值；检查调整各制动蹄片的间隙。

（4）每行驶 12 000 km 后，须检查真空泵的工作情况；检查转向系统的工作情况；检查电动机等电器部分，并检查电线的紧固情况和各部位的绝缘情况。

若电动汽车长期不使用时，需要经常清洗尘土，检查电动汽车外部并进行防锈和除锈操作；停驶 1 个月以上时，应将电动汽车架起，解除前、后悬架及轮胎的负荷。建议把前舱 12 V 蓄电池的负极拔掉。每月对蓄电池进行 1 次补充充电，避免电池过放电；每月检查 1 次电气仪表、制动、转向等机构的动作情况，检查各轮胎气压，发现不足时应充气。

3. 夏季电动汽车的维护

（1）防止爆胎。夏季路面温度较高，电动汽车轮胎的使用环境更加恶劣，因此一定要注意做好电动汽车轮胎的检查和保养工作，防止爆胎。

（2）检查制动系统。夏季多雨，路面潮湿会造成轮胎和路面之间的摩擦系数降低，特别是在轮胎花纹处有积水的情况下，摩擦系数更低，一个灵敏的制动系统就显得格外重要。因此在夏季来临之前，检查一下制动系统，尽量做到有备无患。

（3）防止电动汽车自燃、自爆。电动汽车在夏季自燃的可能性要高于其他时期，除某些车型存在设计缺陷之外，操作不当或存在隐患也是造成电动汽车自燃的主要原因。因为夏季气温较高，电动汽车自身的故障率也大大提高，因此应该做好电动汽车的检查工作，重点检查电动汽车的油电等线路，防止自燃现象的产生。

（4）正确使用空调。夏季气温升高，空调的重要性会立刻显现出来，在使用空调时一定要采用正确的方法，以免损坏空调或造成不必要的浪费。

（5）保护好电动汽车漆面。夏季气温升高，阳光暴晒，电动汽车漆面所处环境恶劣，一定要注意保护好电动汽车的漆面，经常洗车和打蜡。

（6）注意防水。夏季容易出现连日降雨，由于雨后道路积水，要严防电动汽车因进水而损坏。蓄电池、电动机和控制器都比较怕水，所以要避免暴雨天驾车出行。目前，众多品牌的电动汽车采取了不少防水措施，控制器、蓄电池、电动机等的防水性能还是不错的。所以一般情况下，电动汽车被雨水淋湿不要紧，但是电动汽车不能随意在水里穿行。当水深超过车轮一半时就要停止运行。另外，电动汽车蓄电池被雨水淋湿后也不要马上充电，一定要将车辆放在通风的地方晾干后再进行充电。

4.4.2 电动汽车的维护规范

1. 高压线端子、线束

需要重点维护的高压线端子和线束包括电池外箱高压连接线，电动机控制器接线端子，开关箱内高压接线端子，断路器箱内高压接线端子，DC/DC、DC/AC 转换器内高压接线端子，空调高压输入接线端子，油泵电动机和气泵电动机接线盒内端子。

2. 电池箱插接件及电池

以下各处需要重点维护：电池箱高压接线柱的清洁度、平面接触度，温度传感器，接触电阻，电池箱通信插接件，动力电缆、通信线束及插接件防水、防尘及绝缘，电池箱烟雾传感器，电池箱温控风扇，电池箱内及电池单体温度传感器。

3. 整车控制器与显示终端（显示仪表）

检查和维护的对象包括整车控制器与电动机及其控制器、电池系统及能量管理系统的正常通信、显示仪表与各系统的正常通信及故障显示、故障声光报警系统。

4. 电动机及其控制器

检查电动机及其控制器机体绝缘，动力电缆、通信线束及插接件防水、防尘及绝缘，温度传感器与温控风扇。

5. 高压部件安装

电池外箱、电动机控制器、开关箱、断路器箱、DC/DC 转换器、DC/AC 转换器、空气压缩机、转向油泵、电动机与 AMT 变速器及空调系统等的安装需格外注意。

6. 气泵、油泵、转向、驻车制动

调整制动踏板行程，检查制动主缸传动连接杆是否松动；检查气泵工作压力范围（正常

值应为 0.7～0.85 MPa），气泵停机时干燥器是否排气；（原地转方向）检查转向泵是否正常，驻车制动是否有效。

7. 部件润滑及气路

给各个润滑部件加油，检查变速器油位、气泵油位、转向泵油位、轮胎气压、空气悬架（用于电动客车）、开关客门及气路系统（用于电动客车）等有无漏气。

8. 安全装置及设施

检查灭火器及其他（如电动客车中的应急客门开关、逃生窗和安全锤）安全装置是否配置齐全及能否正常使用。

9. 紧固轮胎螺栓、传动轴螺栓

常见高压电气部件绝缘电阻的测试如表 4-3 所示。

表 4-3　高压电气部件绝缘电阻的测试

仪器：数字式绝缘（兆欧）表 500 V　单位：MΩ	测量人：　　　　记录人：
电动机控制器高压"＋"对机箱壳体（基本绝缘）	电动机控制器高压"－"对机箱壳体（基本绝缘）
电动机控制器高压"＋"对车身（附加绝缘）	电动机控制器高压"－"对车身（附加绝缘）
主电动机绕组"＋"对电动机外壳（基本绝缘）	主电动机绕组对车身（附加绝缘）
控制器开关箱高压"＋"对机壳（基本绝缘）	控制器开关箱高压"－"对机壳（基本绝缘）
（DC/DC、DC/AC）高压"＋"对车身（附加绝缘）	（DC/DC、DC/AC）高压"－"对车身（附加绝缘）
（气泵）DC/AC 高压"＋"对机壳（基本绝缘）	（气泵）DC/AC 高压"－"对机壳（基本绝缘）
（油泵）DC/AC 高压"＋"对机壳（基本绝缘）	（油泵）DC/AC 高压"－"对机壳（基本绝缘）
DC/DC 高压"＋"对机壳（基本绝缘）	DC/DC 高压"－"对机壳（基本绝缘）

注：电动机控制器、开关箱、电动机和变速器外壳与车身做绝缘检测后一定要放电（用导线将上述部位与车身金属部分短路）。

4.4.3　高压部件绝缘电阻的检查方法与步骤

绝缘测试只能在不通电的电路上进行。以图 3-46 所示的方法在车上测试绝缘性能，黑表笔接车身，红表笔接所测量电气元件相应的端子。

以北汽新能源车型为例，表 4-4 为使用数字式绝缘电阻表检查相关的电气元件的步骤及标准。使用数字式绝缘表对高压电气部件的绝缘性能进行评价，按照表 4-4 中的指引进行操作。

表 4-4　数字式绝缘电阻表检查高压电气部件的步骤及标准

序号	高压件	检测项目	检测方法	标准值
1	动力蓄电池	动力蓄电池正负极与车身（外壳）绝缘电阻的检测	1）拔掉高压线盒动力蓄电池输入线 2）将钥匙转至 ON 挡 3）将兆欧表黑表笔接于车身，红表笔逐个测量动力蓄电池正负极端子	动力蓄电池正极绝缘电阻应≥1.4 MΩ；负极绝缘电阻应≥1.0 MΩ

续表

序号	高压件	检测项目	检测方法	标准值
2	车载充电机	车载充电机正负极电阻的检测	1）将低压蓄电池负极断开； 2）拔掉高压盒的8芯插头； 3）将兆欧表黑表笔接于车身，红表笔逐个测量高压盒8芯插头的B（正极）和H（负极）	在环境温度为21℃～25℃和相对湿度为45%～75%时，车载充电机正负极输出与车身（外壳）之间的绝缘阻值≥1 000 MΩ；在环境温度为21℃～25℃和相对湿度为90%～95%时，车载充电机正负极输出与车身（外壳）之间的绝缘电阻≥20 MΩ
3	DC/DC变换器	DC/DC变换器绝缘电阻的检测	1）将低压蓄电池负极断开； 2）拔掉高压盒的8芯插头； 3）将兆欧表黑表笔接于车身，红表笔逐个测量A（正极）和G（负极）	DC/DC变换器的绝缘阻值在环境温度为21℃～25℃和相对湿度为80%～90%时，高压输入与车身（外壳）的绝缘电阻≥1 000 MΩ；在工作温度为－20℃～65℃和工作湿度为5%～85%的环境下，高压输入与车身（外壳）的绝缘阻值≥20 MΩ
4	空调压缩机	空调压缩机正负极绝缘电阻的检测	1）将低压蓄电池负极断开； 2）拔掉高压盒的8芯插头； 3）将兆欧表黑表笔接于车身，红表笔逐个测量C（正极）和F（负极）	向空调压缩机内充入50±1 cm³的冷冻机油和62～64 g的HFC-134a制冷剂后，空调压缩机正负极对车身（外壳）的绝缘电阻≥5 MΩ； 清空空调压缩机内部的冷冻机油后，空调压缩机正负极对车身（外壳）的绝缘阻值≥50 MΩ
5	PTC加热电阻	PTC正负极绝缘阻值的测量	1）将低压蓄电池负极断开； 2）拔掉高压盒的8芯插头； 3）将兆欧表黑表笔接于车身，红表笔逐个测量D（正极）和E（负极）	PTC正负极与车身（外壳）的绝缘阻值≥500 MΩ
6	电机控制器和电机	电机控制器、驱动电机正负极输入绝缘阻值的测量	1）将低压蓄电池负极断开； 2）拔掉高压盒电机控制器的输入插头； 3）将兆欧表黑表笔接于车身，红表笔逐个测量正负极端子	电机控制器正负极输入端子与车身（外壳）的绝缘阻值≥100 MΩ
7	高压控制盒	高压控制盒正负极绝缘阻值的测量	1）将低压蓄电池负极断开； 2）拔掉高压盒的8芯插头、动力蓄电池输入插头、驱动电机控制器输出插头； 3）将兆欧表黑表笔接于车身，红表笔逐个测量高压盒端（动力蓄电池输入，驱动电机控制器输出）	高压盒端（动力蓄电池输入，驱动电机控制器输出）与车身（外壳）的绝缘阻值为无穷大

4.5　动力电池系统的维护

4.5.1　动力电池系统的检查

动力电池系统的检查与维护应按车辆使用维修手册的具体要求进行。通常情况下，动力电池需要每 3 个月或每行驶 5 000 km 后进行 1 次电池单体电压检测。每次更换电池时，均需要检查连接插头是否有磨损、松动、烧蚀等故障。每运行 10 000 km 需要对电池箱进行 1 次清理，并检查内外箱体及各个组成部件是否完好。

1. 动力电池箱体的检查

（1）外箱的检查、维护。在安装内箱以前，要检查以下两点。

① 极柱座橡胶护套是否齐全。

② 极柱是否氧化，若氧化，氧化面要使用 1 500 目砂纸轻轻打磨，或使用棉布用力擦，将氧化层去掉。

（2）要定期（一般为 1 个月）清理外箱灰尘。

（3）极柱出现拉弧或打火烧蚀，要及时更换。

（4）如果通信不可靠或 24 V 供电电源不可靠，要检查 CAN 总线连接插头、24 V 连接插头是否正常。

（5）内箱检查。要检查极柱座是否连接可靠，高压极柱有无打火烧蚀，要定期吸尘清洁。

2. 动力电池外箱体高压正负极端子检查

（1）用兆欧表 500 V 挡测量各端子之间的绝缘阻值。要求当空气相对湿度≤90％时，绝缘电阻应≥20 MΩ；当空气相对湿度＞90％时，绝缘电阻应≥2 MΩ。

（2）用兆欧表 500 V 挡测量各端子与电池外壳之间的绝缘阻值。当空气相对湿度≤90％时，绝缘电阻应≥20 MΩ；空气相对湿度＞90％时，绝缘电阻应≥2 MΩ。

（3）目测高压极柱插头、极柱插孔是否有磨损、烧蚀等现象，并注意保护套等部件是否齐全。所有箱体内必须保持清洁，严禁任何杂物和污染，以防意外漏电；检查滤网、冷却风扇等是否齐全、牢固。

3. 电池快换导轨检查

（1）检查快换箱体导轨轴承是否缺失。

（2）检查各轴承滚动是否顺畅，否则应及时更换轴承。

（3）检查导轨有无变形。

4. 机械锁检查

机械锁采用手动解锁装置，由解锁把手、解锁杆、锁口组成。具体检查内容包括：

① 检查解锁把手是否转动平顺。

② 将解锁把手按下去，检查锁是否可以卡到正确的位置。

③ 检查开锁、上锁是否平顺。

5. 高压中控盒电气安全检查

（1）在推入动力电池箱之前，由具备资质的电工将连接至中控箱的高压线束、动力电池输入电缆从中控箱接插件口拔下，将其他高压电缆从部件接插件口（如从电动空调等部件接插件上）拔下，测量拔下线束的每一个高压端子与底盘之间的绝缘电阻，其阻值应大于 20 MΩ。

（2）保持步骤（1）的状态，并保持连接至中控盒的低压线束接通，将动力电池推入电池舱后，将汽车钥匙旋至"START"状态，这时测量所有高压线束端子处的电压，端子 A 与端子 B 之间应为 400V 左右或无电压，且端子 A 为高电位，端子 B 为低电位。

（3）保持步骤（1）的状态，将汽车的暖风加热系统打开，连接至 PTC 加热器的高压线束端子处的端子 A 与端子 B 之间应为 400V 直流电压，其中 A 为高电位。

（4）以上步骤确认无误后，方可将汽车钥匙旋至"OFF"状态，然后将步骤（1）中拔下的插头依次插上。如发现步骤（1）～（4）有异常现象，应在排除异常后方可继续进行。

6. 冷却液液位定期检查

（1）补注时，应注意避免冷却液从备用水箱向外溢出。

（2）若无必要，不要取下副水箱注水口盖。

（3）冷却液液位应在电动机降温后检查。

（4）未经鉴定合格的用于增加冷却效果的防腐剂或添加剂，不得在冷却系统内使用。

（5）用户应添加与汽车使用地区外界气温相对应的冷却液，防止冷却液冻结。

（6）补注和更换冷却液时，不得使用井水和河水。若无法买到规定牌号的冷却液时，可使用软水和纯净水。

（7）补注和更换冷却液时，应使用正品发动机冷却液。假冒伪劣的冷却液往往不含防腐剂，因而有可能导致冷却系统零部件被腐蚀。

（8）如果冷却液的质量分数超过 60%，其比热容特性就会降低，从而有可能造成电动机过热。此外，如果质量分数降低到 20% 以下，其防腐特性就会降低。因此，应根据具体工况将冷却液质量分数调节在 20%～60% 的范围内。

（9）不得踩散热器盖。

4.5.2 锂离子电池、镍氢动力电池的日常维护

（1）密切注视电动汽车驾驶室仪表板显示器上动力电池指示灯的显示，若出现不正常，即刻停车检查。

（2）电动汽车的动力电池一般安置于汽车底部，应注意汽车不要行驶在较大起伏不平的道路，也不要行驶在过深的水中。

（3）电动汽车动力电池的使用温度一般在 −20～60 ℃，应避免在极端气候和环境条件下工作。

（4）当动力电池充电状态指示灯点亮时，应尽快进行补充充电，注意充电时环境温度要

求在 0～55 ℃。

（5）安全行车，注意避免剧烈碰撞，以免引起电池爆炸。

（6）在使用过程中，如果电动汽车的续行里程在短时间内突然下降很多，很可能是电池组中某单体电池出现断格、短路等故障，应及时到专业电池修复机构进行检查、修复。

（7）进行蓄电池充电或保养检测时，必须先取下负极上的接地电缆并在最后将其安装。在电缆未断开时给蓄电池充电，可能会严重损坏电动汽车的电控单元和电气设备。使用工具时避免同时接触电池的正负端子，以免造成短路。

（8）汽车长期不用时，应该充足电保存，以后每月补充充电 1 次。

4.5.3　电池安装及更换操作注意事项

（1）电池安装前的配组工作前提为电池必须处于相似的荷电状态。并联的电池电压差应小于 0.01 V，内阻差应小于 0.5 mΩ；串联的电池电压差应小于 0.05 V，内阻差应小于 0.5 mΩ。

（2）更换电池前，必须严格检查电池状态，包括电池电压、内阻等参数，或根据电池充放电历史记录参数确定需要更换电池的位置参数，并将测量结果报告给技术负责人，以确定具体处理方案。

（3）电池安装及更换工作场地必须相对封闭，非工作人员不得入内。场地周边不得有易燃易爆及与工作无关的金属物品，各个工位之间的距离不得小于 2 m。

（4）连接电池前，用吹风机和吸尘器对电池表面的灰尘进行清理，尤其必须清理极柱内的灰尘和金属屑。

（5）电池间以铜编织线连接，首先用酒精溶液清洗，除去连接线表面的污垢和树脂胶。

（6）电池间连接应采用规定的连接件及设备，不得擅自更改。

（7）电池连接工作实行责任负责制，电池装配后，由检验员检验，并进行登记。

（8）严禁在地面潮湿区域进行电池连接操作。

（9）必须保证电池连接操作工具具有绝缘手柄或在手柄侧进行绝缘处理，与工作无关的工具不得带入工作场地。

（10）操作人员上岗时不得佩戴金属饰品，如手表、戒指等。工作服衣袋内不得有金属物品，如钥匙、金属壳笔、手机和硬币等。

4.6　电动机系统的维护

（1）每天开车前，应检查散热器是否有冷却液，如冷却液太少或没有，则必须补充。

（2）检查电动机及其控制器各固定点，检查螺栓是否松动。

（3）检查电动机及其控制器可见线束及插件是否存在松动、老化、破损、腐蚀等现象。

（4）每 2 个月检查电动机本体及控制器冷却水道是否通畅，如果冷却水道有堵塞现象，则应及时清理堵塞物。

（5）每半年检查清理 1 次电动机本体及控制器的表面灰尘。清理方法为：断开动力源，用高压气枪清理电动机本体及控制器表面的灰尘。严禁用高压气枪直接对准控制器外壳上的"呼吸器"吹气，该部位应用软毛刷进行清理。

（6）电动机轴承在一个大修周期内，不需要加油脂。当轴承发生故障时，须解体电动机，更换轴承。

（7）当电动机很长时间未用时，建议测量电动机的绝缘电阻。检查绝缘电阻时应使用 500 V 兆欧表，其值不应低于 5 MΩ；否则应对绕组进行干燥处理，以去除潮气。去除潮气的方法可采用下列方法之一。

① 用接近 80 ℃的热空气干燥电动机，将热空气吹过静止、不通电的电动机。

② 将转子堵住，在定子绕组上施加 7～8 V 的 50 Hz 交流电压。允许逐步增加电流直至定子绕组上温度达到 90 ℃，不允许超过这一温度，不允许增加电压到足以使转子旋转。

在转子堵转下的加热过程中要极其小心，以免损伤转子。维持温度为 90 ℃，直到绝缘电阻稳定不变。

在加热时尤其需要注意的是，开始时慢慢地加热是很重要的，这样能够使得水蒸气自然地通过绝缘层而逸出。而快速加热很可能使局部的蒸汽压力迅速增大到足以使水蒸气强行通过绝缘层而逸出，这样会使绝缘层遭到永久破坏。一般需要花 15～20 h 使温度上升到所需温度。经过 2～3 h 后，重新测量绝缘电阻。考虑到温度对绝缘电阻的影响，如绝缘电阻已达到 5 MΩ，电动机的干燥过程即可结束，并投入使用。

4.7　其他电气系统的维护

4.7.1　其他高压系统

其他高压系统需每 3 个月或每行驶 5 000 km 后进行 1 次保养，即在对电池进行保养的同时，进行高压系统的保养。其他高压部件主要包括车载充电机、DC/DC 转换器、高压电气盒、空调用电动压缩机总成等。

（1）检查高压警告标记是否清晰和牢固。

（2）检查表面是否出现腐蚀、损伤等。

（3）检查安装点支架有无变形、损伤，安装螺栓有无缺少，螺栓有无松动。

（4）检查插接件是否连接可靠，有无松脱或者变形情况。

4.7.2　电气线束的维护

1. 低压线束的检查

检查低压线束是否布置整齐、捆扎成束，固定卡钉是否卡紧；检查接头连接是否牢固；

检查低压线束插接器的外观有无破损、腐蚀等现象；穿越孔洞的线束若装有绝缘防磨套管，应检查其是否固定可靠。

2. 低压电气熔断器的检查

检查熔断器外观盒体是否有开裂、磨损、腐蚀、老化等现象；检查熔断器外部插接件与车身线束插接件的插接是否牢固可靠；检查熔断器盖锁扣是否有效锁紧；检查熔断器与车身固定点是否固定可靠。

3. 高压线束的检查

（1）检查底盘线束离地面高度是否在安全范围内，或设有相应的走线槽，以避免线束的剐蹭。

（2）检查线束及保护波纹管外观是否存在破损、老化等现象，插接器是否有腐蚀现象。

（3）检查各插接件连接是否牢固，其护套是否完好且无损。

（4）检查高压插接器的锁止及互锁机构是否完好。

（5）检查线束固定卡钉是否完好。

（6）检查高压线束与运动件之间是否存在剐蹭的现象。

4. 灯光照明系统的维护

（1）为保持前照灯的密封性，防止潮气侵入，要求配光镜和反射镜之间的密封圈应完好，如有损坏应及时更换；且不可随便拆下灯玻璃。

（2）反射镜应清洁，如有灰尘，可用棉花蘸热水轻轻地清洗，不要擦拭。反射镜表面有一层透明保护膜，清洁时千万不要破坏它；反射镜清洗后应晾干再装复，并注意安装位置。

如果发现反射镜上稍有灰尘，可用压缩空气吹干净，如果吹不干净，则应根据镀层的不同，采取不同的方法清除。

① 若反射镜为镀铬的，可用柔软的麂皮蘸少量酒精，由反光镜的中心向外围呈螺旋形轻轻地仔细擦拭；

② 如果反光镜是镀银或者是镀铝的，可用棉花蘸清水清洗（不要擦拭）。然后用压缩空气吹干；

③ 有的反射镜表面由制造厂预先涂了一层很薄的保护层，擦拭时一定不要破坏它。如果反射镜经常有污物，则应该更换橡胶密封圈。

（3）灯的搭铁应良好。如果前照灯架与车架搭铁不良，或灯头与灯架搭铁不良，抑或灯泡与灯头搭铁不良，都会导致灯不亮或发光较弱。

（4）换用真空灯时，应注意正确接线。真空灯有 3 个插脚，可透过灯罩看见两股灯丝，粗灯丝为远光，细灯丝为近光，两根灯丝共同连接的灯脚为搭铁极。如果装错，灯将不能正常发光。

（5）不能用白炽灯泡代替卤素灯泡；在灯泡亮时和刚熄灭后，因灯泡温度很高，不能直接用手旋转灯泡。在接通电源的情况下，不能更换灯泡或使用器具清扫灯泡。

（6）由于灯的玻璃表面污垢对灯性能有影响，故不宜直接用手或戴不清洁的手套触摸灯泡表面。

（7）应根据标志安装前照灯，不得倾斜侧置。

（8）更换灯泡时，应首先断开电源；接线时应注意远近光的引脚位置。

4.7.3 电动刮水器及电动洗涤器的维护

1. 电动刮水器（简称刮水器）的维护

电动刮水器推荐维护周期为 6 个月或 10 000 km，其维护项目如下。

（1）检查刮水器电动机的固定及各传动杆的连接情况，若有松动，应予以拧紧。

（2）检查橡胶刮水片与玻璃的贴附情况。定期检查刮水片状况，橡胶刮片应无老化、抖动、磨损、破裂及其他损伤现象，否则应予以更换。

（3）打开刮水器开关，刮水器摇臂应摆动正常。转换刮水器开关的挡位，刮水器电动机应以相应的转速工作，否则应检查刮水器电动机与线路。

（4）检查后，在各运动铰链处滴注 2～3 滴机油或涂抹润滑脂，并再次打开刮水器开关使刮水器摇臂摆动，待机油或润滑脂浸到各工作面后，擦净多余的机油或润滑脂。

（5）更换刮水片时，务必遵循成对原则，因为这有利于实现刮水片的同步磨损和视野清晰度的一致性。在维护前风挡刮水器时，切不可忽略汽车尾部的刮水器。

（6）更换刮水片后，首先确认刮水器储液罐中的清洗液是否足量，然后通过打开刮水器来检验新刮水片的刮拭性能。试验时，风窗玻璃应该先用水润湿，否则将会刮伤玻璃，损伤刮水器雨刷，或烧坏电动机。

（7）当接通刮水器开关，电动机有"嗡嗡"声但转不动时，一般是因传动部位有锈蚀所致，应立即切断开关，否则将会使电动机烧坏。

（8）风窗和刮水片上的杂物会降低刮水器的效用。如果刮水片工作不正常，可用较好的洗涤剂或中性洗涤剂将前风窗和刮水片擦干净后再用水彻底冲洗。禁止用溶液、汽油、煤油或油漆稀释剂清洗，否则会损坏刮片和油漆表面。

（9）在冬季，当使用刮水器时，若发现刮水片被冻结或被雪团卡住，应立即关闭开关，清除冰块、雪团后才可继续使用；否则，会因刮片阻力过大而烧坏刮水器电动机。

2. 电动洗涤器（简称洗涤器）的维护

（1）检查洗涤器系统的管路连接情况。若有脱落或松动，应将其安装并固定好；塑料管路若有老化、折断或破裂，应予以更换。

（2）检查洗涤器喷嘴，脏污时可用干净的毛刷清洗；按动喷液开关，喷嘴应将清洗液喷射到风窗玻璃上的适当位置，否则应对洗涤器喷嘴的喷射角度、方向进行调整，或对喷射部分及电路部分进行检修。

（3）清洗液应按原车要求选用，若使用普通洗涤剂、清洁剂配制的清洗液，在进入冬季时，应予以清除，以防冻裂储液罐和塑料管路。进入冬季时，必须使用具有足够防冻性能的前风窗玻璃清洗液，可添加甲醇、异丙醇、甘醇等防冻剂，以免冻裂储液罐和塑料管路。

（4）要经常检查和补充清洗液，确保前风窗玻璃清洗液液面合适，并按使用手册规定加注合适的清洗液。

（5）清洗液应按原车要求选用，禁止用自来水。自来水中的矿物质会堵塞前风窗玻璃洗涤器管路。

（6）为了刮洗油、蜡等污物，也可在水中添加少量的去污剂和防锈剂。但不应使用强效洗涤剂，以免导致风窗密封条和刮水片胶条变质，或导致车身喷漆变色，或储液罐、喷嘴等的塑料件开裂等。

（7）使用洗涤器时，应注意先开动洗涤泵，润湿玻璃后再接通刮水器。洗涤器连续工作时间不能过长，每次接通时间不超过 5 s，两次间歇为 10 s 以上。储液罐内无清洗液时不得接通洗涤器，以防损坏电动机。

4.8　制动系统的维护

1. 检查制动系统的密封性

对于采用气压制动系统的电动汽车，气密性的检查非常重要，否则是很危险的。数日没有使用的汽车在开车之前必须进行检查。

1）气路系统的密封性

启动压缩机，储气压力应达到 0.81 MPa。关闭压缩机，观察双针压力表，在 10 min 内压力下降不得超过 0.01 MPa；如果超过，则说明密封性不好，应进行检查维护。

2）制动系统的密封性

关闭电动机，踏下制动踏板保持 3 min，气压表的指针指示压力保持不变，说明密封性可靠。

2. 制动系统的保养

（1）要定期检查。制动管路的密封性，使其处于良好的状态，一旦发现有弯折、擦破、压扁的地方，应及时更换。

（2）排出储气筒中的冷凝水。用手拉动储气筒下面排水阀的拉环，如果排水阀被堵塞，就要把排水阀旋出，进行清理或更换。在旋出之前，要排出筒内的压缩空气，可利用多次踩制动踏板的方法排出，否则会出现危险。

思　考　题

1. 电动汽车的具体驾驶操作要领与注意事项是什么？
2. 驾驶电动汽车时应注意什么？
3. 电动汽车的动力电源系统在使用过程中需要注意什么？
4. 电动汽车在夏季和冬季使用时需要注意什么？
5. 电动汽车需要拖车时应注意什么？
6. 简述电动汽车充电时的注意事项。

7. 电动汽车的电池充电次数与充电周期是什么关系？

8. 充电次数对于动力电池寿命有何关系？

9. 对电动汽车进行日常维护时需要注意什么？

10. 对电动汽车进行清洗时需要注意什么？

11. 电动汽车动力电池系统的检查与维护有哪些？

12. 简述电池安装及更换操作注意事项。

13. 电动汽车制动系统的维护需要做哪些工作？

第 5 章

整车控制器的故障诊断与处理

5.1　整车控制系统的组成

　　整车控制系统简称 VCU（vehicle control unit），是电动汽车的神经，承担着能量与信息传递的功能，是电动汽车的重要组成部分，对电动汽车的动力性、经济性、安全性和舒适性等有很大的影响。

　　纯电动汽车的整车控制系统通常包含低压电气控制系统、高压电气控制系统和整车网络化控制系统三部分。

　　低压电气控制系统主要由辅助蓄电池和若干低压电器设备组成，低压电气控制系统采用12 V 或 24 V 直流电源，一方面为灯光、刮水器等车辆的常规低压用电器供电，另一方面为整车控制器、高压电气设备的控制电路和辅助部件供电。纯电动汽车的辅助蓄电池由动力电池通过 DC/DC 转换器来充电。

　　高压电气系统主要由动力电池、驱动电机和功率转换器等大功率、高电压的电气设备组成，根据车辆行驶的功率需求完成从动力电池到驱动电机的能量变换与传输过程。

　　整车网络化控制系统主要包括整车控制器、电机控制器、BMS、车身控制管理系统、信息显示系统和通信系统等。

　　整车控制器是整车控制系统的核心，承担了数据交换与管理、故障诊断、安全监控、驾驶员意图解析等功能。各子系统之间的信息传递通过 CAN 协议网络通信系统实现，CAN总线具有造价低廉、传输速率高、安全性和可靠性高、纠错能力强和实时性好等优点。一般纯电动汽车整车控制系统的结构如图 5-1 所示。

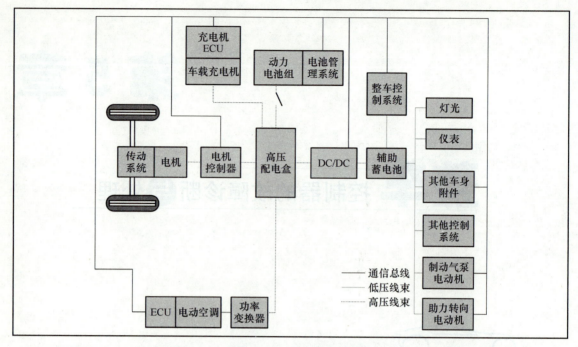

图 5-1　一般纯电动汽车整车控制系统的结构

5.2　整车控制器的主要功能

整车控制器采集司机驾驶信号（如加速踏板开度），通过 CAN 总线获得电机和电池系统的相关信息，进行分析和运算，通过 CAN 总线给出电机控制和电池管理指令，实现整车驱动控制、能量优化控制和制动回馈控制。整车控制器还具有综合仪表接口功能，可显示整车状态信息；具备完善的故障诊断和处理功能；具有整车网关及网络管理功能。整车控制器的功能如图 5-2 所示。

1. 对汽车行驶控制的功能

新能源汽车的动力电机必须按照驾驶员意图输出驱动或制动扭矩。当驾驶员踩下加速踏板或制动踏板时，动力电机要输出一定的驱动功率或再生制动功率。踏板开度越大，动力电机的输出功率越大。因此，整车控制器要合理解读驾驶员的操作；并接收整车各子系统的反馈信息，为驾驶员决策提供反馈；以及对整车各子系统发送控制指令，以实现车辆的正常行驶。

2. 整车的网络化管理

整车控制器是电动汽车众多控制器之一，也是 CAN 总线中的一个节点。在整车的网络管理系统中，如图 5-3 所示，整车控制器是信息控制的中心，负责信息的组织与传输、网络状态的监控、网络节点的管理、信息优先权的动态分配及网络故障的诊断与处理等功能。通过 CAN（EVBUS）总线协调 BMS、电机控制器、空调系统等模块相互通信。

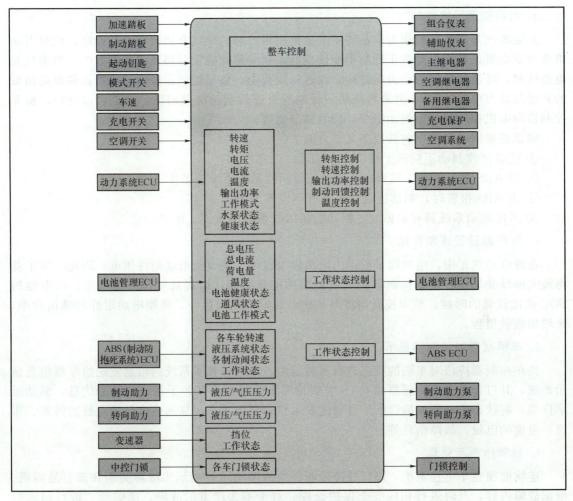

图 5 - 2 整车控制器的功能

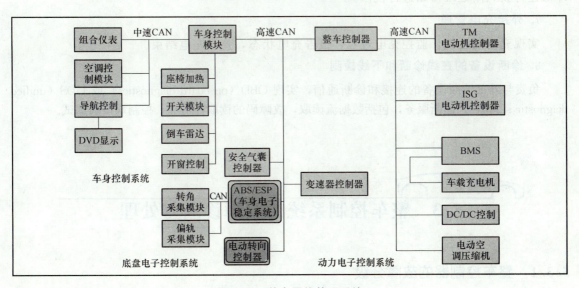

图 5 - 3 整车网络管理系统

3. 制动能量回馈控制

新能源汽车以电动机作为驱动转矩的输出机构。电动机具有回馈制动的性能，此时电动机作为发电机，利用电动汽车的制动能量发电，同时将此能量存储在储能装置中，当满足充电条件时，将能量反充给动力电池组。在这一过程中，整车控制器根据加速踏板和制动踏板的开度及动力电池的 SOC 值来判断某一时刻能否进行制动能量回馈，如果可以进行，整车控制器向电机控制器发出制动指令，回收部分能量。

制动能量回馈的原则包括以下几个方面：

① 能量回收制动不应该干预 ABS 的工作；

② 当 ABS 进行制动力调解时，制动能量回收系统不应该工作；

③ 当 ABS 报警时，制动能量回收系统不应该工作；

④ 当电驱动系统具有故障时，制动能量回收系统不应该工作。

4. 整车能量管理和优化

在纯电动汽车中，电池除了给动力电机供电以外，还要给电动附件供电。因此，为了获得最大的续驶里程，整车控制器将负责整车的能量管理，以提高能量的利用率。在电池的SOC 值比较低的时候，整车控制器将对某些电动附件发出指令，限制电动附件的输出功率，来增加续驶里程。

5. 车辆状态的监测和显示

整车控制器应该对车辆的状态进行实时监测，并且将各子系统的信息发送给车载信息显示系统，其过程是通过传感器和 CAN 总线检测车辆状态及其各子系统的状态信息，驱动显示仪表，将状态信息和故障诊断信息通过显示仪表显示出来。显示内容包括电机的转速、车速，电池的电量，故障信息等。

6. 故障诊断与处理

连续监视整车电控系统，进行故障诊断。由故障指示灯指示出故障类别和部分故障码。根据故障内容，及时进行相应安全保护处理。对于不太严重的故障，能做到"跛行回家"，即低速行驶到附近维修站进行检修。

7. 外接充电管理

实现充电的连接，监控充电过程，报告充电状态，直至充电结束。

8. 诊断设备的在线诊断和下线检测

负责与外部诊断设备的连接和诊断通信，实现 OBD（on-board diagnostics）或 UDS（unified diagnostic services）诊断服务，包括数据流读取，故障码的读取和清除，控制端口的调试。

5.3　整车控制系统的故障诊断与处理

5.3.1　整车控制器的故障分级

整车控制系统根据电机、电池、EPS（电动助力转向系统）、DC/DC 变换器等零部件的故障，整车 CAN 网络故障及整车控制器硬件故障进行综合判断，确定整车的故障等级，并进行相应的控制处理。一般将电动汽车的故障分为四级，如表 5 - 1 所示。

表 5 - 1　故障分级及处理

等级	名称	故障列表	故障后处理
一级	致命故障	电机控制器直流母线过电压故障、BMS 一级故障	紧急断开高压
二级	严重故障	电机控制器相电流过电流、IGBT（绝缘栅双极型晶体管）旋变等故障，电机节点丢失故障，挡位信号故障	二级电动机故障零转矩，二级电池故障 20 A 放电电流、限功率
三级	一般故障	加速踏板信号故障	跛行
		电机控制器电机超速保护	降功率
		跛行故障、SOC＜1%、BMS 单体欠电压、内部通信、硬件等三级故障	限功率＜7 kW
		低压欠电压故障、制动故障	限速＜15 km/h
四级	轻微故障	电机控制器电动机系统温度传感器、直流欠电压故障，整车控制器硬件、DC/DC 转换器异常等故障	只仪表显示，四级故障属于维修提示，但是整车控制器不对整车进行限制 四级能量回收故障，仅停止能量回收，行驶不受影响

　　当整车控制器在对自身及各子系统进行监测过程中发现故障问题时，将会点亮仪表中相应指示灯（主要故障指示灯的名称及故障原因可见表 4 - 1），同时车载诊断系统（on-board diagnostic，OBD）系统会将故障信息存入存储器，通过标准的诊断仪器和诊断接口可以以故障码的形式读取相关信息。根据故障码的提示，维修人员能迅速准确地确定故障的性质和部位。OBD 诊断接口及各端子的电气连接分别如图 5 - 4、图 5 - 5 所示。

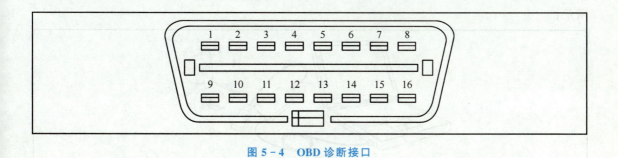

图 5 - 4　OBD 诊断接口

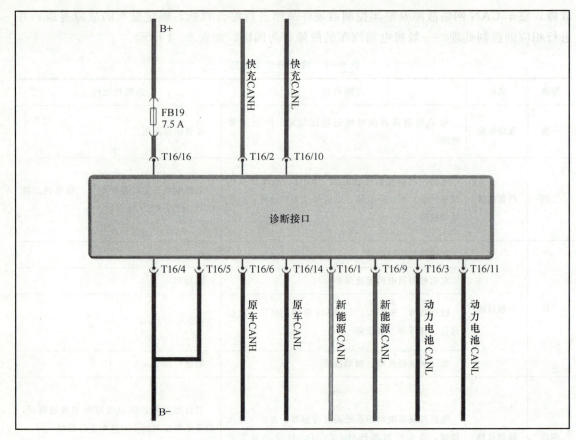

图 5 - 5　诊断接口各端子的电气连接

5.3.2　故障码的读取与清除

各品牌汽车一般都有专用故障诊断仪，通过专用故障诊断仪可以读取汽车系统的各项信息和数据，包括故障码、数据流，也可以对主要功能部件进行测试，且能对系统进行标定和烧录程序等项目。

以北汽新能源电动车专用故障诊断仪的使用为例，专用故障诊断仪的基本使用方法如下。

1. 连接专用故障诊断仪的步骤

①使用与专用故障诊断仪相匹配的诊断线。将诊断线插到诊断接口上，如图 5 - 6 所示；

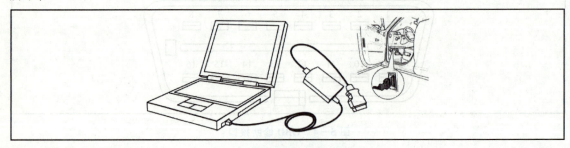

图 5 - 6　故障诊断仪连接示意图

② 将车钥匙置于 ON 挡；

③ 开启专用诊断测试仪；

④ 按照屏幕上的显示进行操作，以启动所需功能。

2. 进行系统快速测试和故障码的读取

（1）连接专用故障诊断仪后进入诊断界面，选择北汽新能源，如图 5 - 7 所示。

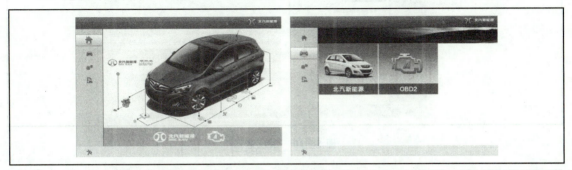

图 5 - 7　诊断界面

（2）选择诊断程序版本号，选择被诊断车辆的品牌和车型，如图 5 - 8 和图 5 - 9 所示。

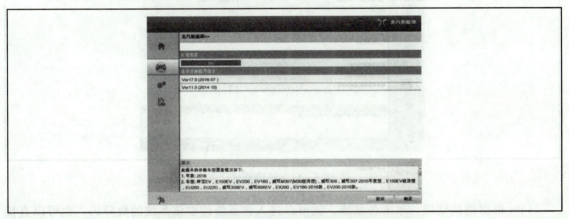

图 5 - 8　诊断程序版本号

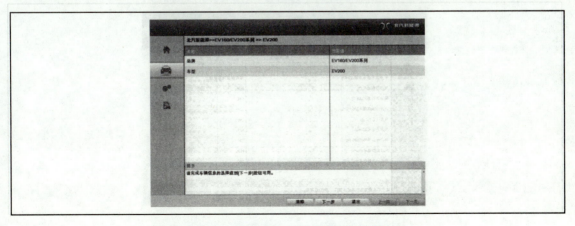

图 5 - 9　选择被诊断车辆的品牌和车型

（3）单击系统选择或快速测试项，系统进行扫描，如图5-10和图5-11所示。

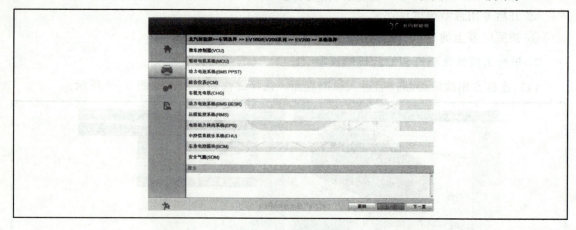

图5-10　系统选择

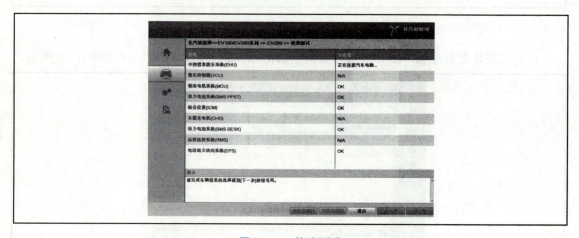

图5-11　快速测试

（4）根据测试结果，单击各系统，就可以进入该系统读取该系统的故障码，也可以直接进入系统选择读取故障码。故障码浏览如图5-12所示。

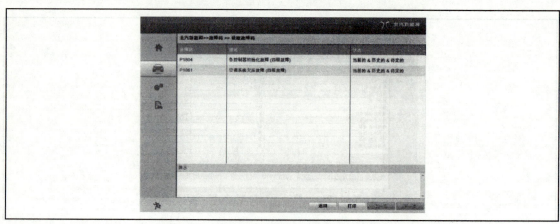

图5-12　故障码浏览

在诊断仪读取故障码后，可以看到电动车辆的故障等级。根据整车控制器、电池、DC/DC 转换器、EPS 等零部件故障和整车的网络故障及电控单元硬件故障，确定整车故障为四个等级，对整车控制系统进行相应的控制处理。等级划分的处理方法见表 5-1。

（5）读取当前故障码并单击故障码，显示故障码冻结帧数据的记录，如图 5-13 所示。继续单击某一个故障冻结帧数据，如图 5-14 所示，可以看到出现故障码时车辆的各项具体数据。

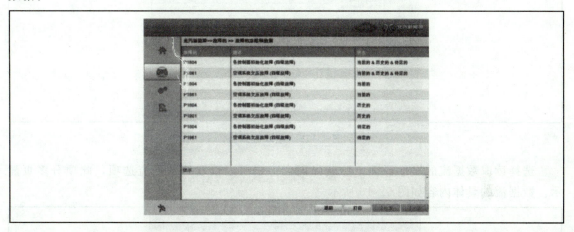

图 5-13　故障码冻结帧数据记录

故障码冻结帧的作用为：当车辆确认有故障的瞬间，由整车控制器存储车辆在"这个瞬间"的整车状态信息，如车辆发生故障时的车速、电压、挡位、节气门开度、制动状态等信息，有助于分析故障时的状态和故障原因，为车辆的检修提供重要依据。

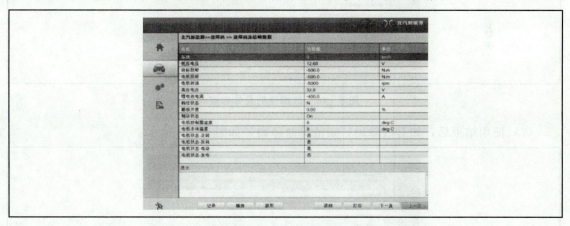

图 5-14　故障码冻结帧数据

（6）读取数据流，如图 5-15 所示。读取数据流功能可以帮助分析电动车各部件的性能。如读取低压蓄电池电压可以分析电池是否亏电，DC/DC 转换器是否正在充电等；读取加速踏板开度值可以分析当前加速踏板的开度；读取电机系统状态参数（如电机初始化、预充电状态、电机转矩、电机本体温度、电机控制器温度、电机转速、电机生命信号等）可以分析电机的运行状态；读取电池系统状态参数（如电池总电压、电池当前放电电流、电池电量/SOC、单体电池最低电压、单体电池最高电压、单体电池最高温度、单体电池最低温度、电池系统生命信号、电池继电器闭合与断开状态等）可以分析电池系统的状态；读取整车信息参数（如挡位状态、加速踏板电压值、低速和高速冷却风扇开启与闭合状态）可以分析整车的运行状态。

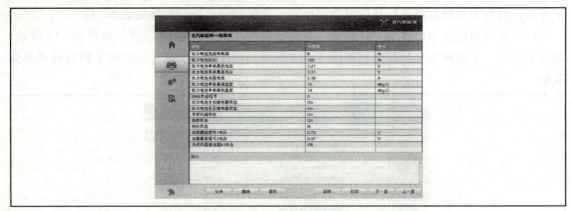

图 5－15　读取数据流

选择读取数据流的操作界面，诊断界面会弹出可以读取的数据流选项，此项分多页显示。数据流的具体内容如图 5－16 所示。

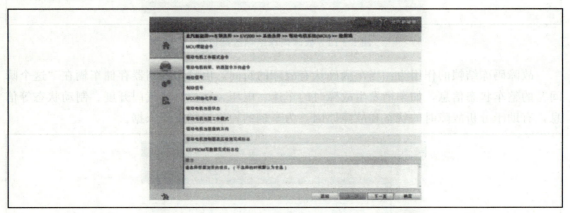

图 5－16　数据流的具体内容

（7）使用结束后，如有故障码，则清除故障码，如图 5－17 所示。

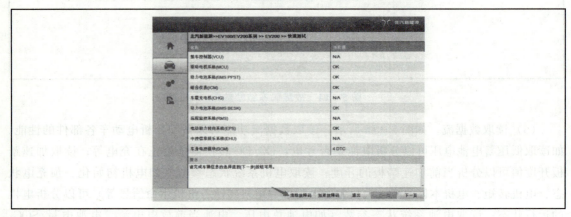

图 5－17　清除故障码

5.3.3　故障诊断仪无法与车辆通信的故障诊断与排除

　　诊断仪无法与车辆通信的原因应主要从整车控制器是否工作、OBD 诊断接口是否正常，以及 OBD 诊断接口与整车控制器的 CAN 总线线束是否正常等几个方面考虑。

　　(1) 检查整车控制器的供电是否正常。根据整车控制器的供电线路（如图 5 - 18 所示），使用万用表检查其供电是否正常，包括 ON 挡电、常电；如不正常，则需要检查低压电气盒中整车控制器的熔丝 FB16 和 FB17 是否正常。

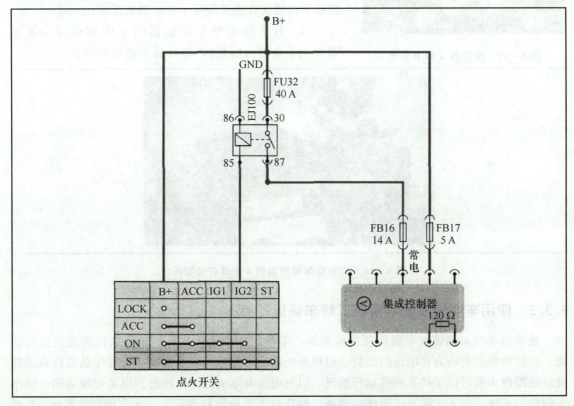

图 5 - 18　整车控制器的供电线路

　　(2) 检查 OBD 诊断接口。根据诊断接口各端子电气连接（如图 5 - 5 所示），使用万用表检查 OBD 端子 Pin16 与端子 Pin4 是否有 12 V 供电电压，如没有，则检查相应熔丝和线束。

　　(3) 检查 CAN 总线。检查 OBD 端子 Pin1 与端子 Pin9 之间是否有 60 Ω 左右的阻值，如没有，则检查相应 CAN 总线线束。

　　(4) 如果以上都正常，请更换全新的整车控制器。

5.3.4　整车控制器的更换

　　整车控制器的更换步骤如下。

　　(1) 将点火开关置于 OFF 挡。

　　(2) 断开蓄电池低压负极电缆。

图 5 - 19　插接器 A 和 B 拔出

（3）按照图 5 - 19 所示箭头及提示拔出整车控制器连接线束插头 A 和 B。插接器就是通常所说的插头和插座，用于传感器、执行器、控制单元与线束，线束与线束或导线与导线间的相互连接，使多个电气元件构成一个完整的电气系统。为了防止插接器在汽车行驶中脱开，所有的插接器均采用了闭锁装置。当插接器结合时，应把插接器的导向槽重叠在一起，使插头和插孔对准，然后平行插入并锁紧即可十分牢固地连接在一起。

（4）拧下固定整车控制器的 4 个螺钉（位置如图 5 - 20 中箭头所指），即可拆下整车控制器。

图 5 - 20　固定整车控制器的 4 个螺钉位置图

5.3.5　使用车载信息显示系统了解车辆运行情况

通常电动汽车都带有车载信息显示系统，车载信息系统具有对车辆的运行情况监控的功能。监控的信息有动力蓄电池的参数、电机系统的运行参数及故障报警。通过车载监控系统驾驶员或维修人员可以了解车辆的运行情况，以及电池和电机的工作状态。以某车型为例，操作车辆监控系统，进入车载显示系统主界面，然后单击车辆监控图标，进入车辆监控界面。车辆监控界面共有车辆状态、电池状态、电机状态和故障诊断 4 项内容。图 5 - 21 所示为某车型车载显示系统主界面，界面中可以显示车辆能量回收状态和故障状态，图 5 - 22 为电机状态参数界面，深色显示车辆有轻微故障。

图 5 - 21　某车型车载显示系统主界面

图 5 - 22　电机状态参数界面

图 5 - 23 为电池状态界面，界面中有电池系统总电压和电池充放电电流。图 5 - 24 为电机状态界面，此界面显示有直流母线电压、驱动电机当前转矩、驱动电机控制器温度和驱动电机温度。

图 5 - 23　电池状态界面

图 5 - 24　电机状态界面

图 5 - 25 为故障诊断界面，内容包括电池总电压，电池放电电流，单体电池最高、最低电压和温度，电池正负极对地的绝缘电阻，以及驱动电机相电流、控制器零件号和当前状态。

图 5 - 25　故障诊断界面

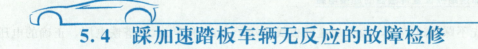

5.4　踩加速踏板车辆无反应的故障检修

5.4.1　整车控制器与加速踏板位置传感器的连接

整车控制器根据加速踏板位置传感器传递来的加减速信息来改变电机转矩，控制电机转速，进而改变车速。加速踏板位置传感器提供两组信号，让整车控制器进行对比，图 5 - 26 所示为北汽 EV200 整车控制器与加速踏板位置传感器的连接电路。

1. 检测加速踏板位置传感器 1 信号

节气门开度从 0～100% 变化，用万用表直流电压挡测量插件 4 号端子与搭铁（或 3 号端子）之间应有 0.74～4.8 V 的电压；否则检查传感器电源和搭铁线，如果传感器输入电源和搭铁线正常，则为传感器内部故障。

2. 检测加速踏板位置传感器 2 信号

节气门开度从 0～100％变化，用万用表直流电压挡测量插件 6 号端子与搭铁（或 5 号端子）之间应有 0.37～2.4 V 的电压；否则检查传感器电源和搭铁线，如果传感器电源和搭铁线正常，则为传感器内部故障。

5.4.2　踩加速踏板车辆无反应的故障检修

踩加速踏板车辆无反应，同时仪表报整车故障时，应使用电动专用诊断仪来读取故障信息。整车控制器与加速踏板位置传感器的连接电路如图 5-26 所示。

（1）首先使用诊断仪读取数据流指令，选取加速踏板信号 1 和加速踏板信号 2，单击确定，读取二者数据流。

（2）检查加速踏板线束端子 Pin1 和 Pin2 的电压，正确电压应该是 5 V；检查线束端子 Pin3 和 Pin5 的电压，正确电压应该为 0，端口外形如图 5-27 所示。

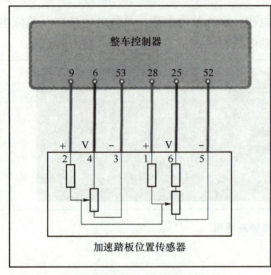

图 5-26　整车控制器与
加速踏板位置传感器的连接电路

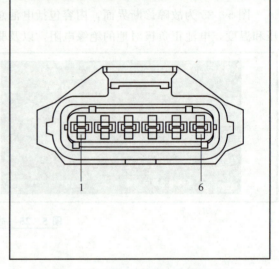

图 5-27　加速踏板位置传感器端口外形

（3）先不踩加速踏板，检查加速踏板线束端子 Pin4 和 Pin6 的搭铁电压，正确的电压都是接近 0。

（4）踩下加速踏板在一定开度，检查加速踏板线束端子 Pin4 和 Pin6 的电压，正常情况下，端子 Pin4 的电压是端子 Pin6 的两倍。

（5）检查与加速踏板连接的线束有无短路、断路和退针现象，如线束有问题请更换线束。检查方法如下：

① 检查加速踏板位置信号 1 搭铁，测量方法为用万用表通断挡测量相应端子之间的线束是否断路，如图 5-28 所示。

② 检查加速踏板位置信号 1 的输出，逐一测量是否导通，如果不导通，确定问题后更换线束。测量方法为用万用表通断挡测量相应端子之间的线束是否断路，如图 5-29 所示。

③ 检查加速踏板位置信号 1 的电源，逐一测量是否导通，如果不导通，确定问题后更换线束。测量方法为用万用表通断挡测量相应端子之间的线束是否断路，如图 5-30 所示。

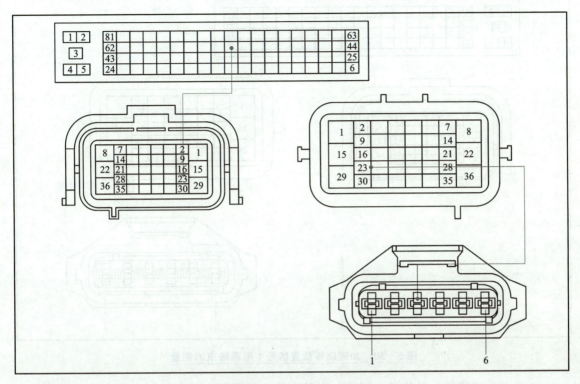

图 5 - 28　加速踏板位置信号 1 搭铁线束的测量

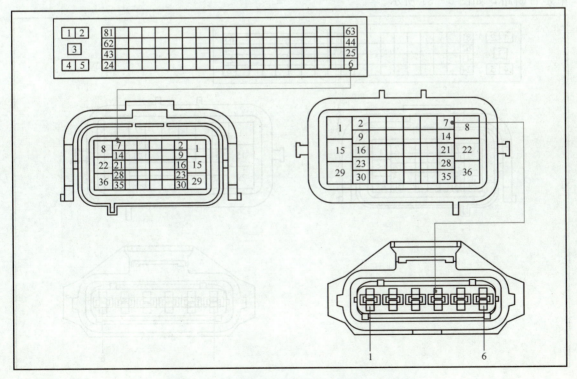

图 5 - 29　加速踏板位置信号 1 输出线束的测量

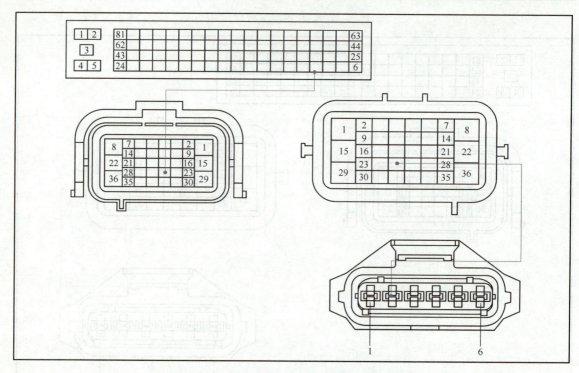

图 5 - 30　加速踏板位置信号 1 电源线束的测量

④ 检查加速踏板位置信号 2 搭铁，测量方法为用万用表通断挡测量相应端子之间的线束是否断路，如图 5 - 31 所示。

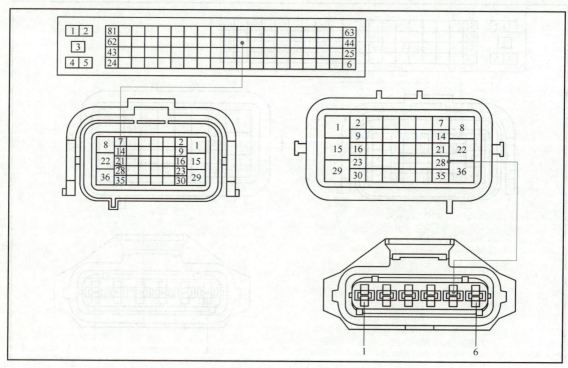

图 5 - 31　加速踏板位置信号 2 搭铁线束的测量

⑤ 检查加速踏板位置信号 2 的输出，逐一测量是否导通，如果不导通，确定问题后更换线束。测量方法为用万用表通断挡测量相应端子之间的线束是否断路，如图 5-32 所示。

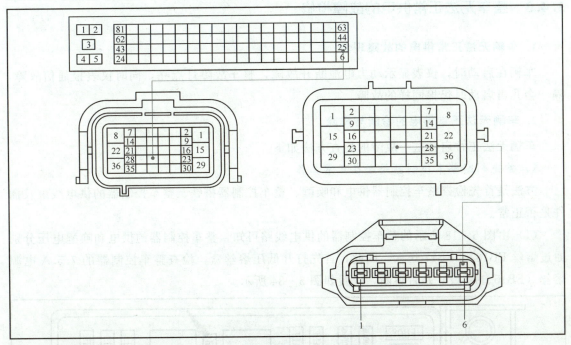

图 5-32　加速踏板位置信号 2 输出线束的测量

⑥ 检查加速踏板位置信号 2 电源，逐一测量是否导通，如果不导通，确定问题后更换线束。测量方法为用万用表通断挡测量相应端子之间的线束是否断路，如图 5-33 所示。

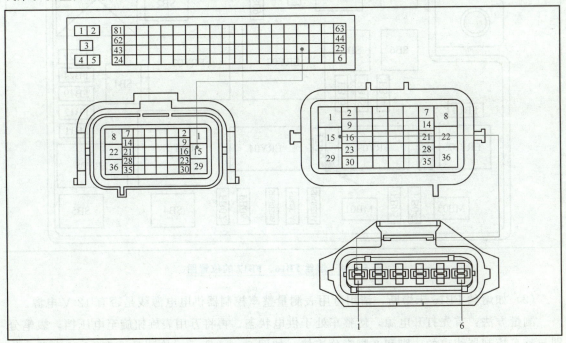

图 5-33　加速踏板位置信号 2 电源线束的测量

（6）以上线束确定没问题后，请更换加速踏板位置传感器。

5.4.3 整车无法正常供电的故障检修

1. 车辆无法正常供电的故障现象

车辆在启动时，仪表显示动力电池断开故障，整车故障灯点亮，同时仪表报通信故障，隔一会儿再启动时仍报同样的故障。

2. 车辆无法正常供电的诊断与排除

车辆无法正常启动这一故障的检查方法如下。

1）首先判断整车控制器是否在正常工作

方法是首先检查整车控制器供电和唤醒、整车控制器搭铁、整车控制器的供电线束及插件是否正常。

（1）由图 5-18 所示的整车控制器的供电线路可知，整车控制器的供电和唤醒电压分别通过熔丝 FB16 和 FB17 送入，因此，首先打开低压熔丝盒，检查整车控制器的 7.5 A 电源熔丝（FB16、FB17）是否熔断，位置如图 5-34 所示。

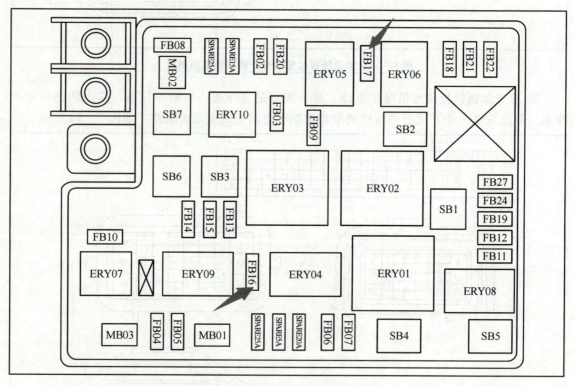

图 5-34　熔丝 FB16、FB17 的位置图

（2）如熔丝 FB16 未熔断，请用万用表测量整车控制器供电电源线是否有 12 V 电源。

测量方法：首先打开电源，使整车处于供电状态，再将万用表旋钮旋至电压挡，表笔分别与整车控制器线束的 1 脚和 2 脚充分连接，如图 5-35 所示，检测是否有 12 V 电源，如果没有 12 V 电源，则确定线束断路，如果 12 V 电源正常，则检查下一步。

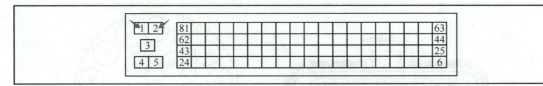

图 5 - 35　整车控制器供电检测

（3）如熔丝 FB17 未熔断，用万用表测量整车控制器唤醒电源线是否有 12 V 电源。

测量方法：首先打开电源，使整车处于供电状态，再将万用表旋钮旋至电压挡，表笔分别与整车控制器线束的 37 脚和 2 脚充分连接，如图 5 - 36 所示，检测是否有 12 V 电源，如果 12 V 电源正常，则检查下一步，如果没有 12 V 电源，则需根据电路图进一步检查。

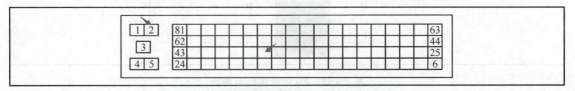

图 5 - 36　整车控制器唤醒电源线检测

2）检查整车控制器有电源后，再查 CAN 总线是否正常

（1）检查 CAN 总线阻值是否正常。断开低压蓄电池负极后，测量的 CAN 总线正常阻值应为 60 Ω。

测量方法：拔下电机控制器的 35 针插件，找到新能源 CAN 总线针脚 31/32，用万用表表笔分别与 31/32 充分连接，查看万用表显示阻值，如图 5 - 37 所示。

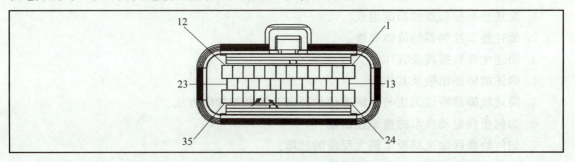

图 5 - 37　CAN 总线阻值检测

如果阻值不正确，请将所有有新能源 CAN 的用电器件逐一断开，有新能源 CAN 的用电器件有空调压缩机、车载充电机、RMS、电机控制器、高压控制盒、动力电池，当断开某个用电器件后，阻值为正常阻值时，则判定为此用电器件功能失效（注：单一断开整车控制器或动力电池后阻值为 120 Ω）。

（2）检查 CAN 总线是否短路或断路。当所有用电器件都完好的情况下，则用万用表测量 CAN 总线的两根线是否短路或断路。

测量方法：将万用表旋钮旋至通断挡，将表笔与 CAN 总线的两根线充分连接，测量是否导通（如电机控制器与动力电池之间），如图 5 - 38 所示。

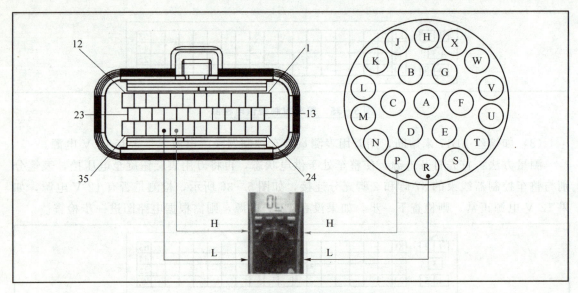

图 5 – 38　CAN 总线线束检测

如果导通，则判定为线束短路，则需更换线束。如果不导通则需要再测量单根线是否断路，如果断路，则需要更换线束。

思 考 题

1. 简述整车控制器的功能组成。
2. 简述整车控制器的故障等级。
3. 简述主要数据流及其作用。
4. 简述故障冻结帧及其作用。
5. 简述故障诊断仪无法与车辆通信的原因及诊断与排除方法。
6. 如何更换电动汽车的整车控制器？
7. 如何检修踩加速踏板车辆无反应的故障？
8. 如何排除整车无法正常供电的故障？

第6章

动力电池系统的检查与维护

动力电池系统主要由动力电池模组、电池管理系统、动力电池箱及辅助元器件等4部分组成。

1. 动力电池

动力电池是整个电动汽车的动力源，相当于电动汽车的"心脏"，它为整车提供持续稳定的能量，驱动车辆行驶。动力电池是由许多单体电池组成的。

2. 电池管理系统

电池管理系统的主要功能如下。

（1）计算整车的剩余电量和充电提醒。整车的剩余电量通常简称为 SOC（state of charge），即电池当前容量与额定容量的百分比。在车辆行驶过程中，随着动力电池电量的消耗，SOC 减小到 30% 以下时，SOC 表上的电量不足指示灯就会点亮，提示用户尽快对车辆进行充电。

（2）对电池进行温度、电压、湿度的检测。

（3）漏电检测和异常情况报警。

（4）充放电控制和预充电控制。

（5）电池一致性的检测。

（6）系统自检等作用。

3. 动力电池箱

动力电池箱是支撑、固定和包围动力电池系统的组件，起到承载和保护动力电池组及内部电器元件的作用，主要包含上盖、下托盘和托盘压条螺钉等，还包括辅助器件，如过渡件、护板、螺栓和动力电池标识等，动力电池外部箱体的结构如图 6-1 所示。

每辆电动汽车的动力电池上都贴有标识牌，用来表征动力电池的特征。标识牌上有动力电池的型号、生产日期、动力电池材料、额定电压、额定能量、条码和重量等信息，如图 6-2 所示。

动力电池外部电池箱的好坏对动力电池组内部具有较大影响，为了确保动力电池安全、可靠地使用，充分发挥动力电池的能力，保证电动汽车在复杂路况下行驶时安装在底盘上的动力电池不被损坏，以及保证动力电池的使用寿命，需要对动力电池箱外部做好相应的防护措施，并定期对动力电池箱外部进行检查与维护。

动力电池箱体用螺栓连接在车身底盘下方，由于汽车的运行环境多变，因此对动力电池

111

箱的散热、防水、绝缘和安全等方面的设计要求都很高。动力电池箱体的上盖和下托盘结合处必须符合防水条件，例如北汽 EV200 电池箱体的防护等级为 IP67；动力电池箱体表面也不得有划痕、焊缝、毛刺和残余油迹等。

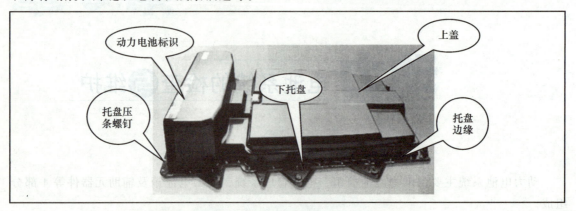

图 6-1　动力电池外部箱体的结构

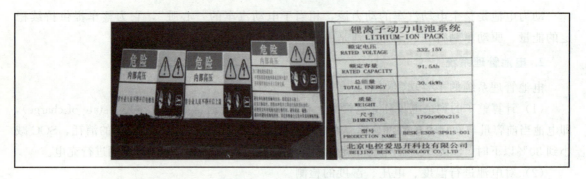

图 6-2　动力电池的标识牌

IP67 是指防护安全级别。IP 后面有两个数字，第一个是指固态防护等级，范围是 0～6；第二个是液态防护等级，范围是 0～8，数值越大，说明防护等级越高、越安全。电动汽车 IP67 的防护等级表明外界任何灰尘都无法进入整个动力电池箱体，在常温常压下，如果电动汽车涉水深度＜1 m，时间＜30 min，也不会对车辆造成影响。

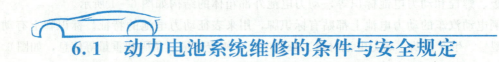

6.1　动力电池系统维修的条件与安全规定

6.1.1　动力电池系统检测与维护的前提条件

在进行动力电池系统的检测与维护时，必须要首先满足必要的前提条件，才允许对动力电池系统进行有针对性的检测和修理工作。

（1）具备资质。只允许具备高压动力电池系统修理资质的售后服务人员进行这项工作。

（2）精准使用诊断系统和专用工具。

（3）严格遵守维修说明。除更换损坏组件外，不允许对高电压蓄电池单元内部进行任何修理工作。例如，导线线束损坏时不允许进行维修，只能更换。更换损坏组件时，必须严格遵守维修说明中规定的工作步骤。使用维修说明中规定的专用工具也非常重要。

6.1.2　动力电池系统检测与维护的安全规定

（1）高电压蓄电池单元修理工位必须洁净（无油脂、无污物、无碎屑）、干燥（无溢出液体）且无飞溅火花（不靠近车身维修区域）。因此，必须避免紧靠车辆清洗场所（清洗车间）或车身修理工位，如有可能，应使用活动隔板进行隔离。

（2）为了防止未经授权的人员进入工位（资质不够、客户、到访者等）及无法确保高电压本质安全或出现不明状态时，应使用隔离带。离开工作区域时，建议设置发光黄色警告提示。

（3）拆卸盖板前，应清除高电压蓄电池单元盖板区域内的残留水分和粗杂质。

（4）进行每项工作步骤之时、之前和之后，应对作业组件进行仔细的直观检查。例如，拆卸某一组件时，应检查由此松开的其他组件是否损坏。

（5）为修理高电压蓄电池单元而打开壳体端盖后，应直观检查其是否存在机械损伤。

（6）在打开的高电压蓄电池单元内进行作业前，必须使固定在电池之间的高电压导线与接口侧断开，从而中断串联连接。

（7）拔下和插上蓄能器管理电子装置 SME 的绝缘监控导线时，必须特别小心，因为在较细导线上存在高电压。拔下插头时必须注意，不要拉动导线。

（8）将绝缘监控导线插在蓄能器管理电子装置 SME 上时，必须注意是否正确锁止。如果插头未完全锁止，可能会无法识别出绝缘故障。

（9）工作中断时，应盖上拆下的壳体端盖，并通过拧入几个螺栓防止无意间打开。用隔离带隔开工作区域。

（10）在高电压组件、连接件上或在其附近，不要使用带有尖锐刃口或边缘的工具或物体。例如，禁止使用螺钉旋具、侧面切刀等，允许使用装配楔。在 12 V 车载网络导线束上，允许使用侧面切刀打开导线扎带。

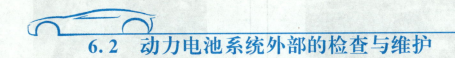

6.2　动力电池系统外部的检查与维护

以下以北汽新能源汽车为例，说明动力电池系统外部的检查与维护。

6.2.1　检查与维护前的准备工作

检查与维护高压部件之前，应先断开高低压电，断电流程如下。

（1）关闭点火开关，拔下钥匙，如图6-3所示。

注意事项：当仪表显示READY挡位时，高压通电，此时切勿拆卸高压部件，否则有生命危险。所以在拆卸动力电池之前，要确保拔下钥匙，自行收好，并在车上放置工作牌。

图6-3　关闭点火开关并拔下钥匙

（2）拆下低压蓄电池负极，如图6-4所示，使用绝缘胶带包好，断开整车低压控制电源。

注意事项：由于纯电动汽车采用了高压互锁装置，即断开低压时，通过低压信号控制能够同时将高压回路切断。断开整车高压电，能够防止动力电池高压电输出。所以为安全起见，务必要卸下蓄电池负极。

（3）佩戴绝缘手套，断开动力电池高压维修开关，如图6-5所示。

（4）当车辆举升到需要的高度时，如图6-6所示，举升机要锁止安全锁。

注意事项：

① 在进行举升车辆作业时，严格按照举升机使用规范进行操作；

② 进行作业时，必须注意人员、车辆及设备的安全使用规范。

（5）拆下动力电池高压和低压插接件，如图6-7所示。佩戴绝缘手套，拆下线束插头后，使用放电工装进行放电。

图6-4　拆下低压蓄电池负极

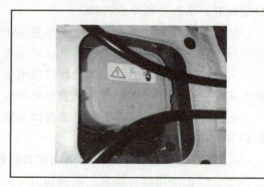

图6-5　动力电池高压维修开关

图6-6　车辆举升至需要高度

图6-7　拆下动力电池高压和低压插接件

6.2.2 检查动力电池外观

（1）动力电池外观的检查流程如图 6-8 所示。

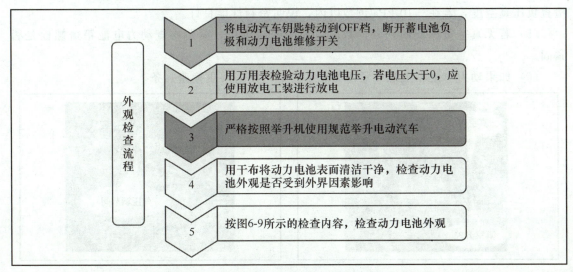

图 6-8 动力电池外观检查流程

（2）动力电池外观检查的内容如图 6-9 所示。

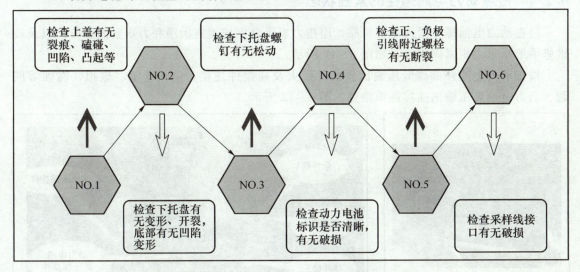

图 6-9 动力电池外观的检查内容

6.2.3 检查动力电池箱的密封性能

检查动力电池箱密封性的目的是保证动力电池箱密封性能良好，防止进水，影响通信。通过真空检漏法，检查密封条的密封情况。以 VOLVO 混合动力汽车的电池箱为例，其密封性检查步骤如下：

（1）连接真空表组件及气泵管路，如图 6-10 所示。

（2）调节气压在 400 kPa 左右。调节气压调节阀如图 6-11 所示。

（3）打开真空表组开关，抽真空 3～5 min，如果负压达不到－40 kPa 的读数，则说明密封不严。

（4）如果负压真空度达到－40 kPa 的读数，应关闭真空表组开关，保持 10 min 左右，检查负压真空度，若在－10 kPa 读数以内，说明密封性能良好。

（5）若无真空负压或回到 0 读数时，说明密封不严，需要检查动力电池箱盖螺栓是否紧固。

（6）如果动力电池箱盖螺栓紧固为正常力矩，则需要更换密封条。

图 6－10　连接真空表组件

图 6－11　调节气压调节阀

6.2.4　检查动力电池螺栓的紧固状态

检查动力电池螺栓紧固是否可靠，用扭力扳手分别按规定次序和力矩紧固螺栓，以及按维修手册要求力矩紧固螺栓，如图 6－12 所示。

检查动力电池外部高低压输出插接件线束及插接件连接，应无松动、破损、腐蚀等问题。动力电池高压输出插接件锁位置如图 6－13 所示。

图 6－12　检查动力电池螺栓

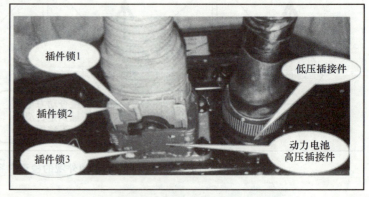
图 6－13　动力电池高压输出插接件锁位置

（1）检查动力电池高低压插接件，其连接应可靠，无变形、松脱、过热、损坏等情况，要求如下：

①　检查用电器插件与线束插件是否对插，并检查是否对插到位；

②　检查线束与插针是否连接牢固，插件内插针是否出现退针、插针弯曲等异常现象。

（2）检查动力电池与高压控制盒输入插接件是否正常，如图 6－14 所示。

图 6 - 14 检查动力电池与高压控制盒输入插接件

6.2.5 检查动力电池系统螺栓的紧固状态

为了避免动力电池漏电，防止线路及内部短路，需要对动力电池系统高压输出电缆的绝缘性能进行检查。以北汽 EV 200 为例，检查总正、总负搭铁的绝缘电阻。将钥匙转动到 OFF 挡，在高低压断电及电容放电以后，拔下高压母线，根据图 6 - 15 所示的端口针脚定义，用数字绝缘表（DC 1 000 V）分别检测总正、总负搭铁电阻值，如图 6 - 16 所示。

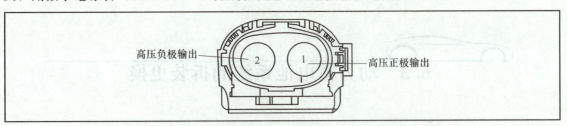

图 6 - 15 动力电池系统高压输出电缆端针脚定义

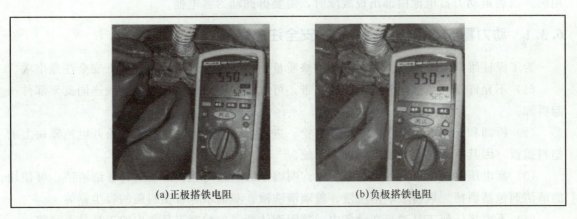

(a)正极搭铁电阻   (b)负极搭铁电阻

图 6 - 16 检测动力电池高压输出绝缘电阻

（1）将绝缘表黑表笔接于车身，红表笔测量 1 端子的正极绝缘电阻，应为 550 MΩ，大于标准值 1.4 MΩ，如图 6 - 16 （a）所示。若不合格则需修复或更换。

（2）将绝缘表黑表笔接于车身，红表笔测量 2 端子负极绝缘电阻，应为 550 MΩ，大于标准值 1.0 MΩ，如图 6 - 16 （b）所示。若不合格则需修复或更换。

为确保电动汽车的通信质量，在整车高低压断电、放电后，根据图 6-17 所示的端口针脚定义，用万用表欧姆挡测量新能源 CAN-H 与新能源 CAN-L 之间的电阻，若阻值为 120 Ω 左右，则 CAN 网络电阻正常，否则需要修复或更换。

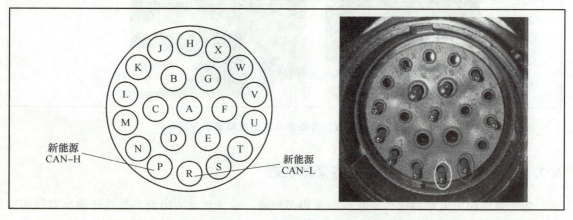

图 6-17　动力电池低压线束端口针脚定义

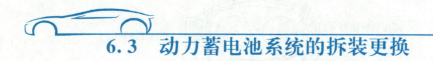

6.3　动力蓄电池系统的拆装更换

电动汽车的动力电池系统是将多个电压、电流一定的单体电池连接在一起组成电池组使用的。当确定动力蓄电池内部出现故障时，需要拆卸动力蓄电池。

6.3.1　动力蓄电池系统拆装更换的安全注意事项

为了保证维修人员的安全和车辆的维修质量，维修人员应严格遵守如下安全注意事项。

（1）不允许切开高电压导线上的扎线带，可以松开卡子或将高电压导线连同支架部件一起拆卸。

（2）拆卸和安装电池模块时，松开螺栓、进行拆卸时必须注意，不要松开电池模块上的塑料盖板，因其下面装有导电电池接触系统。

（3）高电压蓄电池单元内部有杂质时，明确原因后应对相关部位进行仔细清洁。可使用的清洁剂包括酒精、风窗玻璃清洗液、玻璃清洗液、蒸馏水、带塑料盖的吸尘器等。

（4）不要将任何工具遗忘在设备内，关闭壳体端盖前检查工具箱内的工具是否完整。

（5）遗失或掉落在高电压蓄电池单元内的小部件或螺栓务必要取出。为确保修理高电压蓄电池单元时不丢失螺栓，建议使用磁力工具。

（6）由于热交换器采用非常扁平的设计结构，因此拆卸和安装时的损坏风险较高。为此，必须始终由两个人来进行拆卸和安装。进行热交换器操作时必须非常谨慎，因为热交换器损坏（弯曲、凹陷）时无法确保对电池模块进行冷却，从而致使车辆的续驶里程和功率明显下降。重新安装前，必须使用规定的清洁剂清洁密封垫和密封面（排气单元、高电压插头、12 V 插头、热交换器接口）。

（7）电解液的主要部分结合在固体阴极材料（锂镍锰钴氧化物）和固体阳极材料（石墨）内，因此高电压蓄电池单元内的自由电解液量非常小。出现泄漏情况时，可能会释放电解液和溶剂蒸气。若接触皮肤或眼睛后，需用大量清水进行冲洗并马上就医。发生火灾时，会产生易燃气体、污浊气体和对健康有害的物质，例如一氧化碳、二氧化碳、氢气和碳氢化合物等。如吸入有害气体，应供给充足新鲜空气。呼吸停止时应进行人工呼吸并马上就医。

6.3.2　拆卸动力蓄电池系统的操作流程及注意事项

（1）准备拆卸动力电池系统前，应关闭点火开关，拔下钥匙，如图 6－3 所示。

注意事项：当仪表盘上"READY"指示灯亮时，说明整车高压供电正常，此时切勿拆卸动力电池，否则会有触电危险。所以在拆卸动力电池系统之前，要确保拔下钥匙，自行收好，并在车上放置工作牌。

（2）拆下低压蓄电池负极，断开整车低压控制电源，如图 6－4 所示。

注意事项：断开整车高压电，防止动力电池输出高压电。由于纯电动汽车采用了高压互锁装置，即断开低压时，通过低压信号控制能够同时将高压回路切断。所以为安全起见，在拆卸动力电池系统时，务必要卸下蓄电池负极。

（3）用举升机升起车辆，当车辆举升到需要的高度时，举升机要锁止安全锁，如图 6－18 所示。

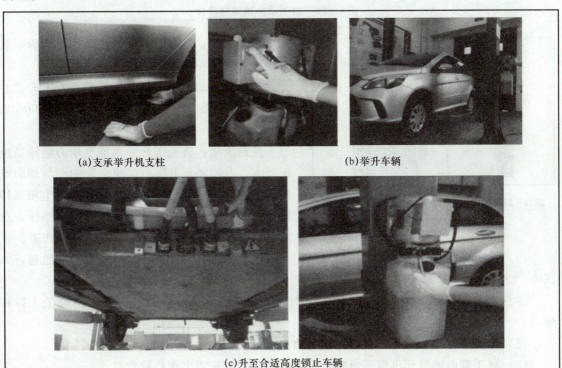

(a)支承举升机支柱　　　　　　　　(b)举升车辆

(c)升至合适高度锁止车辆

图 6－18　举升车辆

（4）拆下线束插头护板，如图 6-19 所示。

图 6-19　拆下线束插头护板

（5）拆下动力电池系统总正、总负和低压线束插接件，如图 6-20 所示。

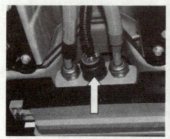

(a)EV150的动力电池插接件　　(b)EV200的动力电池插接件　　(c)拆下动力电池正、负和电压线束插接件

图 6-20　拆下动力电池插接件

图 6-21　动力电池举升车拆卸动力电池包

注意事项：操作时佩戴绝缘手套；当拆下线束插接件后，使用放电工装进行放电。

（6）使用动力电池举升车，举升车上升接触到动力电池包底部后再进行拆卸工作，如图 6-21 所示。

注意事项：将液压升降台推至动力电池系统正下方，升起液压升降台，使台面中心与动力电池底部重心位置完全接触，并使之不产生相互作用力。拆卸后要轻取轻放，不得扔掷、挤压，造成动力电池系统损坏或对人身造成意外伤害。

（7）拆下动力电池包的 10 只安装螺栓，如图 6-22 所示。随后拆下动力蓄电池包，如图 6-23 所示。

注意事项：当拆卸螺栓时，请注意按对角顺序进行，并至少分三次使用扭力扳手拆卸螺栓。

（8）全方位直观检查壳体是否存在污物和损坏。

（9）高压蓄电池单元出现不明状态故障时，应检查是否出现热异常。

（10）运送至修理工位。

图 6 - 22 拆卸动力电池螺栓 　　　　　　　 图 6 - 23 拆下动力蓄电池包

6.3.3 安装动力蓄电池系统的操作流程及注意事项

安装新电池模块前，必须使新电池模块的充电状态达到之前读取剩余电池模块的水平。更换所有电池模块时，可使用一个电池模块的电压作为其他所有电池模块的额定充电电压，从而确保充电时间最小化（通过充电器读取）。

1. 安装前需对动力电池系统进行以下检查

① 检查电源线、插头、延长线、保护器等是否破裂或损坏。

② 检查是否有过热、冒烟、冒火花的迹象。

③ 检查动力电池系统是否有损坏（如破裂）和漏电的情况。

④ 检查动力电池系统、电源线是否出现进水现象。

⑤ 检查高低压插接件是否与说明书不一致或不能正常对接。

⑥ 检查是否有异常情况等。

如发现上述情况，请停止安装该动力电池包，并立即通知售后检修人员。

注意事项：将电池箱体螺栓拧紧至规定力矩。当安装完毕后，观察动力电池箱体螺栓是否还有松动，动力电池箱体是否有破损或严重变形，以及密封法兰是否完整等，确保动力电池可以正常工作。

2. 安装步骤以与拆卸动力电池相反的步骤和顺序进行

3. 当安装动力电池后，需检查动力电池能否正常运行

① 将点火开关打开至 START 挡，查看仪表盘有无异常报警。

② 使用解码仪进入整车查看有无故障码，若无，表示运行正常。若有故障显示，需根据实际情况进行检查。

6.4 动力电池系统内部的检查与维护

本节以北汽新能源 EV200 汽车的动力电池故障为例，来说明动力电池系统内部的检查与维护。

　　一辆 EV200 电动汽车有时会出现无法行驶的偶发性故障，当出现故障时，发现仪表动力电池故障指示灯点亮，在 4S 店经过专业技术人员通过各项数据采集系统检测之后，诊断为动力电池系统内部存在偶发性故障。确定需要从车上拆卸动力电池包，对动力电池包解体进行内部检查、调试，以确认其工作状态是否正常。在实际操作工作中，必须遵守高压安全操作规程，认真仔细地查找出问题，并及时排除故障隐患。

6.4.1　动力电池系统内部的主要组成

　　动力电池系统内部主要由动力电池模组、电池管理系统（BMS）和辅助元器件等组成，如图 6 - 24 所示。

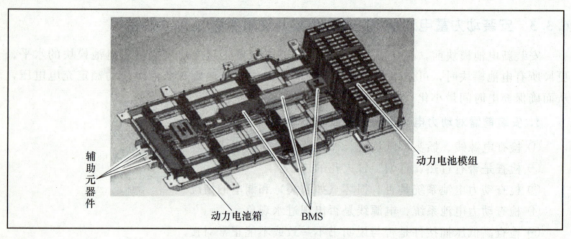

图 6 - 24　动力电池系统

　　北汽新能源汽车的动力电池系统主要采用 SK 的三元锂电池和普莱德 PPST 的磷酸铁锂电池。普莱德电池系统的组成如图 6 - 25 所示，SK 电池系统的组成如图 6 - 26 所示。

图 6 - 25　普莱德电池系统的组成

　　辅助元器件主要有熔断器、总正继电器、总负继电器、分流器（电流传感器）、插接件、紧急开关、烟雾传感器、预充继电器和预充电阻等。

　　普莱德动力电池系统的主要辅助元器件如图 6 - 27 所示。

　　SK 动力电池系统的主要辅助元器件如图 6 - 28 所示。

图 6-26　SK 电池系统的组成

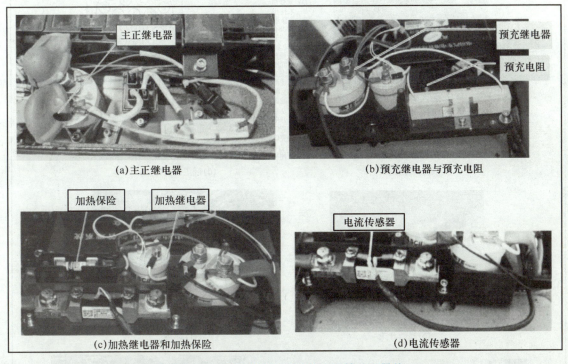

(a)主正继电器

(b)预充继电器与预充电阻

(c)加热继电器和加热保险

(d)电流传感器

图 6-27　普莱德电池系统的主要辅助元器件

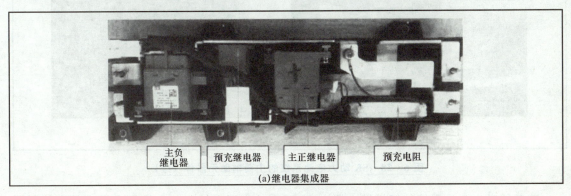

(a)继电器集成器

图 6-28　SK 动力电池系统的主要辅助元器件

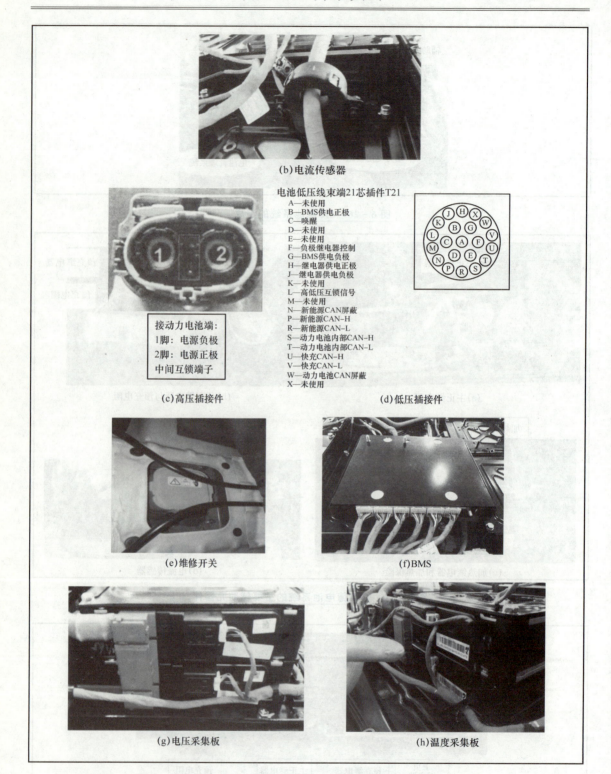

(b)电流传感器

电池低压线束端21芯插件T21
A—未使用
B—BMS供电正极
C—唤醒
D—未使用
E—未使用
F—负极继电器控制
G—BMS供电负极
H—继电器供电正极
J—继电器供电负极
K—未使用
L—高低压互锁信号
M—未使用
N—新能源CAN屏蔽
P—新能源CAN-H
R—新能源CAN-L
S—动力电池内部CAN-H
T—动力电池内部CAN-L
U—快充CAN-H
V—快充CAN-L
W—动力电池CAN屏蔽
X—未使用

接动力电池端：
1脚：电源负极
2脚：电源正极
中间互锁端子

(c)高压插接件

(d)低压插接件

(e)维修开关

(f)BMS

(g)电压采集板

(h)温度采集板

图6-28　SK动力电池系统的主要辅助元器件（续）

　　普莱德动力电池系统的正极继电器由BMS中的高压盒控制，负极继电器由整车控制器控制；SK动力电池系统的正极继电器由整车控制器控制，负极继电器由BMS控制。

6.4.2　动力电池系统内部的检查与维护

在对电动汽车高压部件进行检查与维护保养之前，必须做好高压安全防护准备。

1. 清洁动力电池箱内部

动力电池箱内部粉尘较多时，会影响正常通信，可以用高压气枪清理内部粉尘。

2. 检查与维护熔断器

检查熔断器状态是否良好，能否正常工作。用万用表二极管挡测量熔断器通断，如损坏应予以更换。

3. 检查与维护加热保险及电流传感器

检查加热保险及电流传感器的工作性能，确保车辆正常通电；使用万用表测量加热保险及电流传感器是否导通。电流传感器与加热保险如图 6-29 所示，若损坏应予以更换。

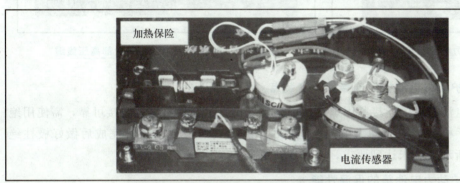

图 6-29　电流传感器与加热保险

4. 检测与维护继电器线圈

为确保总正、总负继电器能正常工作，防止继电器损坏导致车辆无法正常通电。使用万用表欧姆挡检测总正和总负继电器的线圈电阻，如图 6-30 所示，如损坏应予以更换。

图 6-30　检测动力电池总正与总负继电器的线圈电阻

5. 检查与维护预充电阻

预充电阻能够限制预充电流的大小，避免电路短路。因此预充电阻能否可靠工作直接影响了动力电池的性能，需要对其进行检查。用万用表欧姆挡检测预充电阻的电阻值是否正常，阻值应为 40 Ω 左右，如图 6-31 所示，如损坏应予以更换。

6. 检查与维护内部线缆

检查动力电池系统内部的高压线缆，确保连接可靠，防止动力电池系统内部线缆出现故障，影响电动汽车正常通电。维护人员佩戴绝缘手套检查插件线缆是否有破损、挤压、漏电等情况，如图 6-32 所示，若有，则修复或更换。

图 6-31　检测动力电池系统内部预充电阻

图 6-32　检查动力电池系统内部高压线缆

7. 检查与维护动力电池模组连接件和安装点

为防止动力电池模组的连接紧固螺钉松动，确保动力电池模组电路连接可靠，需使用绝缘套筒及扭力扳手检查并紧固动力电池模组中的各连接螺栓，要求检查完成后做好极柱绝缘，如图 6-33 所示，若未达到要求，则修复或更换。

8. 检查与维护动力电池箱的保温性能

检查动力电池箱内部保温材料的完整性，以确保冬季动力电池箱内部温度的可靠性，避免动力电池温度过低，加速电量损耗。如图 6-34 所示，检查动力电池箱内部边缘保温棉是否存在脱落、损坏等情况，若损坏则需修复或更换。

图 6-33　检查动力电池模组的连接

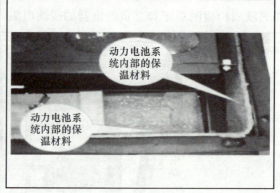

图 6-34　检查动力电池系统内部的保温性能

动力电池温度类常见故障的一般表现形式为车辆上不了 OK/READY 挡，仪表板提示动力电池温度过高。出现温度报警后，首先需考虑管理器、连接线束等因素，并更换管理器、管理器与动力电池的连接采样线束等，若故障仍存在，则判断为动力电池故障。

9. 检查与维护动力电池箱内部的干燥性

检查动力电池箱内部的干燥性，确保动力电池箱内部无积水。打开动力电池箱，目测观察动力电池箱内部是否有积水，并用绝缘表测量动力电池箱的绝缘性能。

10. 检查与维护电芯防爆膜及外观

为防止电芯损坏导致漏电，影响动力电池性能，需要检查电芯防爆膜、电芯外观绝缘是否破损，如有损坏应修复或更换，如图 6-35 所示。

11. 对动力电池箱内部的温度采集点进行检查

为保证电池管理系统能够采集到合理的内部温度及测温点的正常工作，需要将 ECU 监控温度与红外热像仪温度进行对比，检查温度传感器的精度。

图 6-35 电芯防爆膜

12. 对动力电池箱内部的温度采集点进行检查

由于冬季温度较低，电量损耗速度快，因此需要确保动力电池加热系统正常工作。将动力电池箱通 12 V 电压，打开专用监控软件，启动加热系统，观察风扇能否正常工作。

13. 检查动力电池系统内部的绝缘性能

动力电池系统是整个电动汽车的动力源，为防止动力电池箱内部短路，需要检查动力电池箱内部的绝缘性能。将动力电池箱内部高压控制盒的插头打开，用数字绝缘表DC500 V 挡测试总正、总负搭铁阻值，若阻值≥500 Ω/V，则绝缘性能良好，若达不到则需要更换。

6.4.3 动力电池箱内部组件的更换

更换动力电池箱内部组件的操作方法和注意事项如下。

1. 更换动力电池最小单体的操作步骤及注意事项

1) 拆卸动力电池模块

（1）根据动力电池诊断仪器显示的故障电芯采样点，对应电芯位置示意图确定故障电芯位置及需要拆卸的动力电池模块。

（2）用斜口钳子将动力电池模块连接大线端部固定护套的扎带剪断，如图 6-36 所示，并置于指定位置内。

利用六角扳手将连接大线处的螺栓旋出，并将拆下的螺栓、平垫、弹垫、端部护套等零件置于指定位置，以备安装时使用，如图 6-37 所示。最后将拆卸后的大线端部用绝缘胶带进行防护，如图 6-38 所示。

（3）拆卸故障电芯所在模块上的采集单元及连接线束，并将拆卸后的采集单元、螺栓、紧固辅料等零件置于指定位置，如图 6-39 所示。最后用绝缘胶带将线束固定到远离操作区域的位置，以免操作时对线束造成意外伤害。

图 6 - 36　剪断护套扎带

图 6 - 37　拆卸螺栓

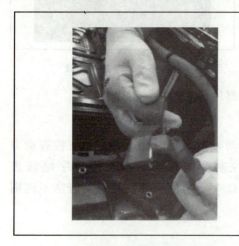

图 6 - 38　用绝缘胶带进行防护

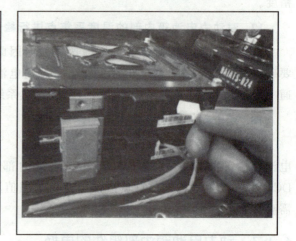

图 6 - 39　拆卸采集单元及连接线束

（4）图 6 - 40 所示为拆卸动力电池模块的压板，图 6 - 41 所示为利用拆装工具将固定螺栓旋出，并置于指定容器内。将动力电池模块移出箱体，置于指定操作位置。

图 6 - 40　拆卸动力电池模块的压板

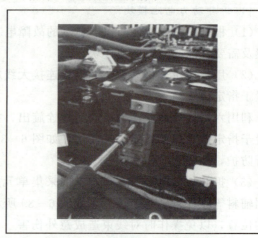

图 6 - 41　利用拆装工具将固定螺栓旋出

2）拆卸最小动力电池单体

（1）将故障动力电池的上盖拆下，然后利用十字螺钉旋具将采样线固定螺栓拆下，并将其置于指定位置，如图 6-42 所示。

（2）利用工具将故障电芯连接排紧固件旋出，拆下连接排，将连接排、平垫、弹垫置于指定位置，如图 6-43 所示。

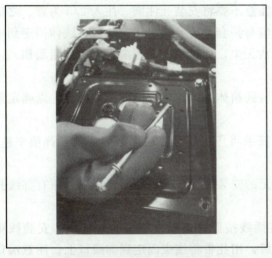 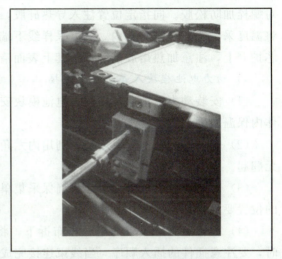

图 6-42　拆卸故障动力电池的上盖　　　　图 6-43　拆卸连接排紧固件

（3）依次将故障电芯的下护套、上护套拆下，如图 6-44 所示，并拔出连接片，如图 6-45 所示，如果连接片折断在护套安装孔内，需用斜口钳子对上下护套安装口进行清洁。

 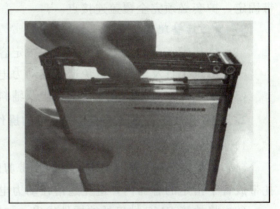

图 6-44　拆卸上下护套　　　　　　　图 6-45　拔出连接片

（4）标记故障电芯条码、故障现象、更换时间等信息后，将其置于返修容器内，以备返厂维修。

3）更换最小电池单体

（1）安装电芯上下护套，注意如有损伤，则需更换新护套进行安装，安装后电芯应与护套贴合紧密，不发生相对移动。

（2）将所更换电芯安装到动力电池模块内，摆放位置要正确。连接片、侧护套等零件如有损坏，需更换新零件进行安装。

（3）利用连接排连接电芯极柱，极柱表面如有焊点，利用砂纸将焊点打磨平整，确保连接排下表面与极柱上表面贴合紧密。应用扭力扳手将法兰螺母或铝螺栓固定到电芯极柱上，法兰螺母的拧紧力矩设为 5.6 N•m，铝螺栓的力矩设定为 3 N•m。当确定螺栓紧固后，对紧固件加螺纹紧固剂。

（4）将采样线 OT 头利用螺栓紧固到连接排安装孔上，紧固后弹垫应压平无翘起现象。对螺栓加防松胶。向指定位置注入导热硅胶，注意不要将安装孔注满，注入 2/3 为宜。之后将温度采样线插入安装孔内。温度采样线下端应与护套平行。最后用热熔胶将线体固定到电芯护套上，注意加热熔胶前确保护套上表面清洁无尘，加热熔胶面积应大于热硅脂面积。

4）动力电池模块入箱及线束连接

（1）安装动力电池盖，将动力电池模块安装到箱体内，注意应向前清理箱体，以确定箱体内保温层无损坏。

（2）安装动力电池模块压板，利用内六角扳手将压板压紧，确保紧固后螺栓弹垫平整、无翘起。

（3）安装动力电池采集单元，确保采集单元的安装位置和端口朝向要正确，原有绑线扣的位置要重新加装绑线扣。

（4）将暂时固定线束的绝缘胶布拆下，将插线按照标记插入相应的端口中。安装线束时，要注意插件的插入顺序。当线束连接完成后，用扎带将线束固定到绑线口上。注意端口处线束要留有一定余量。

（5）拆下大线端部的绝缘防护，将大线铜鼻子固定到模块输出排上，用内六角扳手紧固螺栓，紧固后平垫应平整、无翘起，检测转矩值为 5.6 N•m 以上。最后安装护套，并用扎带固定，护套必须完全覆盖连接点。

5）操作后整理现场

（1）将扎带多余的部分剪断，置于指定容器内。

（2）清点工具及辅料，避免遗落在动力电池箱体内。

（3）清理操作后箱体内残留的灰尘及辅料碎屑。

2. 更换动力电池管理系统（BMS）的操作步骤及注意事项

1）拆卸故障 BMS 的连接线束

（1）将故障 BMS 周围固定线束的扎带剪断，确保插件处线束松弛不受限制，将剪断的扎带放置于指定的容器内，避免遗落在动力电池箱体内。

（2）将故障 BMS 端口处的插件拔出，如图 6 - 46 所示，注意拆卸插件时，需用一只手轻按住 BMS 外部的铝壳，另一只手按住插件缓缓将其拔出，禁止以提拉线束的方式拔出插件。

（3）将拆卸后的线束用绝缘胶带暂时固定在远离故障 BMS 的地方，如图 6 - 47 所示，避免操作过程中对线束造成意外伤害。

2）更换 BMS

（1）利用套筒将 BMS 固定点螺母旋出，如图 6 - 48 所示，并将拆卸后的螺母、平垫、弹垫和绑线扣等零件置于指定容器内。

（2）将故障 BMS 拆下并置于 BMS 返修的容器内，如图 6 - 49 所示。

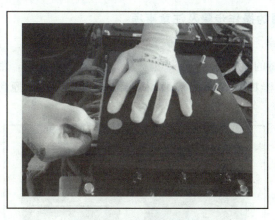

图 6 - 46　拔出 BMS 插件

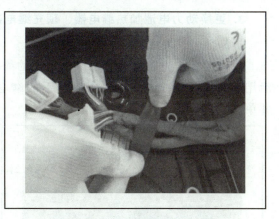

图 6 - 47　用绝缘胶带固定线束

图 6 - 48　旋出 BMS 固定点螺母

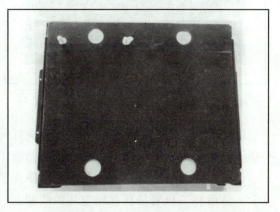

图 6 - 49　拆下的 BMS

（3）将新 BMS 摆放于安装板上，确保与安装板贴合紧密无间隙，插件口朝向正确无误。

（4）手动将螺母旋入安装板的铆螺柱上，需加装平垫、弹垫，原有安装绑线扣处重新安装绑线扣，螺母旋入后，下表面应与安装板平行。在螺母旋至铆螺柱底部时，利用套筒对螺母进行紧固，紧固完成后，应确保螺栓弹垫平整、无翘起，螺母下表面与平垫及 BMS 固定孔上表面应贴合紧密、无缝隙。

3）连接 BMS 线束

（1）拆下暂时固定的胶带，置于指定的容器内，避免遗落在动力电池箱内。

（2）按照线束标号将插件插入相应的 BMS 端口内。注意在插件插接时，应按住插件两侧将插件插入端口插件处。

（3）利用扎带将线束固定到原有绑线扣处，线束固定要牢固。插件处线束要留有一定余量，不宜受力过大。固定后将扎带多余部分清除，并置于指定位置，避免遗落在动力电池箱体内。

4）操作后整理现场

（1）清理操作后箱体内残留的灰尘及辅助碎屑。

（2）清点工具及辅料，避免遗落在动力电池箱内。

（3）标记故障 BMS 的相关信息，以备返厂检修。

3. 更换动力电池加热继电器、预充继电器的操作步骤及注意事项

拆卸继电器集成器，如图 6 - 50 所示。

（1）拆卸。先将有故障的继电器上的线圈的触点连接插头拔下，如图 6 - 51 所示，然后用套筒扳手将固定在电气安装板上的继电器拆下，最后将损坏的继电器标明故障原因并单独放置。

图 6 - 50　拆卸继电器集成器

图 6 - 51　拆卸故障继电器上线圈的触点连接插头

（2）安装。将电气性能完好和外观完好的继电器安放在电气安装板的铆螺钉上，然后将平垫、弹垫安放在继电器上，最后用套筒扳手将螺母紧固在铆螺钉上。

（3）连接。按照该动力电池的电气图样要求，将 1 点和 2 点的二极管插接在继电器的触点上，然后将二极管插接在继电器的线圈上。

4. 更换动力电池正负极继电器的操作步骤及注意事项

（1）拆卸。先将有故障的继电器上的线圈连接插头拔下，用套筒扳手将接触器触点的螺母采样线和大线拆下（大线铜鼻子要做好绝缘防护），然后利用套筒扳手将固定在电气安装板上的继电器拆下，如图 6 - 52 所示，最后将损坏的继电器标明故障原因并单独放置。

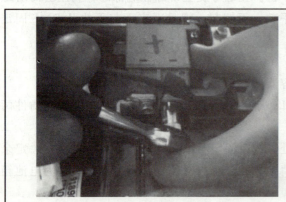
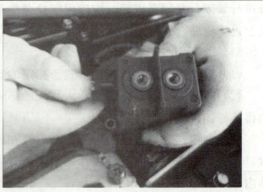

图 6 - 52　拆卸继电器

（2）安装。将电气性能和外观完好的继电器安放在电气安装板的铆螺钉上，然后将平垫、弹垫安放在继电器上，最后利用套筒扳手将螺母紧固在铆螺钉上。

（3）连接。按照该动力电池电气图样的要求，将电池大线铜鼻子分别放在继电器的螺柱上，然后将采样线、平垫、弹垫分别安放在继电器的螺柱上，并用套筒扳手将螺母紧固在螺柱上，最后将内部线束接插在继电器的线圈上。

5. 更换动力电池预充电阻的操作步骤及注意事项

（1）拆卸。先将有故障的预充电阻两端的螺母用扳手拆下，并将平垫、弹垫和采样线同时拆下，然后利用套筒扳手将固定在电气安装板上的预充电阻拆下，最后将损坏的预充电阻继电器标明故障原因并单独放置。

（2）安装。将电气性能和外观完好的预充电阻安放在电气安装板的铆螺钉上，然后将平垫、弹垫安放在铆螺钉上，最后用套筒扳手将螺母紧固在铆螺钉上。

（3）连接。按照该动力电池电气图样的要求，将动力电池预充电阻连接线连接在预充电阻两端，然后将平垫和弹垫分别安放在预充电阻两端的螺柱上，并用扳手将螺母紧固在螺柱上。

6. 检查和调试动力电池

使用动力电池专用诊断仪对动力电池进行检查和调试。

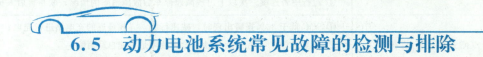

6.5　动力电池系统常见故障的检测与排除

6.5.1　动力电池的故障等级与常见故障

1. 动力电池的故障等级划分

根据动力电池故障对整车性能的影响，将动力电池的故障划分为以下三个等级。

1）一级故障（非常严重）

动力电池上报该故障一段时间后会造成整车出现安全事故（如起火、爆炸、触电等），动力电池在正常工作下不会上报该故障，BMS 一旦上报该故障，表明动力电池处于严重故障状态。动力电池在此状态下（例如动力电池内部短路、温度过高等），功能已经丧失，请求其他控制器立即（1 s 内）停止充电或放电。如果其他控制器在指定时间内未做出响应，动力电池管理系统将在 2 s 后主动停止充电或放电（即断开高压继电器）。

2）二级故障（严重）

动力电池上报该故障会造成整车进入跛行、暂时停止能量回馈、停止充电等，动力电池正常工作下不会上报该故障，BMS 一旦上报该故障，表明动力电池某些硬件出现故障或动力电池处于非正常工作的条件下。动力电池在此状态下（如 BMS 内部通信故障、绝缘电阻过低等）功能已经丧失，请求其他控制器停止充电或者放电；其他控制器应在一定的延时时间内响应动力电池停止充电或放电的请求。

3）三级故障（轻微）

动力电池上报该故障对整车无影响或不同程度地造成整车进入限功率行驶状态，动力电池正常工作时可能上报该故障，BMS一旦上报该故障（如单体电压欠电压、温度不均衡等），表明动力电池处于极限环境温度下或单体动力电池的一致性出现一定程度的劣化等。该故障将会引启动力电池性能下降，动力电池管理系统降低最大允许充/放电电流。

2. 动力电池的常见故障

电动汽车动力电池的常见故障如表 6-1 所示。

表 6-1　动力电池的常见故障

序号	故障描述	常规解决办法（按照序号进行操作）
1	SOC 异常：如无显示，数值明显不符合逻辑	① 停车或者关闭点火开关后重新启动； ② 检查仪表中其他故障报警显示有无点亮，并做好现象记录； ③ 联系专业售后人员进行复查，维修人员确认无误后正常使用
2	续航里程低于经验值	联系维护人员，检查充放电过程，容量是否衰减，BMS控制是否正常
3	电池过热报警/保护	① 10 s 内减速，停车观察； ② 检查报警是否消除，检查是否有其他故障，并做好记录； ③ 若报警或保护消除，可以继续驾驶，否则，联系售后人员； ④ 运行中若连续三次以上出现减速停车后故障消除的情况，联系售后人员
4	SOC 过低报警/保护	① SOC 低于 30% 报警出现时，减速行驶，寻找最近的充电站进行充电； ② 停车休息 3~5 min 后行驶，检查故障是否能自动消除； ③ 若故障不能自行解除，且仍未到达充电站，联系售后人员解决
5	电压/电流明显异常	① 关闭点火开关，迅速下车并保持适当距离； ② 联系专业技术人员处理
6	点火开关打开至 ON/START 后不工作	① 检查并维护低压电源； ② 若打开至 ON 后能工作，检查仪表盘上的故障显示，并记录； ③ 若打开至 START 后仍不能工作，联系专业技术人员
7	不能充电	① 检查 SOC 当前数值； ② 检查充电线缆是否按照正确方法连接； ③ 若环境温度超出使用范围，终止使用； ④ 联系维修人员
8	运行时高压短时间丢失	检查系统屏蔽层是否有效，检查继电器是否能正常动作，检查主回路是否接触良好
9	电池外箱磨损破坏	联系专业人员维护

6.5.2　动力电池典型故障的检测与排除

1. 动力电池切断指示灯点亮故障的排除步骤

纯电动汽车的故障灯大多数都与普通汽车一样，分为指示灯、警告灯、指示/警告灯三类。动力电池切断指示灯点亮故障由 6.5.1 节所述分为一级故障、二级故障和三级故障。

动力电池切断指示灯点亮故障的报出系电池管理系统（BMS）检测不到高低压互锁信号所致，如图 6－53 所示，排查步骤如下。

(a)低压线束插接件端子　　　　　　(b)维修开关

(c)高压线束插接口及端子

图 6－53　动力电池切断指示灯点亮故障的排除步骤

（1）首先用万用表测量线束端的 12 V 是否导通，如图 6－53（a）所示，若导通，则进入第二步；

（2）检查维修开关（MSD）是否松动，如图 6－53（b）所示，重新插拔后若问题依然存在，则进入第三步；

（3）插拔高压线束如图 6－53（c）所示，看是否存在接触不良问题，若问题依然存在，则需联系电池工程师进行检测维修。

根据统计，此故障除了软件的误报之外，MSD 没插到位引起的故障占到 70%，高压线束端问题占到 20%，电池内部线束连接出问题的概率很小。

2. 仪表显示动力电池绝缘故障

1）绝缘报警初步排查

根据现场故障表现来看，故障的种类和出现故障的部件可能表现有多种形式，可根据以下步骤进行初步排查。整车所有高压部分绝缘都是由动力电池管理系统（BMS）检测的，整车没有高压绝缘检测功能。如果出现绝缘故障，需使用绝缘表检测动力电池绝缘。

（1）如车辆的仪表能正常显示，并正确反映是否有故障，那么说明 BMS 绝缘监测系统本身应该是正常工作的。

（2）如车辆的仪表显示绝缘无连接（可使用解码器调取对应的故障码），此时应该检查低压控制线路是否正确或可靠连接。例如，低压线束端插接件插针松脱和扭曲可能导致连接失效的情况。

（3）若排除了低压连接线路的问题，则需要考虑 CAN 总线的通信故障，检查终端电阻值是否正常，正常值应该是 60 Ω，如果测出是 40 Ω，则可能信号被削弱，会导致 CAN 通信不正常。

（4）当车辆的组合仪表明确显示有故障时，表明此时车辆的绝缘故障发生在高压回路上，高压部件出现了绝缘电阻过低的情况，需要对高压部件进行相关检查。由于该绝缘检测系统无法对绝缘故障点进行定位，这时需要进行逐步的人工排查。

2）高压电回路的排查

高压电回路主要由电机系统、高压控制盒、充电系统及附件和电池包等组成，安装于车辆后底部。所有线路连接所至的部件的相应位置均有超过人体安全电压的高压电，操作时需要特别注意。

无论电池自身还是电池外电路的高压回路上存在绝缘故障，电池管理系统（BMS）都会上报，直接导致高压断开，在排查时，要先断开动力电池与其他部件的连接，然后用绝缘表依次测量各部件的绝缘值。优先排查方向为：高压盒—电机控制器—空调压缩机—PTC。

3. 仪表报动力电池故障、动力电池高压断开故障

动力电池发生故障致使高压断开，可以从以下两个方面进行故障排除。

（1）动力电池内部的高压故障。动力电池内部有主正继电器、主负继电器和紧急开关这 3 个高压部件，只要其中任意一个发生故障无法闭合，动力电池都无法进行高压电输出，如图 6-54 所示。所以首先就要对这 3 个部件进行故障排查，判断是哪一个部件出现了故障。

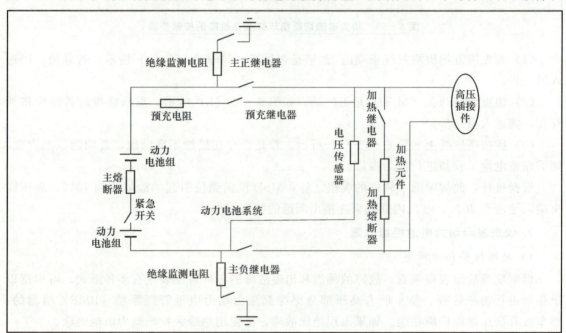

图 6-54　动力电池的内部基本电路

（2）动力电池低压控制故障。动力电池能够正常提供高压电的前提是首先需要被整车控制器唤醒，然后按照整车控制的逻辑顺序闭合主正、主负继电器。如果（1）步骤检测正常，就需要分别对动力电池紧急开关的唤醒信号线、主正和主负继电器的控制信号线进行检测排查，如果正常，需要检查动力电池低压控制搭铁是否正常。

6.5.3　电动汽车 BMS 故障的分析方法

1. 观察法

当系统发生通信中断或控制异常时，观察系统各个模块是否有报警及显示屏上是否有报警图标，再针对得出的现象一一排查。

2. 故障复现法

车辆在不同条件下出现的故障是不同的，在条件允许的情况下，应尽可能在相同条件下让故障复现，对问题点进行确认。

3. 排除法

当系统发生类似于干扰的现象时，应逐个排除系统中的各个部件，以判断是哪个部分对系统造成影响。

4. 替换法

当某个模块出现温度、电压、控制等异常时，调换相同串数的模块位置，来诊断是模块问题还是线束问题。

5. 环境检查法

当系统出现故障时（如系统无法显示），先不要急于进行深入的考虑，因为往往会忽略一些细节问题。首先应该留意那些显而易见的方面：如有没有接通电源、开关是否已打开、是不是所有的接线都连接上了等，或许问题的根源就在其中。

6. 程序升级法

当新的程序烧录后出现不明故障，导致系统控制异常，可烧录前一版程序进行比对，来进行故障的分析处理。

7. 数据分析法

当 BMS 发生控制或相关故障时，可对 BMS 的存储数据进行分析，对 CAN 总线中的报文内容进行分析。

思　考　题

1. 简述动力电池系统的组成及主要功能。
2. 检测、维修动力电池系统的前提条件是什么？
3. 简述检测与维护动力电池系统的安全规定。
4. 检查动力电池外观的基本流程是什么？
5. 检查动力电池外观的主要内容是什么？
6. 如何检查动力电池箱的密封性能？

7. 如何检查动力电池外部的绝缘性能？

8. 简述拆装、更换动力电池的安全注意事项。

9. 安装动力蓄电池前需要做哪些检查工作？

10. 对动力电池内部的检查与维护有哪些内容？

11. 简述动力电池的故障等级与常见故障。

12. 如何检查、排除动力电池切断指示灯点亮的故障？

13. 如何检查、排除仪表显示动力电池绝缘故障？

14. 如何排除电动汽车 BMS 的故障？

第7章

驱动电机系统的检查与维护

新能源电动汽车由电机取代或部分取代发动机，并在电机控制器的控制下，将电能转化为机械能来驱动汽车行驶。作为新能源汽车的核心部件，驱动电机逐步呈现出多样化发展的趋势，在纯电动汽车及混合动力汽车上应用有不同类型的驱动电机。从总体上看，交流电机及其控制系统与直流电机相比，在性能上具有绝对的优势，正在逐步取代直流驱动系统。

新能源汽车能否正常工作，很重要的一个因素就在于电机能否正常运转。驱动电机的工作状况取决于很多因素。很多人认为电动汽车不需要维护或者不知道怎么维护，等到驱动电机出现了问题才去4S店进行维修。这样不仅要支付高昂的维修费用，而且会影响驱动电机的使用寿命。

7.1 驱动电机系统的组成和故障分类

7.1.1 驱动电机系统电路

驱动电机系统电路的良好状态是保证系统正常工作的前提。驱动电机系统电路包括电源电路、旋转变压器电路、高压电路和系统与整车控制器的通信电路。图 7-1 所示为某车型驱动电机系统的电路图。

7.1.2 驱动电机系统故障分类

在我国汽车行业标准《电动汽车用驱动电机系统故障分类及判断》（QC/T 893—2011）中，根据故障的危害程度，故障可分为致命故障、严重故障、一般故障和轻微故障4级。驱动电机系统的各级故障的表现形式如表 7-1 所述。故障模式及其分类举例详见 QC/T 893—2011 中的附录 A。

当驱动电机系统出现故障时，驱动电机控制器将故障信息发送给整车控制器。整车控制器根据电机、动力电池、DC/DC 转换器等零部件故障及整车 CAN 网络故障和整车控制器硬件故障进行综合判断，确定整车的故障等级，并进行相应的控制处理。

139

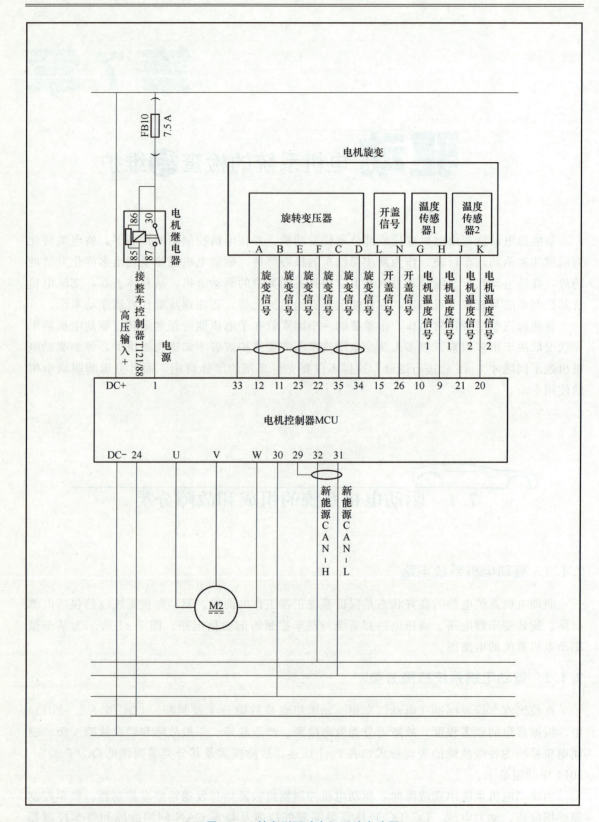

图 7-1　某车型驱动电机系统电路图

表 7-1　驱动电机系统各级故障的表现形式

故障等级	故障类型	表现形式
1 级	致命故障	电机零转矩，1 s 紧急断开高压，系统故障灯亮
2 级	严重故障	二级电机故障，电机零转矩；二级电池故障，系统故障灯亮
3 级	一般故障	进入如跛行工况/降功率，系统故障灯亮
4 级	轻微故障	四级故障属于维修提示，但整车控制器不对整车进行限制，只仪表显示。四级能量回收故障，仅停止能量回收，行驶不受影响

　　当仪表报出驱动电机系统故障时（一般情况下不会显示具体故障，只报出"驱动电机故障""驱动电机过热"或者"驱动电机冷却液过热""超速"等），可使用故障诊断仪读取由电机控制器报出的具体故障，并进行相应处理。

7.2　驱动电机系统的维护周期与检查维护

7.2.1　驱动电机系统的维护周期

　　以北汽新能源汽车为例，驱动电机系统的维护周期分为日常维护和定期维护两种。日常维护按 1~2 次/周进行，定期维护按 1 次/6 个月或者 10 000 km 进行。

　　（1）日常检查和维护驱动电机的方案。

　　① 检查驱动电机的外观（需断电）；

　　② 清洁驱动电机（需断电）；

　　③ 检查驱动电机插接件的状态（需断电）；

　　④ 检查车辆运行过程中驱动电机是否有异响；注意区分是机械噪声（类似"咔咔""嗒嗒"声）还是电磁噪声（类似"嗞——"的响声，频率高，刺耳），如果是后者，可暂时不考虑处理。

　　（2）定期检查和维护驱动电机的方案。

　　① 检查驱动电机的外观（需断电）；

　　② 清洁驱动电机（需断电）；

　　③ 检查驱动电机插接件的状态（需断电）；

　　④ 检查驱动电机螺栓的紧固情况；

　　⑤ 检查驱动电机的绝缘情况；

　　⑥ 检查车辆运行过程中驱动电机是否有异响；注意区分是机械噪声（类似"咔咔""嗒嗒"声）还是电磁噪声（类似"嗞——"的响声，频率高，刺耳），如果是后者，可暂时不

考虑处理；

⑦ 检查驱动电机与减速器轴的花键状态，如花键表面油脂有流失，需及时补充（该操作可以 10 000～20 000 km 进行一次）；

⑧ 根据情况而定，可检查驱动电机定子绕组的阻值；

⑨ 根据情况而定，可检查旋转变压器的阻值；

⑩ 根据情况而定，可检查电机温度传感器的阻值。

7.2.2 驱动电机的外观检查与维护

以下以北汽新能源汽车为例，来说明驱动电机的外观检查与维护。

1. 驱动电机的外观检查

图 7-2　检查驱动电机有无油液泄漏

（1）检查驱动电机表面是否有油液污渍，是否存在漏液现象，如图 7-2 所示。

（2）检查驱动电机的上水管和下水管有无裂纹和泄漏，如图 7-3 所示。如果存在泄漏情况，请查找泄漏部位。

一般出现泄漏的地方主要集中在管路接口处、橡胶管路和金属结合面等处。在检查泄漏情况时，注意查看以上各部分。

（3）目测车身底部防护层，检查驱动电机是否有磕碰、损坏，如图 7-4 所示。

(a)上水管

(b)下水管

图 7-3　检查驱动电机的上水管和下水管

2. 驱动电机的外表维护

使用压缩空气或干布对驱动电机的外表进行清洁，清除驱动电机机座外部的灰尘、油泥，如图 7-5 所示。

在清洁操作过程中，应注意以下几个方面的问题：

① 沾有油污的破布、抹布应统一回收至危险固体废弃物垃圾桶；

② 现场施工垃圾应随时清理，统一收集至不可回收利用固体废弃物垃圾桶；

③ 严禁使用水枪对驱动电机、电机控制器喷水清洗。

图 7-4　检查驱动电机有无磕碰、损坏

图 7-5　清洁驱动电机

3. 检查驱动电机的插接件状态

驱动电机的插接件涵盖高压插接件（三相交流）和低压插接件（19 针）。图 7-6 所示为驱动电机的高压插接件（三相交流），图 7-7 所示为驱动电机的低压插接件（19 针）。

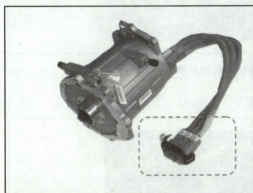
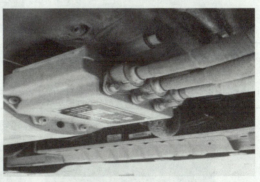

图 7-6　驱动电机的高压插接件（三相交流）

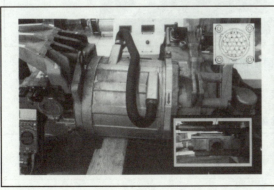
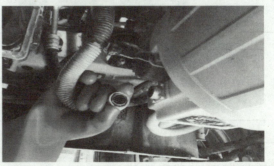

图 7-7　驱动电机的低压插接件（19 针）

检查驱动电机插接件的方法如下：

（1）检查驱动电机高压插接件的连接状态是否完好，目测各插接件是否存在退针、变形、松脱、过热和损坏等情况，如发现以上情况，应及时予以修理或更换。

驱动电机高压线束来自驱动电机控制器，分别是黄色的三相交流 U 相高压线束、绿色的三相交流 V 相高压线束和红色的三相交流 W 相高压线束。

（2）检查驱动电机低压插接件的连接状态是否完好，目测各插接件是否存在退针、变形、松脱、过热和损坏等情况，如发现以上情况，应及时予以修理或更换。

4. 检查驱动电机的螺栓紧固情况

图 7-8 所示是驱动电机各固定部分螺栓的固定状态。驱动电机与变速器总成、右旋置总成存在连接关系，并与车身二层支架存在连接关系。故检查驱动电机的螺栓固定状态时，需检查驱动电机与变速器总成的安装力矩和与右旋置总成的安装力矩。

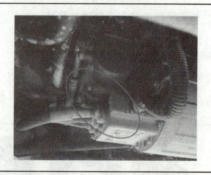

图 7-8　驱动电机各固定部分螺栓的固定状态

使用扭力扳手检查各固定螺栓的固定力矩，如图 7-9 所示。

图 7-9　检查驱动电机固定螺栓的固定力矩

驱动电机各螺栓的固定力矩的技术参数如表 7-2 所示。

表 7-2　驱动电机各螺栓固定力矩的技术参数

名称	力矩/（N·m）
驱动电机与变速器总成的安装螺栓、螺母	25～30、9～11
驱动电机与右旋置总成的安装螺栓	50～55

5. 检查驱动电机的绝缘情况

驱动电机在常规检查中，必须检查该系统的绝缘性，其绝缘性能只有符合标准要求，驱动电机才能安全使用。检查驱动电机绝缘情况的具体操作步骤如下。

（1）查看驱动电机铭牌，根据电机的额定电压选择合适的绝缘表，绝缘表如图 7 - 10 所示。

（2）检查绝缘表的好坏。选择合适的绝缘表挡位，黑色导线接绝缘表"COM"接线柱上，红色导线接绝缘表"V"或"绝缘"接线柱上。

（3）测量电机搭铁的绝缘阻值。将绝缘表黑表笔接电机搭铁，红表笔逐个测量驱动电机的三相交流电 U、V、W 端子，如图 7 - 11 所示，U 相、V 相、W 相的搭铁绝缘值应大于或等于 100 MΩ。

注意事项：在测量驱动电机三相交流电相间绝缘或搭铁绝缘前，首先要对绝缘表进行检验，确定绝缘表合格后才能进行测量。

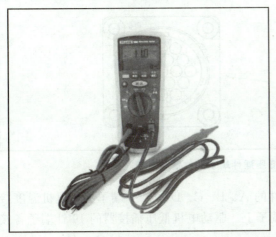

图 7 - 10　绝缘表

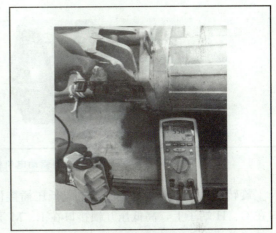

图 7 - 11　搭铁绝缘阻值的测量

6. 检查驱动电机的定子绕组

检查驱动电机的定子绕组时，需要判断三相定子绕组之间有无通断，使用万用表测量驱动电机的定子绕组端子 U 和 V、V 和 W、W 和 U 之间的阻值是否正常，如图 7 - 12 所示。

用同样方法测量 U 相与 W 相端子之间的电阻值和 W 相与 V 相端子之间的电阻值。

三相电阻最大值（或最小值）与平均值之差不得超过平均值的±(1～2.5)％。严格控制三相绕组电阻值的允许偏差，可有效保证不致因绕组焊接不良、匝数错误而影响电机的安全运转。

7. 检查驱动电机的旋转变压器

1）检查电机控制器与电机连接的低压插接件状态

在进行检查时，查看低压插件状态是否存在"退针与虚接"现象，如图 7 - 13 所示。某车型驱动电机低压插件端子的位置和形状如图 7 - 14 所示。低压插件为 19 针，主要包括旋转变压器、电机温度传感器和高低压互锁接口。检修电机低压插件时，先确认插件是否连接到位，是否有"退针"现象。

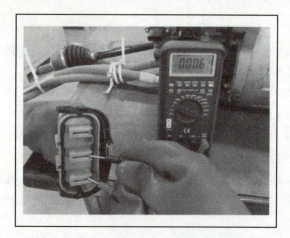

图 7 - 12　检测 U 和 V 两相之间阻值

图 7 - 13　检查低压插接件状态

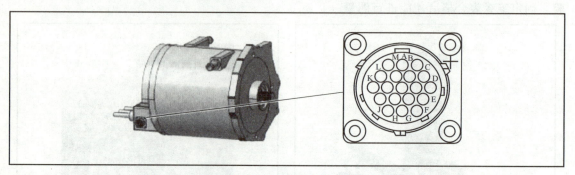

图 7 - 14　某车型驱动电机低压插件端子的位置和形状

　　旋转变压器连接线位于驱动电机低压插接件的 A、B、C、D、E、F 端子上，电机温度接口在 G、H 端子上，高低压互锁接口在 L、M 端子上。驱动电机低压插接器的 19 针端子各接口的定义如表 7 - 3 所示。

表 7 - 3　驱动电机低压插接器 19 针端子各接口的定义

插接器型号	序号	驱动电机 19 针端子编号	信号名称	说明
Amphenol RTOW01419PN03	1	A	励磁绕组 R_1	驱动电机旋转变压器接口
	2	B	励磁绕组 R_2	
	3	C	余弦绕组 S_1	
	4	D	余弦绕组 S_3	
	5	E	正弦绕组 S_2	
	6	F	正弦绕组 S_4	
	7	G	TH_0	电机温度接口
	8	H	TL_0	
	9	L	HVIL1（+L1）	高低压互锁接口
	10	M	HVIL1（+L2）	

2）检查驱动电机控制器低压插件的插接状态

驱动电机控制器低压插件端子的实物及针脚定义如图 7 - 15 所示。在检修电机控制器低压插件时，先确认插件是否连接到位，是否有"退针"现象。

电机控制器低压插件端子的实物	插接器型号	编号	信号名称	说明
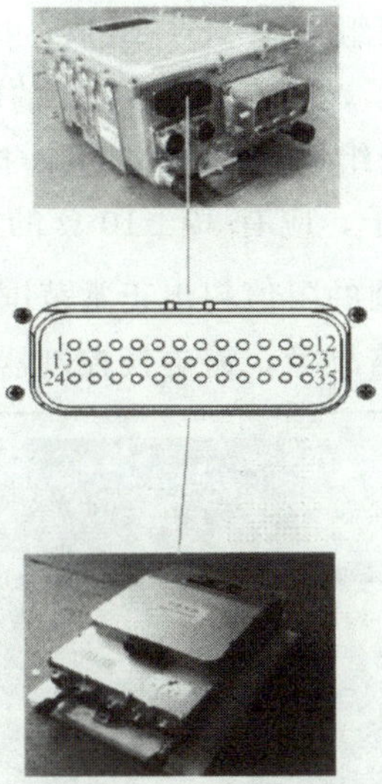		12	励磁绕组 R_1	
		11	励磁绕组 R_2	
		35	余弦绕组 S_1	
		34	余弦绕组 S_3	电机旋转变压器接口
		23	正弦绕组 S_2	
		22	正弦绕组 S_4	
		33	屏蔽层	
		24	12 V－GND	控制电源接口
		1	12 V＋	
	AMP 35Pin C－776163－1	32	CAN－H	
		31	CAN－L	CAN 总线接口
		30	CAN-PB	
		29	CAN-SHIELD	
		10	TH.	
		9	TL.	电机温度传感器接口
		28	屏蔽层	
		8	485＋	RS485 总线接口
		7	485－	
		15	HVIL1（＋L1）	高低压互锁接口
		26	HVIL2（＋L2）	

图 7 - 15　驱动电机控制器低压插件端子的实物及针脚定义

3）旋转变压器电路故障的排除

在电机与控制器低压线束连接正确时，如果旋转变压器出现故障，一般分为两种情况：一种是旋转变压器本身故障，另一种为控制器旋变解码电路故障。不管是哪一种故障，都将会导致电机系统无法启动或转矩输出偏小。

以北汽新能源车型为例，检查电机旋转变压器是否损坏时，首先检查电机控制器与电机连接的低压线束有无退针与虚接现象，检查电机控制器低压控制插件的 12 V 供电是否正常。

（1）检查线路的通断（根据图7-1所示），脱开电机控制器插头，测量电机旋变插头的35针针脚至驱动电机低压插件的19针针脚之间的导线是否出现断路/短路情况。

（2）检查励磁绕组的电压，打开点火开关至ON挡，测量插件端，正常时应有3～3.5 V的交流电压。

图7-16　测量旋转变压器A-B组的电阻

（3）检查线圈的电阻值，用万用表测量电机旋变传感器的阻值。电机旋变分为三组，分别测量A-B组、C-D组、E-F组的绕组电阻，如图7-16～图7-18所示。正确的线圈阻值如下。

① 正弦绕组（E-F）阻值：拔下插件，测量E-F端子，应有60±10 Ω的电阻。

② 余弦绕组（C-D）阻值：拔下插件，测量C-D端子，应有60±10 Ω的电阻。

③ 励磁绕组（A-B）阻值：拔下插件，测量A-B端子，应有30±10 Ω的电阻。

若电阻值为无穷大，说明电机旋变传感器有断路，若线圈的阻值超出正常范围，需更换旋转变压器。若阻值正常，则可能是控制器内部旋变解码电路故障，需更换控制器主控板。

图7-17　测量旋转变压器C-D组的电阻

图7-18　测量旋转变压器E-F组的电阻

8. 检查驱动电机温度传感器

驱动电机温度传感器主要用于监测驱动电机的温度。检查驱动电机温度传感器的好坏，可通过测量其电阻值来判断。测量电机温度传感器的阻值时，需在常温状态下测量。如图7-19所示，图中的驱动电机低压插接件（19针）中的G和H端子用于传输为驱动电机温度传感器的信号，需要测量G-H端子的阻值。正常阻值为1 kΩ左右，若为无穷大，则为断路。

9. 检查驱动电机的高压互锁端子

高压互锁是指一个由所有高压附件组成的串联闭环电路。每个高压附件对应的两个高压互锁端子应该为导通状态，如果不导通，相当于某个高压插件未插或未插到位造成高压互锁回路断路，从而引发整车报高压故障。检查驱动电机高压互锁端子时，需要测量驱动电机高压互锁端子L和M之间的电阻值，检查方法如图7-20所示。若阻值为无穷大，则为断路。

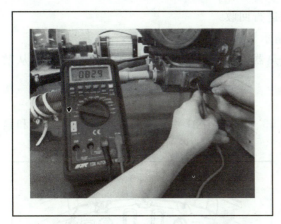

图 7-19　测量驱动电机温度传感器的电阻

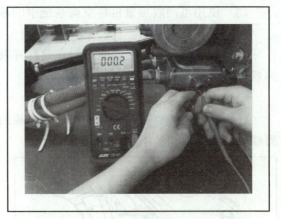

图 7-20　检查驱动电机的高压互锁端子

7.3　驱动电机的更换

　　当电机损坏时，需要更换电机，更换电机时要按照高压操作的规范进行。图 4-32 所示为某车型永磁同步电机的安装位置及其相关器件。

7.3.1　驱动电机的拆装步骤

　　以北汽新能源汽车为例，参考图 7-21 对驱动电机进行拆装，其具体步骤如下。

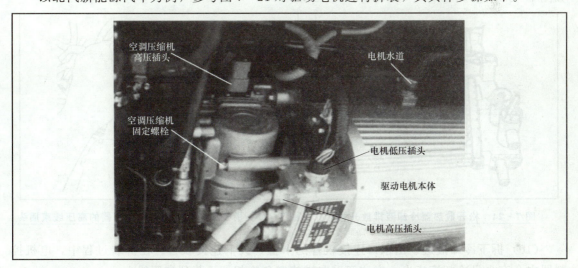

图 7-21　某车型永磁同步电机的安装位置及其相关器件

　　（1）将点火钥匙置于 OFF 挡，并关闭所有用电器，将钥匙拔下并妥善保管。

　　（2）断开蓄电池低压负极电缆，拆下蓄电池及蓄电池托盘。

（3）使用可回收加氟机将空调系统中的氟进行回收。

（4）拧开散热器盖。（按图7-22中箭头指示操作）。

当冷却系统仍处于烫热状态时，勿打开散热器盖，否则热的蒸汽或沸腾的冷却液会从散热器中飞溅出来对人体造成伤害。

（5）将车辆举升。

（6）用一字螺钉旋具撬下前机舱下挡板的13个固定卡扣（图7-23中箭头所示）和紧固螺栓，取下前机舱下挡板。

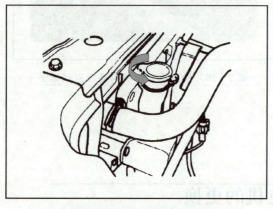

图7-22　拧开散热器盖　　　　图7-23　撬下固定卡扣和紧固螺栓

①—紧固螺栓，拧紧力矩：8～10 N·m

（7）松开散热器冷却液排放开关（图7-24中箭头所示），在下方排放冷却液，并断开电机上的进出水管路。可用长管引流至收集盒。

（8）拔下电机控制器的低压线束。

（9）用专用工具拆下电机控制器的高压线束插头 HTD、HTC、HTU、HTV、HTW，如图7-25所示。

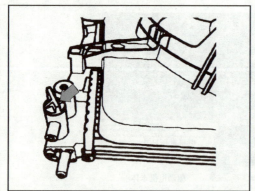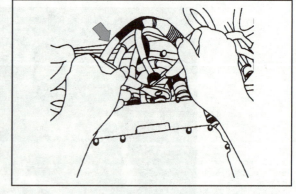

图7-24　松开散热器冷却液排放开关　　　图7-25　用专用工具拆下电机控制器的高压线束插头

（10）拆下冷却液进、出水口连接软管的卡箍，拔下连接软管。在拆装过程中，电机控制器内会有少量冷却液流出，应注意采取措施避免冷却液洒落到高压线上。

（11）拆下电机控制器的固定螺栓并取下。

（12）拔下空调压缩机上的高、低压插件，在电机上拆下空调压缩机的固定螺栓，将空调压缩机移动到远离电机的位置并固定。

（13）旋松车轮的固定螺母，卸下车轮。重新装配时，螺母的拧紧力矩为（110±10）N•m。

（14）将六角螺母的锁止卡（图 7-26 中箭头所示）解锁。

（15）拆下驱动轴总成的六角螺母（图 7-27 中箭头所示）。重新装配时，螺母的拧紧力矩为（245±15）N•m。

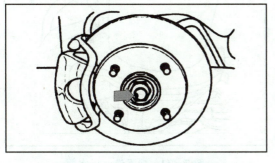

图 7-26　将六角螺母的锁止卡解锁

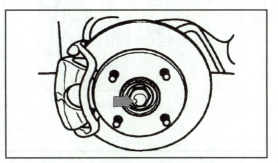

图 7-27　拆下驱动轴总成的六角螺母

（16）拔下驱动电机的低压线束插头，如图 7-28 所示。

（17）拆下 2 个卡子，将驱动电机悬变线束从车身上分离，如图 7-29 所示。

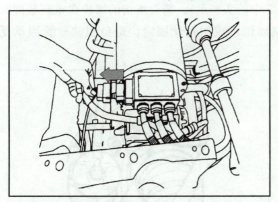

图 7-28　拔下驱动电机的低压线束插头

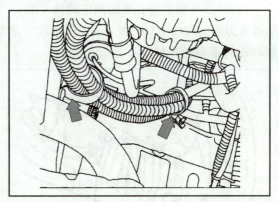

图 7-29　拆下 2 个卡子

（18）拆下驱动电机的搭铁线，如图 7-30 所示。

（19）拆下空调压缩机高低压空调管及固定螺栓，如图 7-31 所示。

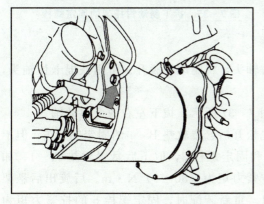

图 7-30　拆下驱动电机的搭铁线

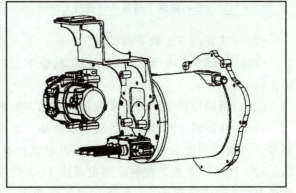

图 7-31　拆下空调压缩机高低压空调管及固定螺栓

（20）松开钢带型弹性环箍，将进、出水管从驱动电机上拔下，如图 7 - 32 所示；拆下进、出水管，如图 7 - 33 所示。

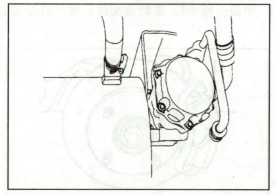
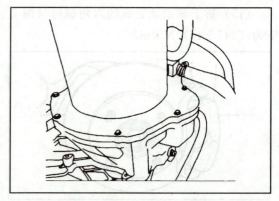

图 7 - 32　将进、出水管从驱动电机上拔下　　　图 7 - 33　拆下进、出水管

（21）松开左右前悬下摆臂主销的锁紧螺母，将左右前悬下摆臂从转向节上脱开，如图 7 - 34 所示。重新装配时，锁紧螺母的拧紧力矩为（66±6）N·m。

（22）拆下制动钳托架的固定螺栓（图 7 - 35 中箭头所示）。箭头所指的螺栓在重新装配时的拧紧力矩为（80±10）N·m。注意取下的制动钳总成用钢丝固定，避免制动软管因承受制动钳的重量而损坏。

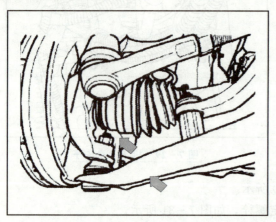
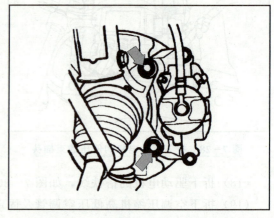

图 7 - 34　将左右前悬下摆臂从转向节上脱开　　　图 7 - 35　拆下制动钳托架的固定螺栓

（23）从转向节上取下制动盘。

（24）如图 7 - 36 所示，用专用工具取下左右轴头，将驱动轴脱开。可用铁棍卡住轴头，防止转动。

（25）用撬棍将驱动轴从变速器中撬出，如图 7 - 37 所示，拔下左右两个驱动轴。

（26）拆卸固定驱动电机的后悬置软垫。首先松开后悬置软垫 B - 4 的固定螺栓 5，但不要取下；然后旋出后置软垫 A - 1 的固定螺栓 2 和固定螺栓 3，取下后悬置软垫 A - 1，如图 7 - 38 所示。重新装配时，固定螺栓 2、3 的拧紧力矩为（80±5）N·m。后旋出后悬架软垫 B - 4 的固定螺栓 5。取下后悬置软垫 B - 4。重新装配时，固定螺栓 5 的拧紧力矩为（90±5）N·m。

（27）用动力总成支持架 SST 支撑车辆，如图 7-39 所示。

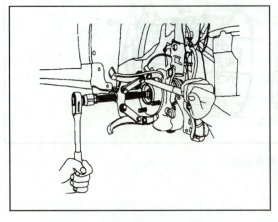

图 7-36　用专用工具取下左右轴头

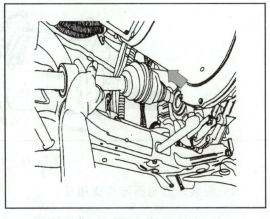

图 7-37　用撬棍将驱动轴从变速器中撬出

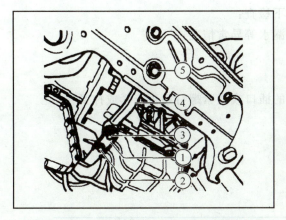

图 7-38　拆卸固定驱动电机的后悬置软垫

图 7-39　用动力总成支持架 SST 支撑车辆

（28）拧出固定驱动电机左悬架的固定螺栓和螺母，如图 7-40 所示。

（29）拆下固定右悬架的 3 个螺栓如图 7-41 所示，从驱动电机上拆下右悬架。

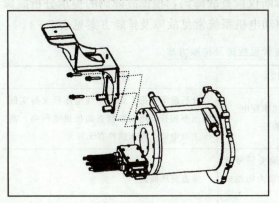

图 7-40　拧出固定驱动电机左悬架的固定螺栓和螺母

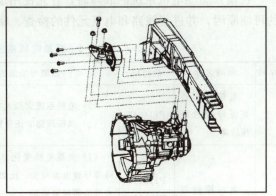

图 7-41　拆下固定右悬架的 3 个螺栓

（30）从车辆下方拆下驱动电机和减速器总成。

（31）拆卸驱动电机，如图 7-42 所示。

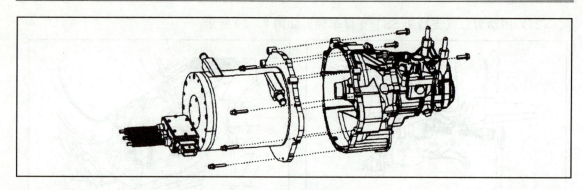

图 7 - 42　拆卸驱动电机

（32）安装步骤与拆卸步骤相反。

7.3.2　电机总成安装完成后的检查

当电机总成安装完成后，需系统地进行如下检查：

（1）水路系统安装的正确性，是否有滴、漏水等异常情况；

（2）各机械部件的安装是否牢固；

（3）各线缆所连接电源的极性是否正确；

（4）各电气插接器的连接是否到位，相应的插口或锁紧螺钉是否卡紧或拧紧；

（5）各高、低压部件的绝缘性是否良好。

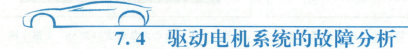

7.4　驱动电机系统的故障分析

在检修驱动电机系统的故障时，首先使用诊断仪检查故障码，根据故障码的提示分析故障的可能原因，并进行线路和电气元件的检查。驱动电机系统常见故障及排除方案见表 7 - 4。

表 7 - 4　驱动电机系统常见故障及排除方案

序号	故障名称	故障码	故障可能原因	解决方法
1	电机控制器直流母线过电压故障	P114017	（1）电机系统突然大功率充电 （2）高压回路非正常断开	分析整车数据，如果总线电压报文与实际电压不相符，则需要检查高压供电回路、高压主继电器、高压插件有无异常
2	电机控制器相电流过电流故障	P113119 P113519 P113619 P113719	（1）负载突然变化、旋变信号故障等导致电流畸变，比如动力电池或主继电器频繁通断	检查高压回路
			（2）控制器损坏（硬件故障）	更换控制器
			（3）控制器采集电压与实际电压不一致	标定电压，刷写控制器程序

续表

序号	故障名称	故障码	故障可能原因	解决方法
3	电机超速故障	P0A4400	（1）整车负载突然降低，电机转矩控制失效	如重新供电不复现，不用处理
			（2）电机低压信号线插头连接松动或者退针	检查信号线插头
			（3）控制器损坏（硬件故障）	更换控制器
4	电机过温故障	P0A2F98	（1）电机低压信号线插头连接松动或者退针	检查信号线插头
			（2）冷却系统工作异常	检查冷却液是否充足，水泵是否正常工作，冷却管路是否堵塞或堵气
			（3）电机本体损坏（长时间过载运行）	更换电机
5	电机控制器IGBT过温故障	P117F98 P117098 P117198 P117298	同电机过温	同电机过温
6	电机控制器低压电源欠电压故障	U300316	12 V蓄电池电压过低，或者由于35针线束原因，控制器低压接口电压过低	检查蓄电池电压，给蓄电池充电；检查控制器低压接口，测量35针插件中24脚和1脚的电压是否低于9 V
7	与整车控制器通信丢失故障	U010087	（1）未收到整车控制器信号 （2）网络干扰严重 （3）线束问题	检查35针线束连接是否正常，检查CAN网络通信是否正常，或者更换控制器
8	电机系统高压暴露故障	P0A0A94	（1）电动机控制器电源模块硬件损坏 （2）软件与硬件不匹配 （3）网络上有部件报出高低压互锁故障引起	刷写程序或更换控制器
9	电机（噪声）异响		（1）电磁噪声（高频较尖锐） （2）机械噪声，可能是来自减速器、悬架、电机本体（轴承）	（1）电磁噪声属正常 （2）若经排查确定电机本体损坏，更换电机

思 考 题

1. 简述驱动电机系统故障的分类及故障特性。

2. 在对驱动电机的外观进行检查与维护时，需要做哪些工作？

3. 电机总成安装完成后，需要进行哪些检查工作？

第8章

驱动 电机控制器的检查与维护

8.1　驱动电机控制器的组成及工作原理

8.1.1　驱动电机控制系统的组成

　　驱动电机控制系统是纯电动汽车的三大核心系统之一，是车辆行驶的主要执行机构，其特性决定了车辆的主要性能指标，直接影响车辆的动力性、经济性和用户的驾乘感受。驱动电机控制系统由驱动电机（DM）、驱动电机控制器（MCU）、高低压线束等组成。驱动电机控制系统与车辆上其他各系统的连接如图8-1所示。

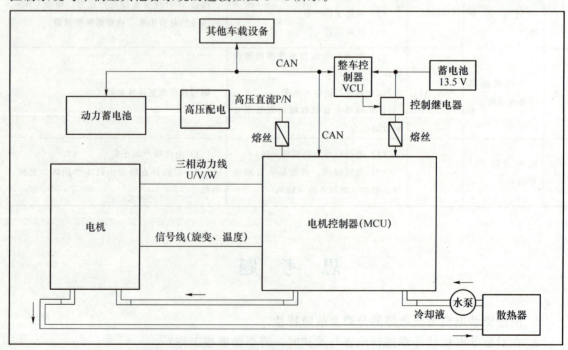

图8-1　驱动电机控制系统与车辆上其他各系统的连接

　　整车控制器（VCU）一方面接收来自驾驶员的操作信息（如点火开关信号、加速踏板信号、制动踏板信号、挡位信息等），实现对整车工况的控制；另一方面基于反馈的实际工况（如车速、制动、电机转速等）及动力系统的状况（动力电池或燃料电池的电压、电流等），根据预先匹配好的控制策略进行能量的分配与调节控制。

　　驱动电机控制器是驱动电机系统的控制中心，又称智能功率模块，以 IGBT（绝缘栅双极型晶体管）模块为核心，辅以驱动集成电路、主控集成电路。驱动电机控制器的组成如图 8 - 2 所示。根据整车控制器发出的各种指令，驱动电机控制器对所有的输入信号进行处理，并将驱动电机控制系统的运行状态信息通过 CAN 总线发送给整车控制器，来实时调整驱动电机的输出，将动力电池供给的高压直流电电能逆变成三相交流电给汽车驱动电机提供电源，以实现整车的怠速、前进、倒车、加速、减速、能量回收及驻车等操作。驱动电机控制器接收并将电机转速等信号反馈到仪表，当发生制动或者加速行为时，控制器控制变频器频率的升降，从而达到加速或者减速的目的。

　　驱动电机控制器（MCU）的另一个重要功能是通信和保护，通过实时进行的状态和故障检测，保护驱动电机系统和整车安全可靠地运行。驱动电机控制器内含故障诊断电路，当诊断出异常时，它将会激活一个故障码，发送给整车控制器，同时也会存储该故障码和数据。为驱动电机系统提供工作信息的传感器包括电流传感器（用以检测电机工作的实际电流，包括母线电流、三相交流电流）、电压传感器（用以检测供给电机控制器工作的实际电压，包括动力蓄电池电压、12 V 蓄电池电压）及温度传感器（用以检测电机控制系统的工作温度，包括 IGBT 模块温度、电机控制器的负载温度）等。

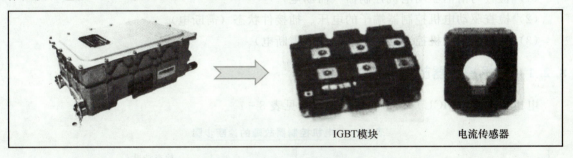

IGBT模块　　　　电流传感器

图 8 - 2　驱动电机控制器的组成

8.1.2　电机控制器的工作原理

　　在驱动电机系统中，驱动电机的输出动作主要是靠控制单元给定命令进行执行，即控制器的输出命令。控制器主要是将输入的直流电逆变成电压、频率可调的三相交流电，供给配套的三相交流永磁同步电机使用。通过电机的正转来实现整车加速、减速；通过电机的反转来实现倒车；其通过有效的控制策略控制动力总成以最佳方式协调工作。驱动电机控制器的工作原理如图 8 - 3 所示。

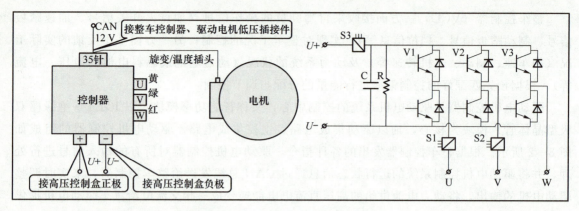

图 8-3 电机控制器的工作原理

8.2 驱动电机控制器的检查与维护

在对电动汽车高压部件进行维护之前，一定要做好高压安全防护准备。驱动电机控制器检查与维护的主要内容如下。

（1）检查与清洁驱动电机控制器（需断电）。

（2）检查驱动电机控制器端子的电压、插接件状态（需断电）。

（3）检查驱动电机控制器的绝缘性能（需断电）。

8.2.1 电机控制器故障的诊断步骤

电机控制器（MCU）故障的诊断步骤详见表 8-1。

表 8-1 电机控制器故障的诊断步骤

序号	检查步骤		检查结果		
			正常	有故障	操作方法
0	初步检查	检查熔丝是否熔断	进行第 1 步	熔丝熔断	更换熔丝
1	检查高压驱动电机断电器	高压驱动电机断电器是否损坏	进行第 2 步	驱动电机断电器损坏	更换驱动电机断电器
2	检查整车控制器（VCU）	整车控制器是否损坏	进行第 3 步	整车控制器损坏	更换整车控制器
3	检查驱动电机控制器	电机控制器是否损坏	进行第 4 步	电机控制器损坏	更换电机控制器
4	检查驱动电机电路	驱动电机电路是否正常	进行第 5 步	驱动电机短路或断路	维修供电线路
5	检查驱动电机	驱动电机是否损坏	进行第 6 步	驱动电机损坏	更换驱动电机
6	检查操作	正确检修操作后，检查故障是否出现	诊断结束	故障未消失	从其他症状检查故障原因

8.2.2　检查前的准备工作及高压断电操作流程

（1）准备检查与维护驱动电机控制器前，应关闭点火开关，拔下钥匙。

（2）拆下低压蓄电池负极，断开整车低压控制电源。

（3）断开动力电池维修开关。

（4）当车辆举升到需要的高度时，举升机要锁止安全锁。

（5）拆下动力电池总正、总负和低压线束插头。

8.2.3　检查与清洁驱动电机控制器

（1）检查驱动电机控制器表面是否有油液污渍，如图 8-4 所示。

（2）检查驱动电机控制器冷却水管、水管接头处有无裂纹及渗漏，如图 8-5 所示。

（3）目测驱动电机控制器外观有无磕碰、变形或损坏，并使用压缩空气或干布对驱动电机控制器的外表进行清洁，如图 8-6 所示。

图 8-4　检查驱动电机控制器表面是否有油液污渍

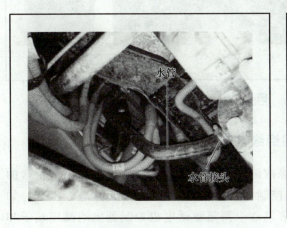

图 8-5　检查驱动电机控制器的冷却水管及水管接头

图 8-6　清洁驱动电机控制器的外表

8.2.4　检查驱动电机控制器的端子电压及插接件

（1）检查驱动电机控制器高压插接件是否连接到位，是否有退针现象，或存在触点烧蚀的情况，如图 8-7 所示。

（2）检查驱动电机控制器低压插接件是否连接到位，是否有退针现象或触点烧蚀的情况，如图 8-8 所示。

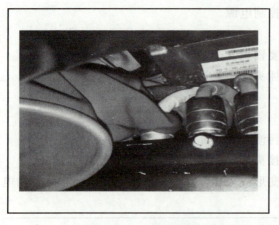

图 8-7　检查驱动电机控制器高压插接件

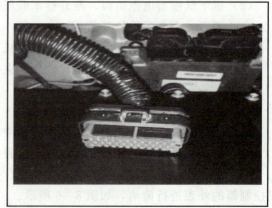

图 8-8　检查驱动电机控制器低压插接件

（3）检测驱动电机控制器低压线束的控制电源。图 8-9 所示为驱动电机控制器低压线束的 35 针端子，24 脚和 1 脚分别为控制电源接口的 12V - GND 和 12 V+，使用万用表检测 35 针插头中的 24 脚和 1 脚电压，应在 9～16 V 范围内，如图 8-10 所示。

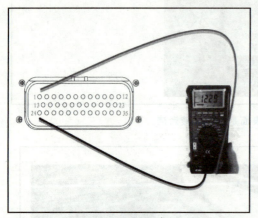

图 8-9　驱动电机控制器低压线束的 35 针端子

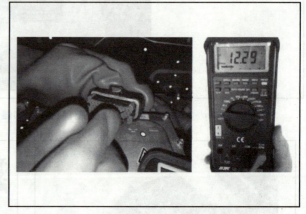

图 8-10　驱动电机控制器低压控制电源实测

8.2.5　检查驱动电机控制器高压线缆的绝缘性能

若车辆在充电或行驶中，动力电池报绝缘故障，在检测其他高压系统绝缘阻值正常的情况下，需检查驱动电机控制器和连接电机控制器的高压线缆的绝缘阻值是否正常。如图 8-11 所示，用绝缘表黑表笔搭铁，用红表笔逐个测量驱动电机控制器上的高压端子和高压线缆端子的绝缘阻值，按下测试按钮，显示的数值为绝缘阻值。驱动电机控制器的搭铁绝缘值应大于 100 MΩ。

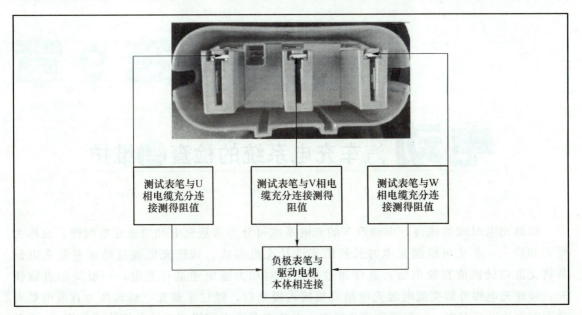

图 8 - 11　测量控制器高压线缆搭铁绝缘阻值

思　考　题

1. 简述电机控制器故障的诊断与检查步骤。
2. 检查电机控制器故障时，高压断电操作的流程是什么？
3. 如何检查驱动电机控制器高压电缆的绝缘性能？

第9章

电动汽车充电系统的检查与维护

根据充电时间的快慢，电动汽车的充电系统可分为常规充电和快速充电两种，也称为慢充和快充，车主可根据充电时长所需来选择充电方式。快速充电通过外部专业充电设备将交流电转换成直流电后，直接通过快充口对动力蓄电池进行充电，一般简称直流快充；慢速充电将外部交流电经充电桩直接接入慢充口，经过车载充电机转换为直流电后对动力蓄电池进行充电，一般简称交流慢充。电动汽车快充和慢充系统分别构成如图9-1和图9-2所示。

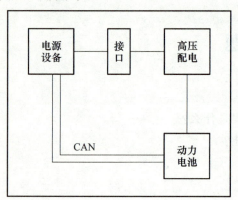

图9-1　快充系统构成简图

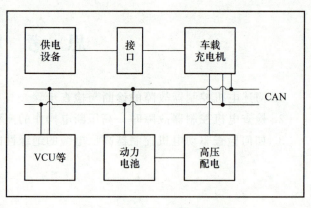

图9-2　慢充系统构成简图

9.1　快充系统的结构组成与常见故障排除

9.1.1　快充系统的结构组成

快充系统一般使用工业380 V三相电，通过快充桩内部的AC/DC转换器变换后输出直流电，直接将高压大电流通过充电线缆经快速充电口对动力蓄电池进行充电。

快充系统的主要部件有供电设备（快充桩）、快充口、快充线束、高压控制盒、动力电

162

池高压线束、动力电池等。

快充系统的充电流程如图 9 - 3 所示。

1. 供电设备——快充桩

充电桩的功能类似于加油站里面的加油
机，可以固定在地面或墙壁，有多种形式。
根据不同的电压等级为各种型号的电动汽车
充电。充电桩的输入端与交流电网直接连接，
输出端装有充电插头用于为电动汽车充电。
充电桩一般提供常规充电和快速充电两种充
电方式，可以使用特定的充电卡在充电桩提

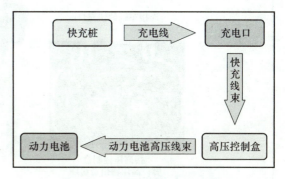

图 9 - 3　快充系统的充电流程

供的人机交互操作界面上刷卡使用，进行相应的充电方式、充电时间、费用数据打印等设
置，充电桩显示屏能显示充电量、费用、充电时间等数据。

2. 快充口

快充口一般位于发动机舱盖前方车标内部，用于与充电线连接，如图 9 - 4 所示。

当快充口盖板打开时，仪表充电指示灯应常亮；当关闭快充口盖板时，仪表充电指示灯
熄灭。如果快充口盖板出现问题，车辆将无法正常启动。快充口盖上有高压警告标识，禁止
随意触碰。

3. 快充线束

快充线束是连接快充口到高压控制盒之间的线束。某车型的快充线束在实车上的位置如
图 9 - 5 所示。

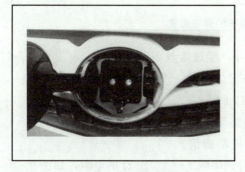

图 9 - 4　快充口

图 9 - 5　某车型的快充线束在实车上的位置

快充线束一端连接车辆的快充口，另一端分成三支线束，分别为接高压控制盒的高压线
束、整车低压线束及接车身搭铁点的搭铁线束，快充线束如图 9 - 6 所示。

快充线束在快充口各端子的分布位置如图 9 - 7 所示。

快充线束在快充口各端子的定义如下。

① DC-：高压输出负极，经过高压控制盒快充负继电器输出到动力电池的高压负极。

② DC+：高压输出正极，经过高压控制盒快充正继电器输出到动力电池的高压正极。

③ PE（GND）：车身搭铁，接蓄电池负极。

④ A-：低压辅助电源负极，接蓄电池负极。

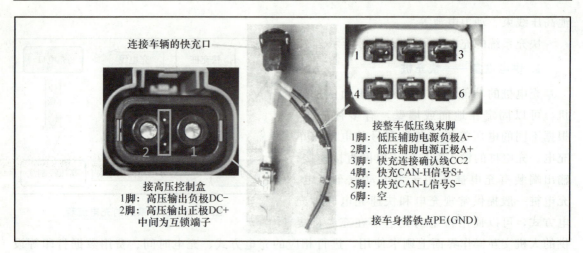

图9-6　快充线束

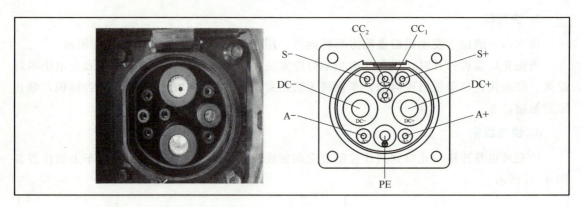

图9-7　快充线束在快充口各端子的分布位置

⑤ A+：低压辅助电源正极，为 12V 快充唤醒信号，经过熔丝 FB27。

⑥ CC₁：快充连接确认线，属内部电路，CC_1 与 PE 之间有一个 1 000 Ω 的电阻。

⑦ CC₂：快充连接确认线，接整车控制器 T121/17 脚。

⑧ S+：快充 CAN-H，与动力 BMS 及数据采集终端通信。

⑨ S-：快充 CAN-L，与动力 BMS 及数据采集终端通信。

BMS 与数据采集快充的 CAN-H 与 CAN-L 之间分别串联了一个 120 Ω 的电阻，如图 9-8 所示。从快充口测量 S+ 与 S-之间的阻值应为两个 120 Ω 电阻的并联值，即 60 Ω。

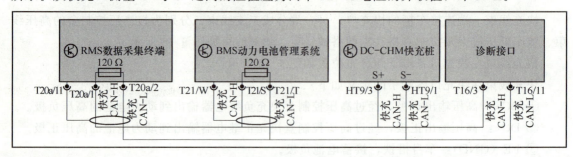

图9-8　快充电阻

图 9-9 所示为快充口与相关部件之间的线路及连接电路的原理图。

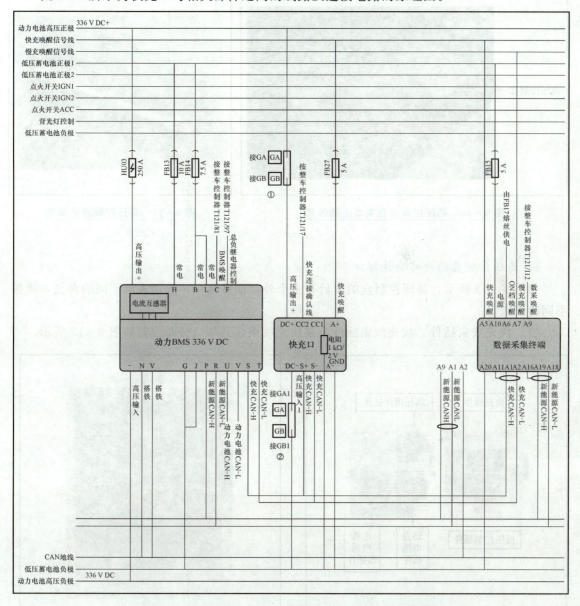

图 9-9　快充口与相关部件之间的线路及连接电路原理图

若整车处于 ON 挡有高压时，需先进行高压断电，再进行充电。快充时，12 V 充电唤醒信号给充电桩、整车控制器、数据采集终端、仪表等，整车控制器唤醒 BMS。在充电过程中，整车控制器实时监控充电过程，对异常情况进行紧急充电停止，以及部分信息的仪表显示、监控平台信息上传。

4. 高压控制盒

高压控制盒用于动力电池电源的输出及分配，实现对支路用电器的保护及切断。高压控制盒在实车上的位置如图 9-10 所示，高压控制盒的实物如图 9-11 所示。

高压控制盒

图 9 - 10   高压控制盒在实车上的位置

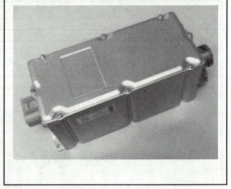

图 9 - 11   高压控制盒的实物

1) 高压控制盒的外部插件接口

如图 9 - 12 所示，高压控制盒的前后有多个外部插件接口，分别表示不同的含义，连接不同的线束。

（1）快充线束插件。快充线束插件连接快充线束，其端口分布位置如图 9 - 13 所示。

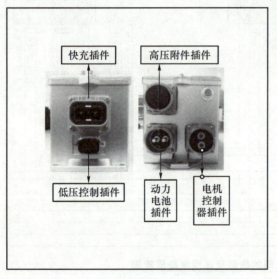

快充插件   高压附件插件

低压控制插件   动力电池插件   电机控制器插件

图 9 - 12   高压控制盒的前后外部插件接口

图 9 - 13   快充线束插件端口分布位置

快充线束插件各端子定义如下。

① 1 脚：高压输出负极。

② 2 脚：高压输出正极。

③ 3、4 脚：到盒盖开关，为互锁信号线。

（2）低压控制端插件。低压控制端插件连接低压控制线束，其端口分布位置如图 9 - 14 所示。

低压控制端插件各端子定义如下。

① 1 脚：快充继电器线圈正极。

② 2 脚：快充负极继电器线圈控制端。

③ 3 脚：快充正极继电器线圈控制端。

④ 4 脚：空调继电器线圈正极。

⑤ 5 脚：空调继电器线圈控制端。

⑥ 6 脚：PTC 控制器—GND。

⑦ 7 脚：PTC 控制器 CAN－L。

⑧ 8 脚：PTC 控制器 CAN－H。

⑨ 9 脚：PTC 温度传感器负极。

⑩ 10 脚：PTC 温度传感器正极。

⑪ 11 脚：互锁信号线，接车载充电机。

（3）高压附件线束插件（俗称 8 芯）。高压附件线束插件连接高压附件线束，连接高压盒到 DC/DC 控制器、车载充电机、空调压缩机、空调 PTC 等，其端口的分布位置如图 9－15 所示。

高压附件线束插件各端子定义如下。

图 9－14　低压控制端插件端口分布位置

图 9－15　高压附件线束插件各端口的分布位置

① A 脚：DC/DC 电源正极。

② B 脚：PTC 电源正极。

③ C 脚：压缩机电源正极。

④ D 脚：PTC-A 组负极。

⑤ E 脚：充电机电源正极。

⑥ F 脚：充电机电源负极。

⑦ G 脚：DC/DC 电源负极。

⑧ H 脚：压缩机电源负极。

⑨ J 脚：PTC-B 组负极。

⑩ L 脚：互锁信号线；

⑪ K 脚：空引脚。

（4）动力电池线束插件。动力电池线束插件连接动力电池的高压线束，其端口针脚的位置分布情况如图 9－16 所示。

动力电池线束插件端子各针脚的定义如下。

① A 脚：高压输出负极。

② B 脚：高压输出正极。

③ C、D 脚：互锁信号线。

（5）电机控制器线束插件。电机控制器线束插件连接电机控制器的高压线束，其端口针脚的位置分布情况如图 9－17 所示。

图 9 – 16　动力电池线束插件端口针脚分布

图 9 – 17　电动机控制器线束插件端口针脚的位置分布情况

电机控制器线束插件端子各针脚定义如下。

① A 脚：高压输出负极。

② B 脚：高压输出正极。

③ C、D 脚：互锁信号线。

2）高压控制盒的内部结构

高压控制盒内有 PTC 控制板、PTC 熔断器、空调压缩机熔断器、DC/DC 熔断器、车载充电机熔断器和快充继电器等。熔断器若烧断，则无电流输出；快充继电器不闭合，则无法快充，起到保护高压附件的作用。

图 9 – 18 所示为高压控制盒及其相关部件的连接关系与电路原理。高压控制盒内的快充继电器有两个，分别为快充正极继电器和快充负极继电器。当点火开关打到 ON 挡，ON 挡继电器闭合，12 V 电源经 SB01 和 FB02 熔丝到达快充正极继电器和快充负极继电器线圈的一端，整车控制器控制线圈另一端的搭铁，继电器闭合，高压直流电经快充继电器由高压控制盒的动力电池线束插件输出到动力电池。

注意：纯电动汽车上的高压线束为橘黄色，低压线束为黑色，操作时禁止随意触碰高压线束。部件各端口定义中的针脚标号如 S+、S−、A+、A −等在线束及插件上都有标注。

168

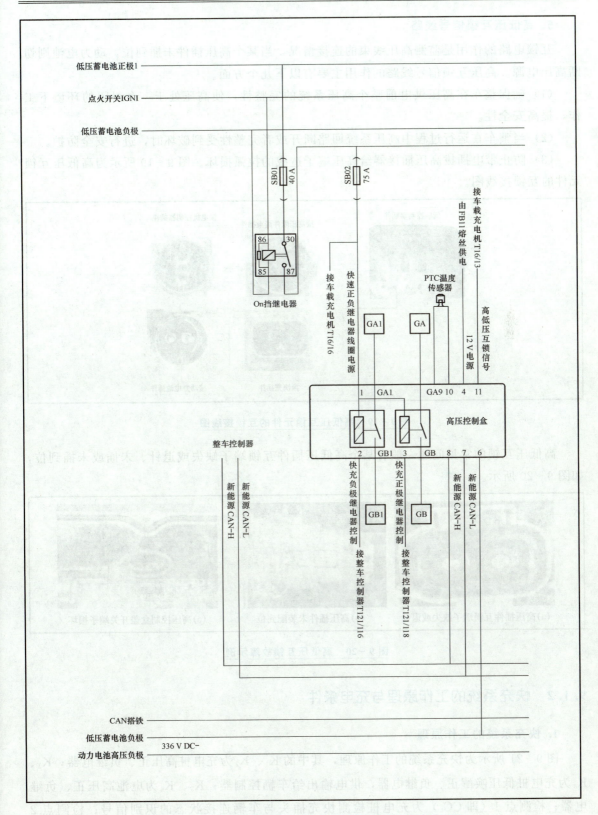

图 9 - 18　高压控制盒及其相关部件的连接关系与电路原理图

5. 高低压互锁信号线路

互锁电路的作用是监测高压线束的连接情况，当某个高压插件未插到位，动力电池则切断高压电源。高压互锁信号线路的作用主要有以下几个方面。

（1）确保整车在高压供电前整个高压系统的完整性，使高压处于一个封闭的环境下工作，提高安全性。

（2）当整车在运行过程中高压系统回路断开或者完整性受到破坏时，进行安全防护。

（3）防止带电插拔高压插接器给高压端子造成的拉弧损坏。图 9 - 19 所示为高低压互锁元件的互锁接线图。

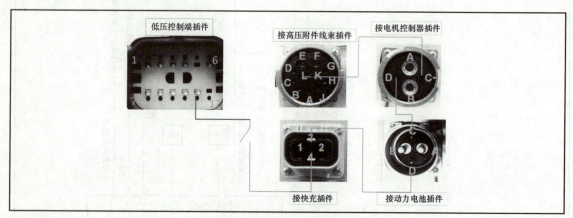

图 9 - 19　高低压互锁元件的互锁接线图

高低压互锁的常见问题一般有某个高低压插件互锁端子缺失或退针、未插或未插到位，如图 9 - 20 所示。

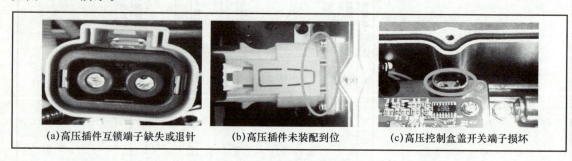

图 9 - 20　高低压互锁故障示例

9.1.2　快充系统的工作原理与充电条件

1. 快充系统的工作原理

图 9 - 21 所示为快充系统的工作原理，其中的 K_1、K_2 为充电桩高压正、负继电器；K_3、K_4 为充电桩低压唤醒正、负继电器，供电输出给车辆控制器；K_5、K_6 为电池高压正、负继电器；检测点 1（即 CC_1）为充电桩检测快充插头与车辆连接状态的识别信号；检测点 2（即 CC_2）为车辆控制器检测快充插头与车辆连接状态的识别信号。

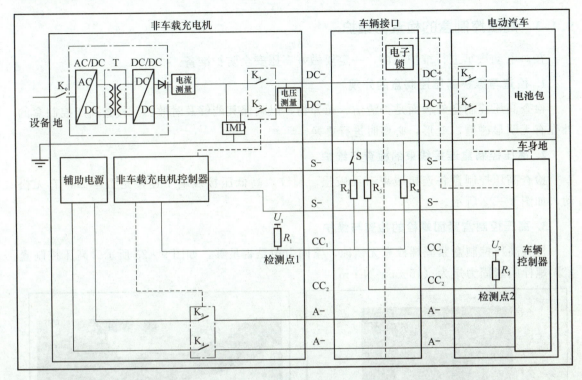

图 9 - 21　快充系统的工作原理

若 CC_1、CC_2 两个检测点检测到的电压值符合要求，即认为充电桩与车辆可靠连接，K_3、K_4 继电器闭合，充电桩输出 12 V 低压唤醒电源到车辆控制器，两者进行身份辨认，握手成功之后，整车控制器报送动力电池的充电需求，充电桩报送供电能力，二者匹配。整车控制器和 BMS 控制 K_5、K_6 闭合，充电桩控制 K_1、K_2 闭合，即进入充电阶段，整车控制器发送充电请求及充电状态报文，充电桩反馈充电机状态报文，当车辆及充电桩判定充电结束之后，断开 K_1、K_2、K_5、K_6，充电截止，断开 K_3、K_4，充电完成。

2. 快充系统的充电条件

结合动力电池相关知识及快充原理可以得出，快充系统能够进行正常充电需要满足以下条件：

（1）充电连接确认信号 CC_1、CC_2 正常；

（2）BMS 供电电源 12 V 正常；

（3）充电唤醒信号 12 V 输出正常；

（4）充电桩、整车控制器、BMS 之间通信正常；

（5）动力电池电芯温度应在 5 ℃～45 ℃之间；

（6）单体电池最高电压与最低电压之差小于 300 mV；

（7）单体电池最高温度与最低温度之差小于 15 ℃；

（8）绝缘电阻大于 500 Ω/V；

（9）单体实际最高电压不大于单体额定电压 0.4 V；

（10）高、低压电路连接正常（远程开关关闭状态）。

9.1.3 高压控制盒的检查与维护

在对电动汽车进行维护之前，一定要做好高压安全防护准备。

1. 检查与维护高压控制盒的外观

检查高压控制盒外表面是否清洁、无异物，以确保其能够及时散热。检查高压控制盒的外壳有无明显碰撞、变形，必要时进行更换。

2. 高压控制盒连接线束的检查与维护

检查高压控制盒各连接线束有无破损、裂纹，高低压接线端子连接是否牢靠，有无松动，如图 9 - 22 所示。

3. 高压控制盒紧固螺栓的检查与维护

检查高压控制盒紧固螺栓有无锈蚀，紧固力矩是否足够，如图 9 - 23 所示。高压控制盒紧固螺栓的紧固力矩为（45±5）N·m。

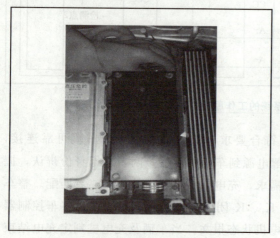

图 9 - 22　高压控制盒连接线束的检查

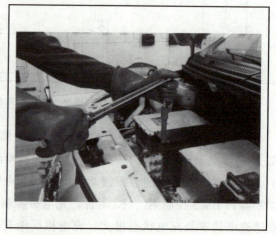

图 9 - 23　高压控制盒紧固螺栓的检查

4. 检查高压控制盒的绝缘性能

检查高压控制盒的绝缘性能需使用绝缘表测量高压接口和高压电缆的绝缘阻值。高压控

图 9 - 24　检查高压控制盒的绝缘性能

制盒的 11 芯高压线束插件绝缘阻值的测量方法为：高压控制盒连接 11 芯高压电缆是集成空调压缩机、车载充电机、DC/DC 变换器、PTC 的高压线束总成，当检测高压线束总成的绝缘阻值时，首先需要将高压线束与各连接用电器件完全断开，否则无法确定高压线束总成的绝缘阻值是否正常，检测方法如图 9 - 24 所示，将绝缘表黑表笔与电缆外壳或车身搭铁点充分有效接触，红表笔逐个测量高压控制盒的高压接口。其他高压接口和电缆线的检测的方法相同，绝缘电阻应大于 500 Ω/V。

9.1.4　快充系统常见故障的排除

1. 常见故障

（1）快充桩与车辆无法通信。主要原因有唤醒线路熔丝损坏，搭铁点搭铁不良，快充枪、快充口、快充线束、低压电器盒、整车控制器、动力电池低压控制插件等部件的低压辅助电源针脚、连接确认针脚、快充 CAN 针脚等损坏，退针、烧蚀、锈蚀，以及动力电池和数据采集终端快充 CAN 总线间的电阻不符合等。

（2）快充桩与车辆通信正常，但无充电电流。主要原因有高压控制盒快充继电器线路熔丝损坏、主熔丝损坏、低压电器盒损坏、高压控制盒损坏、快充线束损坏，以及动力电池 BMS 快充唤醒失常等。

2. "快充桩与车辆无法通信"故障的排除

以北汽新能源汽车为例，检查"快充桩与车辆无法通信"故障的思路如下。

（1）检查快充桩与快充口的连接是否良好；检查车辆快充口各连接端子有无损坏；快充口和快充枪有无烧蚀和锈蚀现象；快充口 PE 端与车身搭铁是否导通（标准阻值为 $0.5\ \Omega$ 以下）；以及快充口 CC_1 与 PE 之间的阻值是否符合要求［正常阻值应为（$1\ 000\pm50$）Ω］。

（2）检测充电唤醒信号是否正常，如未唤醒，可能是唤醒线路熔丝 FB27 损坏、快充口及快充线束损坏、低压电气盒损坏，应逐步检查熔丝电阻和熔丝电压（正常值为 12 V）；以及快充口 A+与快充线束 A+、低压电气盒 As 是否导通，如不导通，须更换或维修。

（3）检查车辆端连接确认信号是否正常。如快充唤醒信号及相关线束都正常，车辆仍旧不能通信连接，则对车辆端连接确认信号进行检测。可能是快充口及快充线束损坏、整车控制器针脚损坏或动力电池低压控制插件损坏，应逐步检查快充口 CC_1 与快充线束 CC_2、整车控制器的 17 针插件是否导通，检查快充口 S-与快充线束整车低压线束插件 S-是否导通；检查快充口 S+与快充线束整车低压线束插件 S+是否导通；如不导通，更换或维修；检查快充线束 S+与 S-之间的阻值，正常值应为 $60\pm5\ \Omega$；检查快充线束整车低压线束插件 S-与动力电池低压插件 T 针及数据采集终端插件 2 针是否导通，阻值应小于 $0.5\ \Omega$；检查快充线束整车低压线束插件 S+与动力电池低压插件 S 针及数据采集终端插件 1 针是否导通，阻值应小于 $0.5\ \Omega$；断开快充线束与数据终端和动力电池的低压插件，检查快充线束整车低压线束插件 S+与 S-之间的阻值，应为无穷大；分别检查动力电池和数据采集终端快充 CAN 总线间的电阻，应该都为 120 Ω，若不是，应更换或维修，检查快充线束整车低压线束插件 A-与车身搭铁是否导通，若不导通，应更换或维修。

3. "快充桩与车辆通信正常，但无充电电流"故障的排除思路

排除"快充桩与车辆通信正常，但无充电电流"故障时，显然不用考虑低压通信的问题，应检查高压供电线路的熔丝、线束、继电器等有无问题，检查动力电池与高压控制盒连接插件的电压，检查动力电池 BMS 快充唤醒信号是否正常，以及检查高压控制盒快充连接端子的电压是否正常，若有电压则联系动力电池厂家售后对动力电池检测，无电压则更换高压控制盒。

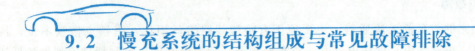

9.2 慢充系统的结构组成与常见故障排除

9.2.1 慢充系统的结构组成

慢充系统使用交流 220 V 单相民用电，通过车载充电机的整流变换将交流电变换为高压直流电给动力电池充电。

慢充系统的主要部件有供电设备、慢充口、慢充线束、车载充电机、高压控制盒和动力电池等。

慢充系统的充电流程如图 9-25 所示。

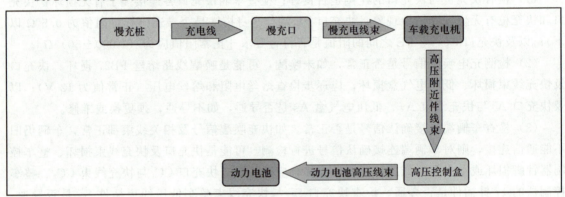

图 9-25 慢充系统的充电流程

1. 供电设备

慢充系统的供电设备如图 9-26 所示，主要有慢充桩充电线、家用交流慢速充电线（又称为充电宝）和直接供电等几种形式，因直接供电无安全保护装置，故一般不采用。

（1）慢充桩充电线。纯电动车辆随车配备双弯头充电线总成，该类型充电线分为 16 A和 32 A 两种，如图 9-27 所示。

图 9-26 慢充桩充电

（2）充电宝。其三相端接家用三相插座，另一端接车辆慢充口，如图 9-28 所示。注意在使用时，家用电源插座负荷必须达到 16 A 并带有搭铁功能。

2. 慢充口

目前，新能源车辆的慢充口大多数在原先传统汽车的加油口位置，用于连接慢充桩充电线，如图 9-29 所示。

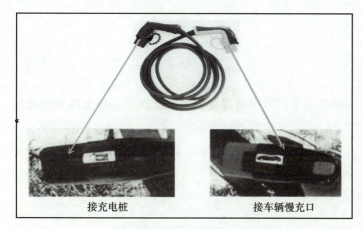

接充电桩　　　　　　　接车辆慢充口

图 9 - 27　充电线

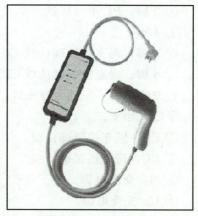

图 9 - 28　充电宝

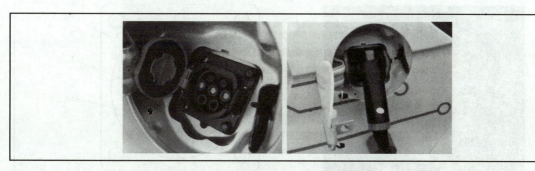

图 9 - 29　慢充接口（原汽油加注口）

3. 慢充线束

连接慢充口与车载充电机之间的线束，其作用为将慢充桩输入的 220 V 交流电输送到车载充电机。慢充线束在实车上的位置如图 9 - 30 所示。

慢充线束的一端接车载充电机的交流输入端（详见"车载充电机"部分的内容），其端口位置的分布情况如图 9 - 31 所示。慢充线束接车载充电机的各端子定义如下。

① 1 脚：交流电源 L。

② 2 脚：交流电源 N。

慢充线束

图 9 - 30　慢充线束在实车上的位置

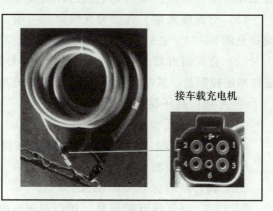

接车载充电机

图 9 - 31　慢充线束接车载充电机端子分布

③ 3 脚：PE 车身搭铁。

④ 4 脚：空。

⑤ 5 脚：慢充连接确认线 CC。

⑥ 6 脚：慢充控制确认线 CP。

慢充线束的另一端为慢充口，其端口端子的分布情况如图 9 - 32 所示。慢充线束慢充口各端子定义如下。

① CP：慢充控制确认线。

② CC：慢充连接确认线。

③ N：交流电源。

④ L：交流电源。

⑤ PE：车身搭铁。

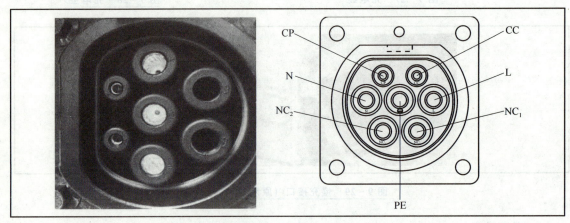

图 9 - 32　慢充线束的慢充口端口端子的分布

4. 车载充电机

车载充电机的作用是将输入的 220 V 交流电转换为动力电池所需的 290～420 V 高压直流电，实现电池电量的补给，在工作过程中需要协调充电桩、BMS 等部件。车载充电机有风冷和水冷两种冷却形式，相对于传统工业电源，车载充电机具有效率高、体积小、耐受恶劣工作环境等特点。车载充电机的外观及端口如图 9 - 33 所示。

（1）交流输入端。连接慢充线束的一端，将 220 V 交流电通过线束输入车载充电机，其端口见图 9 - 33。各针脚的定义见"慢充线束"部分的内容。

（2）直流输出端。通过高压附件线束将转换后的动力电池所需的 290～420 V 高压直流电送往高压控制盒，其端口见图 9 - 33。车载充电机直流输出端口的针脚定义如下。

① A 脚：高压输出负极。

② B 脚：高压输出正极。

（3）低压控制端。其端口见图 9 - 33。车载充电机低压控制端口的针脚定义如下。

① 1 脚：新能源 CAN - L。

② 2 脚：新能源 CAN - GND。

③ 5 脚：高低压互锁信号，接空调压缩机控制器 T6k/3 针脚。

④ 8 脚：蓄电池负极 GND。

⑤ 9 脚：新能源 CAN – H。

⑥ 11 脚：CC 信号输出，接整车控制器 T121/36 针脚。

⑦ 13 脚：高低压互锁信号，接高压控制盒 T12/11 针脚。

⑧ 15 脚：12 V 慢充唤醒信号。

⑨ 16 脚：12 V 常电，经由 FB02 熔丝供电。

⑩ 其他脚：空。

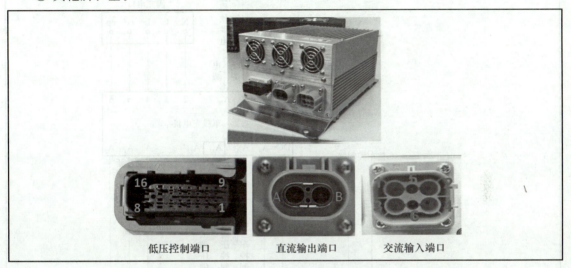

低压控制端口　　　　　直流输出端口　　　　　交流输入端口

图 9 – 33　车载充电机的外观及端口

图 9 – 34 所示为车载充电机及其相关部件的电路连接图。

9.2.2　慢充系统

1. 慢充系统的工作原理

慢充系统的工作原理如图 9 – 35 所示。

（1）当车辆插头与车辆插座插合后，充电桩通过测量检测点 4 的电压值来判断供电插头与插座是否完全连接，车辆控制装置通过测量电阻 R_C 的阻值来确认车辆接口是否完全连接（CC 检测）。

（2）如果充电桩无故障，并且供电接口已完全连接，则 S_1 从 ＋12 V 连接状态切换至 PWM（脉冲宽度调制）连接状态，充电桩控制装置发出 PWM 信号。充电桩通过测量检测点 1 的电压值来判断充电装置是否完全连接。车辆控制装置通过测量检测点 2 的 PWM 信号，判断充电连接装置是否已完全连接（CP 检测）。

（3）在车载充电机（OBC）自检没有故障，并且电池组处于可充电状态时，车辆控制装置闭合 S_2。

（4）当电动汽车和充电桩建立电气连接后，车辆控制装置通过判断检测点 2 的 PWM 信号占空比确认供电设备的最大可供电能力，并且通过判断电阻 R_C 的阻值来确认电缆的额定容量。车辆控制装置对充电桩当前提供的最大供电电流值、车载充电机的额定输入电流值及电缆的额定容量进行比较，将三者中的最小值设定为车载充电机当前的最大允许输入电流，当设置完成后，车载充电机开始对电动汽车进行充电。

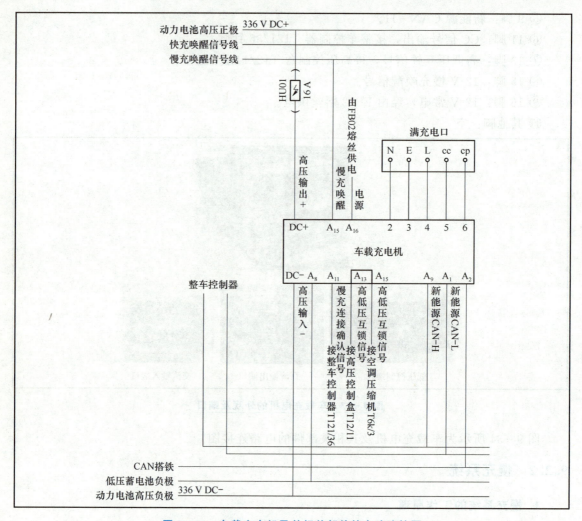

图 9 - 34　车载充电机及其相关部件的电路连接图

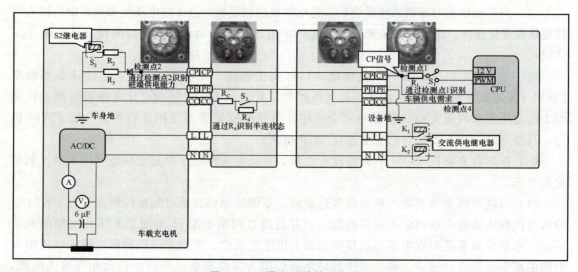

图 9 - 35　慢充系统的工作原理

充电桩识别出 CC 连接确认信号并检测充电线可耐受的电流，把 S_1 开关从 12 V 端切换到 PWM 端；当检测点 1 的电压降到 6 V 时，充电桩 K_1/K_2 开关闭合输出电流，充电机的最大功率受电网控制。

2. 慢充系统的充电条件

（1）充电线连接确认信号正常。

（2）充电机供电电源 220 V 和 12 V 正常，充电机工作正常。

（3）充电唤醒信号 12 V 输出正常。

（4）充电机、整车控制器、BMS 之间通信正常，主继电器闭合、发送电流强度需求。

（5）动力电池的电芯温度应在 0 ℃～45 ℃之间。

（6）单体电池最高电压与最低电压的差值小于 300 mV。

（7）单体电池最高温度与最低温度的差值 15 ℃。

（8）绝缘电阻应大于 500 Ω/V。

（9）电池单体实际最高电压不大于单体额定电压 0.4 V。

（10）高、低压电路连接正常，远程控制开关处于关闭状态。

9.2.3　车载充电机的检查与维护

在对电动汽车高压部件进行维护之前，一定要做好高压安全防护准备。

1. 检查与维护车载充电机的外观

检查车载充电机的外观，检查外壳是否有明显的碰撞痕迹，有无变形及破损，必要时进行更换。

2. 车载充电机连接线束的检查与维护

检查车载充电机各连接线束有无破损、裂纹，高低压接线端子的连接是否牢靠，有无松动，如图 9 - 36 所示。

3. 车载充电机紧固螺栓的检查与维护

检查车载充电机紧固螺栓有无锈蚀，紧固力矩是否足够，如图 9 - 37 所示。车载充电机紧固螺栓的紧固力矩为（45±5）N·m。

图 9 - 36　车载充电机连接线束的检查

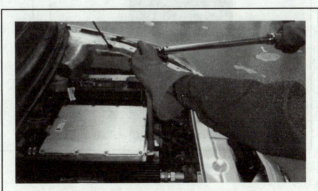

图 9 - 37　车载充电机紧固螺栓的检查

4. 检查车载充电机的风扇

检查车载充电机风扇的转动是否灵活，挡风圈上有无异物，必要时清洁外表面，如图9-38所示。

5. 检查车载充电机的冷却管路

检查车载充电机冷却管路连接处是否出现液体泄漏及渗出，检查散热器总成左右侧水室密封处有无渗漏现象，如图9-39所示。如出现液体渗漏，需立即进行维修。

图9-38　检查车载充电机的风扇　　　　图9-39　检查车载充电机的冷却管路

6. 检查车载充电机的绝缘性能

检查车载充电机的绝缘性能时，需要使用绝缘表笔测量绝缘电阻，将表笔负极与电缆外壳或车身搭铁点充分有效接触，正表笔分别测量端子E和端子F，单击测试键进行读数，测得绝缘电阻并与标准值进行比较，判断其绝缘性能是否正常，如图9-40所示。在工作温度(23 ± 2)℃和相对湿度为$45\%\sim75\%$时，车载充电机正负极输出与车身（外壳）之间的绝缘电阻应大于等于$1\,000\,M\Omega$。

7. 车载充电机工作状态的检查

车载充电机上共有三个指示灯，如图9-41所示。对车辆进行充电时，应查看指示灯是否正常。

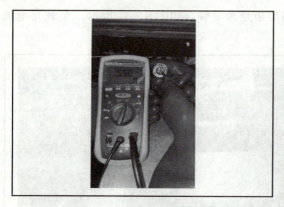 

图9-40　检查车载充电机的绝缘性能　　　图9-41　车载充电机的指示灯

① POWER 灯：电源指示灯，当接通交流电后，该指示灯亮。
② RUN 灯：充电指示灯，当充电机接通电池进入充电状态后，该指示灯亮。

③ FAULT 灯：报警指示灯，当充电机内部有故障时，该指示灯亮。

当充电正常时，POWER 灯和 RUN 灯点亮；当启动半分钟后仍只有 POWER 灯亮时，有可能为电池无充电请求或已充满；当 FAULT 灯点亮时，则说明充电系统出现异常；当三个灯都不亮时，检查充电桩、车载充电机及充电线束与插接件。

9.2.4　慢充系统常见故障的排除

1. 常见故障

（1）充电桩显示车辆未连接。主要原因有充电枪安装不到位，车辆与充电桩两端枪反接。

（2）动力电池继电器未闭合。主要原因有插接器没有正常连接，车载充电机输出唤醒不正常。

（3）动力电池继电器正常闭合，但充电机无输出电流。主要原因有车端充电枪没有连接到位，高压熔丝熔断，高压插接器及线缆没有正确连接。

2. 故障排除思路

（1）线路连接情况的检查应检查慢充桩充电线、慢充口、慢充线束、车载充电机、高压控制盒、动力电池之间的线路连接是否良好。

（2）检查低压供电及唤醒信号是否正常。检查车载充电机指示灯的状态，如果三个灯都不亮，表示没有电源输入，分别检查线路熔丝、充电线、慢充口、慢充线束是否正常，若正常，更换车载充电机；检查车载充电机的 12 V 电源及慢充唤醒信号是否正常，高压控制盒内的车载充电机熔断器是否损坏，动力电池 12 V 唤醒信号是否正常，整车控制器、动力电池等部件的新能源 CAN 总线是否正常；动力电池低压控制端搭铁及整车控制器控制搭铁是否正常。

（3）检查高压电路是否正常。如果低压电路正常，充电仍无法完成，逐步检查充电线、慢充线束、车载充电机、高压控制盒、动力电池之间的高压电是否正常，是线束故障还是部件故障。

（4）使用故障诊断仪检查。使用故障诊断仪分别检查动力电池及车载充电机的工作状态，对数据进行分析，找出故障所在。

3. 车载充电机与充电桩连接故障的检修

（1）检查慢充桩与慢充口的连接是否良好。检查车载充电机，若发现三个指示灯都不亮。分别测量充电线桩端充电枪的 N、L、PE、CP、CC 脚和车辆端的 N、L、PE、CP、PE 脚是否导通，如不导通，则修复或更换充电线总成；测量充电线车辆端充电枪的 CC 脚和 PE 脚的阻值，16 A 充电线的阻值应为 680±3% Ω，32 A 充电线的阻值应为 220±3% Ω，若阻值与标准值不符，则修复或更换充电线总成。

（2）检查慢充口与车载充电机的连接是否良好。排除慢充桩充电线的问题后，启动充电，若车载充电机指示灯仍旧都不亮，检查慢充线束及车载充电机。

检查插件端子有无烧蚀、虚接现象；分别测量充电口 L、N、PE、CC、CP 脚与充电线束充电机插件 1、1、3、5、6 脚是否导通，如不导通，则修复或更换慢充线束总成；慢充线束检查完毕后，恢复好进行充电测试，如果车载充电机的指示灯还是都不亮，则更换车载充电机。更换车载充电机后，充电正常，故障排除。

图 9 - 42　断开蓄电池负极线束

4. 更换车载充电机的步骤

在进行更换车载充电机操作前戴好安全帽、防护眼镜、绝缘手套，穿好绝缘鞋。拔下线束插头前，确保高压电断开。

（1）将点火开关打到 OFF 位置。

（2）断开蓄电池负极线束，如图 9 - 42 所示。

（3）拔下车载充电机上的低压和高压线束插头，如图 9 - 43 所示。当拆卸高压线束时，应按下线束插头上的锁扣，然后拔下线束插头，禁止生拉硬拽；当安装线束时，听到"啪嗒"的声响即表示安装到位。

（4）拆卸固定车载充电机的固定螺栓，如图 9 - 44 所示。当拆卸螺栓时，严格按照对角卸力的顺序进行。

（5）按拆卸的相反顺序装复车载充电机。

（6）接上蓄电池负极线束。

（7）将点火开关打到 ON 位置，如果更换正确，仪表盘上显示"READY"。

图 9 - 43　拔下车载充电机上的高低压线束插头

图 9 - 44　拆卸车载充电机的固定螺栓

思　考　题

1. 简述快充系统的结构组成。

2. 快充系统充电的条件是什么？

3. 对高压控制盒的检查与维护有哪些工作？

4. 简述快充系统的常见故障与排除方法。

5. 简述慢充系统的结构组成。

6. 慢充系统充电的条件是什么？

7. 对车载充电机的检查与维护需要做哪些工作？

8. 简述慢充系统的常见故障与排除方法。

9. 如何检修车载充电机与充电桩的连接故障？

10. 如何更换车载充电机？

第10章

高压辅助器件的检查与维护

10.1 DC/DC 电源变换器的检查与维护

10.1.1 DC/DC 电源变换器的功能

电源变换器分为直流/直流（DC/DC）变换与直流/交流（DC/AC）变换两类。DC/DC 变换器有降压、升压、双向降－升压三种形式，它是满足新能源汽车电气系统电能变换和传输不可缺少的电气设备。在各种新能源汽车中，其主要实现的功能如下。

（1）不同电源之间的特性匹配。以燃料电池电动汽车为例，一般采用燃料电池组和动力电池的混合动力系统结构。在能量混合型系统中，采用升压 DC/DC 变换器；在功率混合型系统中，采用双向 DC/DC 变换器。

（2）驱动小功率直流电机（低于 5 kW）。直流电机驱动的转向、制动等辅助系统中，一般直接采用 DC/DC 电源变换器供电。

（3）给低压蓄电池充电。在电动汽车中，需要高压电源通过 DC/DC 变换器给低压蓄电池充电，一般采用隔离型降压电路。电动汽车上的 DC/DC 变换器如图 10-1 所示，它替代了传统汽车上的发电机（如图 10-2 所示），将动力电池的高压直流电转换为 12 V 低压直流电，给整车低压用电系统供电及铅酸电池充电。

DC/DC 变换器几乎应用在所有的新能源汽车上，功率范围一般为 1~2.2 kW。

10.1.2 连接 DC/DC 的高压线束及接口定义

（1）DC/DC 变换器的线束接口及接口定义。以北汽电动汽车为例，DC/DC 变换器的线束接口及接口定义如图 10-3 所示。

（2）DC/DC 变换器的高压线束。图 10-4 所示为高压附件线束总成。除连接高压控制盒到车载充电机、空调压缩机、空调 PTC 之间的线束外，还有连接高压控制盒到 DC/DC 变换器的线束。

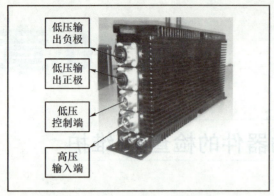

低压输出负极
低压输出正极
低压控制端
高压输入端

图 10－1　电动汽车上的 DC/DC 变换器

图 10－2　传统汽车的发电机

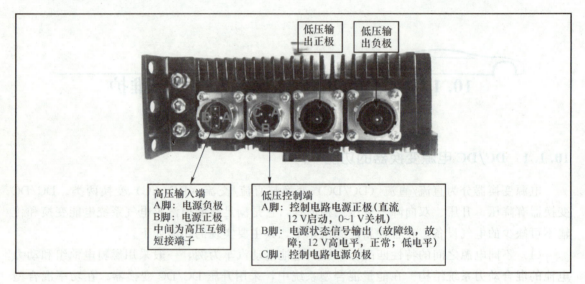

低压输出正极
低压输出负极

高压输入端
A脚：电源负极
B脚：电源正极
中间为高压互锁
短接端子

低压控制端
A脚：控制电路电源正极（直流
12 V启动，0~1 V关机）
B脚：电源状态信号输出（故障线，故
障；12 V高电平，正常；低电平）
C脚：控制电路电源负极

图 10－3　DC/DC 变换器的线束接口及接口定义

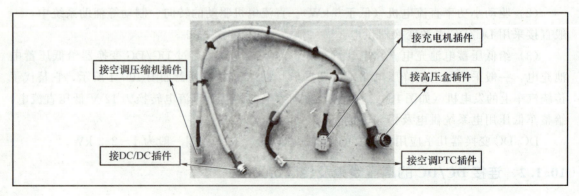

接充电机插件
接高压盒插件
接空调压缩机插件
接DC/DC插件
接空调PTC插件

图 10－4　高压附件线束总成

（3）DC/DC 变换器的插件针脚定义如图 10－5 所示。接高压控制盒的插件针脚定义如图 10－6 所示。

A 脚—电源负极；B 脚—电源正极
1 脚—互锁信号输入；2 脚—互锁信号输出

A 脚—DC/DC 电源正极；B 脚—PTC 电源正极；
C 脚—压缩机电源正极；D 脚—PTC—A 组负极；
E 脚—充电机电源正极；F 脚—充电机电源负极；
G 脚—DC/DC 电源负极；H 脚—压缩机电源负极；
J 脚—PTC—B 组负极；I 脚—互锁信号线；
K 脚—空引脚

图 10 - 5 DC/DC 插件的针脚定义　　　**图 10 - 6 接高压控制盒的插件针脚定义**

10.1.3　DC/DC 电源变换器的检查与维护

在对电动汽车高压部件进行维护之前，一定要做好高压安全防护准备。

1. DC/DC 电源变换器的外观检查与维护

检查 DC/DC 变换器外表面是否清洁无异物，尽可能减少散热齿上的杂物，保证散热时风道畅通，必要时清洁其外表面。目测检查 DC/DC 变换器的外壳有无明显变形、碰撞痕迹，如图 10 - 7 所示。

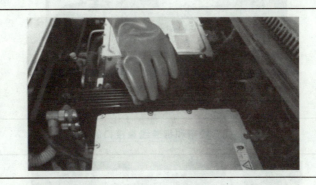

图 10 - 7　检查与维护 DC/DC 变换器的外表

2. DC/DC 电源变换器连接线束的检查与维护

检查 DC/DC 变换器各连接线束有无破损、裂纹，高低压接线端子连接是否牢靠、无松动，检查和拆装线束接口的方法如图 10 - 8 所示。

3. 检查与维护 DC/DC 变换器的紧固螺栓

检查 DC/DC 变换器的紧固螺栓有无锈蚀，紧固力矩是否足够，如图 10 - 9 所示。DC/DC 变换器紧固螺栓的紧固力矩为（25±5）N·m。

（1）依据所有键位确认插头和插座是否匹配，按照主键位定位两插接器的安装方向

（2）对准主键位，慢慢将插头推入插座

（3）在公母端子正确导向后，向右慢慢旋转公端插头旋口。如感到稍有阻力，可稍稍晃动插头。如阻力很大，则需退出插头，重新将插头推入插座

（4）当听到"咯"声时，观察图中箭头指向的检查孔，如果孔内见到锁止销（红色或银色小圆点）则安装完成，否则需退出插头重新安装

（5）轻拉高低压接线端子，检查连接是否牢靠无松动

图 10-8　检查和拆装线束接口的方法

图 10-9　检查与维护 DC/DC 变换器的紧固螺栓

4. 检查 DC/DC 变换器的输出电压

可以通过测量 DC/DC 变换器的输出电压来判断 DC/DC 变换器是否工作，测量方法如下。

第一步：在保证整车线束正常连接的情况下，通电前使用万用表测量铅酸电池的端电压并记录，如图 10 - 10 所示。

第二步：整车通电，继续读取万用表数值，查看变化情况，如图 10 - 11 所示。

DC/DC 变换器的正常输出电压应在 13.2～13.5 V（或 13.5～14 V）范围内（关闭车上用电设备的情况下）。

图 10 - 10　使用万用表测量铅酸电池的端电压

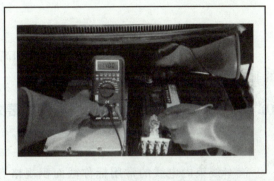

图 10 - 11　整车通电后，继续用万用表读取数值并查看变化情况

如果检测低于规定值，则可能为如下原因所引起：

① 车上用电设备未关；

② DC/DC 变换器故障；

③ 万用表测量有误差。

检查 DC/DC 变换器的绝缘性能，需使用绝缘表测量高压部件高压接口的绝缘阻值。测量方法为：将绝缘表负表笔与电缆外壳或车身搭铁点充分有效连接，正表笔分别测量端子 A 和端子 B，单击测试键进行读数，测得绝缘电阻，与标准值进行比较，判断其绝缘性能是否正常，如图 10 - 12 所示。

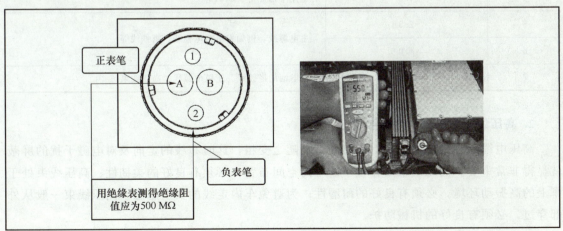

正表笔

负表笔

用绝缘表测得绝缘阻值应为500 MΩ

图 10 - 12　检测 DC/DC 变换器的绝缘性能

在工作温度为－20～65 ℃和工作湿度为 5％～85％的环境下，高压输入与车身（外壳）的绝缘阻值位大于或等于 20 MΩ。

10.2　高压线束的检查与维护

高压线束是电动汽车里面的高压电缆和高压接口，在整车运行当中是连接所有重要部件的非常关键连接件。

10.2.1　汽车线束的常用规格与性能要求

1. 线束常用规格

汽车线束内电线的常用标称截面积规格有 0.5 mm²、0.75 mm²、1.0 mm²、1.5 mm²、2.5 mm²、4.0 mm²、6.0 mm²等，它们各自都有允许的负载电流值，配用于不同功率用电设备的导线。

以整车线束为例，不同规格线束的用途分类如表 10－1 所示。

表 10－1　不同规格线束的用途分类

序号	截面积规格/mm²	用途
1	0.5	适用于仪表灯、指示灯、门灯、顶灯等
2	0.75	适用于牌照灯、前后示宽灯、制动灯等
3	1.0	适用于转向灯、雾灯等
4	1.5	适用于前照灯、喇叭等
5	2.5	主电源线，例如发电机电枢线、搭铁线等
6	4.0	
7	＞6.0	蓄电池的搭铁线、正极电源线、高压线束

2. 高压线束应达到的性能要求

高压电缆承载的电流较大，线束的直径随之变粗，这时布线的走向及对电磁干扰的屏蔽就显得非常重要。高压线束要在较小的车内空间布置，必须有良好的柔韧性；高压线束处于车上的高振动环境，必须有良好的耐磨性；为避免车内走线的安全隐患，高压线束一般从外部穿过，必须有良好的机械防护。

（1）电压要求。电动汽车的电压级别为 B 级，整车高压系统的额定电压为 DC 1 000 V、AC 660 V；高压线束的额定电压需略高于整车额定电压，规定高压线束的额定电压为 AC 750 V。

（2）耐电压。根据 GB/T 18488.1 的规定，彼此无电连接的电路之间的介电强度应能耐受（$2U_{AC}+1\,000$）的试验电压，即在线束与部件脱开的情况下，线束对车体的耐电压能力应为 AC2 500 V/50 Hz/1 min，漏电流不超过 10 mA，不发生闪烁击穿现象。

（3）绝缘电阻。根据 SAE J1742 的规定，绝缘电阻测试的电压为 DC 1 000 V，在线束与所连接部件脱开的情况下，线束对车体的绝缘电阻在任何情况下均应大于 100 MΩ。

（4）阻燃要求。线束所用的材料要求阻燃等级为 UL94V－0。

（5）较高的电磁屏蔽要求。针对汽车行驶中高振动状态下对插接器及线束电性能高可靠性的要求，应采用较高可靠性的线缆与屏蔽外层绝缘。

（6）具有防误插设计。

（7）优越的耐冲击和振动能力。采用两次自锁结构，锁紧后可听到清晰的锁紧声。

（8）满足时盐雾要求。

10.2.2　检查与维护高压附件

在对电动汽车高压部件进行维护之前，需进行断电流程，一定要做好高压安全防护准备。

高压线束需按里程进行维护，依据保养手册，每 12 000 km 的检查与维护项目如下。

1. 检查高压线束的外观

检查高压线束的外观，如图 10-13 所示，目测检查高压线束过线孔、过线护套等防护是否完好，线束是否出现磨损，底盘高压线缆保护套有无进水、老化、破损，高压线束固定卡子有无损坏。

2. 检查高压线束电缆与插接器插件之间是否松动

目测检查高压线束电缆与插接器插件之间是否松动，线束根部有无过热、变形、松脱现象，如图 10-14 所示。

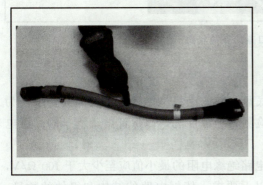

图 10-13　检查高压线束的外观

图 10-14　检查高压线束与插接器插件之间是否松动

3. 检查充电线

检查充电线的功能、外观及其插头的状态。目测充电线外观是否有破损、裂痕，检查充电枪解除锁止按钮是否卡滞，是否能完全复位，同时进行充电测试，检测充电线是否导通。

在充电过程中充电线会产生热量，如有破损，请及时更换。避免产生危险对人员或车辆造成损坏。

　　判断充电线是否导通的另一检查方法为：使用万用表分别测量充电桩端充电枪的 N、L、PE、CC、CP 脚和相对应的车辆充电枪 N、L、PE、CC、CP 脚是否导通，测量阻值应小于 0.5 Ω，否则需更换充电线总成，如图 10－15 所示。

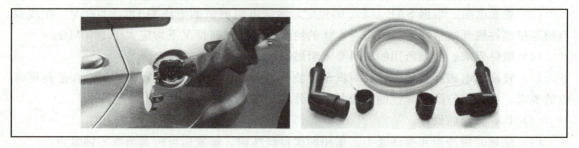

图 10－15　检查充电线

4. 检查充电口盖的开关状态

　　如果充电口盖出现问题，车辆将无法正常启动。检查方法如下。

　　（1）当充电口盖打开时，仪表盘上的充电指示灯应常亮；当关闭充电口盖时，仪表盘上的充电指示灯应熄灭。

　　（2）检查充电口盖能否正常开启或关闭，如图 10－16 所示。

图 10－16　检查充电口盖的开关状态

5. 检查电动汽车高压线束的绝缘性能

　　电动汽车较高的工作电压对高压系统与车辆底盘之间的绝缘性能提出了更高的要求。为了消除高压系统对人员和车辆的潜在威胁，需要检测其绝缘性能，以保证电动汽车的高压电气安全性。

　　（1）绝缘电阻要求。在最大工作电压下，直流电路绝缘电阻的最小值应至少大于 100 Ω/V，交流电路应至少大于 500 Ω/V。整个电路为满足以上要求，依据电路的结构和组件的数量，每个组件应有更高的绝缘电阻。

　　（2）高压线束绝缘性能的检测方法。以检测电机控制器的高压线束为例，检查方法为：使用绝缘表笔测量绝缘电阻，将表笔正极与线束内芯接触，表笔负极与线束外壳或车身搭铁点充分有效连接，单击测试键进行读数，测得绝缘电阻，与标准值进行比较，判断其绝缘性能是否正常，如图 10－17 所示。

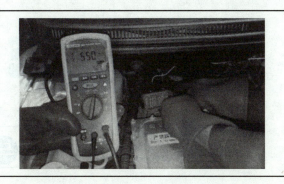

图 10 - 17　高压线束绝缘性能的检测

思　考　题

1. 纯电动汽车上有 12 V 蓄电池吗？
2. 哪个部件将动力电池的高压电转换为蓄电池的低压电？
3. 对 DC/DC 电源变换器的检查与维护需要做哪些工作？
4. 对高压线束需要做哪些定期检查与维护？
5. 如果 DC/DC 变换器输出电压的测量值低于规定值，可能的原因有哪些？
6. 如何判断 DC/DC 转换器是否工作？

第 11 章

减速器的检查与维护

11.1 减速器的功能与工作原理

11.1.1 减速器的功能

　　电动汽车上采用的减速器和传统汽车的主减速器差速器并没有本质区别，主要起到减速增扭的作用。减速器的主要功能是将整车驱动电机的转速降低、转矩升高，以实现整车对驱动电机的转矩、转速需求。目前国内大部分电动汽车都采用一级减速器，部分厂家采用二级减速器，未来电动汽车上也可能采用传统的汽车变速机构。以 EV200 电动汽车为例，EV200 整车采用的减速器是一款前置前驱减速器，如图 11 - 1 所示，左右分箱、两级传动结构，采用前进挡和倒挡共用结构进行设计，倒挡通过电机反转实现。

　　减速器装在前机舱动力总成支架下方，和驱动电机连接在一起，如图 11 - 2 所示。

图 11 - 1 前置前驱减速器

图 11 - 2 电动汽车减速器的安装位置

11.1.2　减速器的工作原理

减速器的动力传动机械部分如图 11-3 所示，是依靠两级齿轮副来实现减速增扭。减速器按功用和位置分为 5 大组件，分别为右箱体、左箱体、输入轴组件、中间轴组件和差速器组件。

图 11-3　减速器的动力传动机械部分

减速器的动力传递路线为：驱动电机—减速器输入轴—输入轴轴齿—中间轴大齿轮—中间轴—中间轴小轴齿—差速器壳体大齿轮—差速器半轴齿轮—左右半轴—左右车轮，如图 11-4 所示。

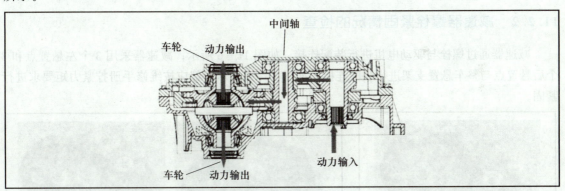

图 11-4　减速器的动力传递路线

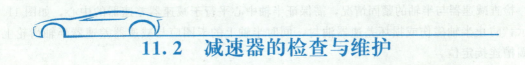

11.2　减速器的检查与维护

对于初期维护，减速器磨合后，建议 3 000 km 或 3 个月更换润滑油，以后进行定期维护。其维护应在整车特约维修点进行，减速器的主要维护工作如下。

（1）减速器的检查与维护应按相关车型使用维护手册规定的周期进行维护，应以里程表读数或月数判断，以先达到者为准。

（2）减速器润滑油的更换应按相关车型使用维护手册规定的周期更换原厂推荐规格的润滑油。

（3）定期检查减速器螺栓的紧固情况。

（4）定期检查减速器外观有无漏油，有无磕碰。

11.2.1 减速器外观的检查

目测检查减速器外部有无磕碰、变形，有无渗油、漏油情况，如图 11 - 5 所示。

减速器产生渗漏油的主要原因为：输入轴油封磨损或损坏、差速器油封磨损或损坏、油塞处漏油、箱体破裂、油量过多由通气塞冒出。这些问题的处理措施如表 11 - 1 所示。

图 11 - 5 检查减速器的外观

表 11 - 1 减速器渗油故障分类和处理措施

故障分类	处理措施
输入轴油封磨损或损坏	参考维修手册操作规范更换油封
差速器油封磨损或损坏	参考维修手册操作规范更换油封
油塞处漏油	对油塞涂胶，按规定力矩拧紧
箱体破裂	参考维修手册对减速器进行维修
油量过多由通气塞冒出	检查油位调整油量

11.2.2 减速器螺栓紧固情况的检查

减速器通过螺栓与驱动电机进行装配连接，如图 11 - 6 所示；减速器采用 3 个左悬置点和 3 个后悬置点与整车悬置支架进行装配连接，如图 11 - 7 所示，都应按维修手册拧紧力矩要求进行紧固。

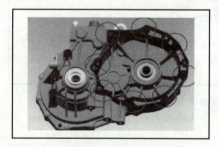

图 11 - 6 减速器与驱动电机的装配连接

图 11 - 7 减速器与悬置支架的装配连接

检查减速器与半轴的紧固情况，需保证半轴中心平行于减速器差速器的中心，如图 11 - 8 所示，防止半轴碰伤或损坏差速器油封，同时半轴上的卡圈应与减速器差速器半轴齿轮上的卡圈槽连接定位。

11.2.3 检查减速器半轴防尘的套密封情况

检查减速器半轴防尘套的密封情况，主要检查防尘套有无破损、漏油，防尘套紧固卡环有无松动，如图 11 - 9 所示。

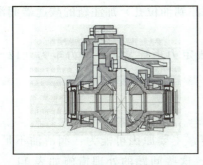

图 11 - 8　检查减速器与半轴的紧固情况　　图 11 - 9　检查减速器半轴防尘套的密封情况

11.2.4　检查和更换减速器润滑油

1. 检查减速器润滑油

检查减速器润滑油的方法为：

（1）确认车辆是否处于水平状态，以检查油位。

（2）检查减速器是否有漏油痕迹，如有，应分析漏油原因，修理漏油部位。

（3）拆下油位螺塞，检查油位。如润滑油与油位螺塞孔齐平，则说明油位正常。否则，应补加规定的润滑油，直到油位螺塞孔口出油为止。油位螺塞和进油螺塞如图 11 - 10 所示。

2. 更换减速器润滑油

（1）在换油前，必须停车断电，水平提升车辆。

（2）在升起车辆的状态下，检查油位及是否漏油，如有漏油，应处理。

（3）拆下放油螺塞（见图 11 - 11），排放废油，用一个容器（即带有刻度的桶）来收集旧润滑油。

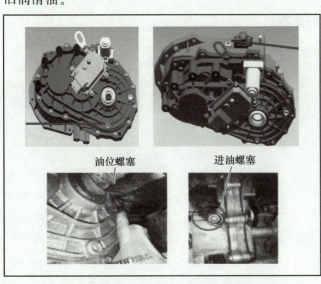

油位螺塞　　　　进油螺塞

图 11 - 10　变速器的油位螺塞和进油螺塞

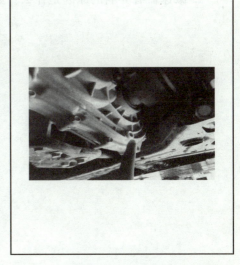

图 11 - 11　放油螺塞

（4）放油螺塞涂少量密封胶，并按规定力矩（12～18）N·m拧紧。

（5）拆下油位螺塞和进油螺塞。

（6）使用变速器油加注器按规定型号和规定油量（加注到油位孔）加注新的减速器润滑油，加注至正常油位。

（7）在油位螺塞、进油螺塞上涂少量密封胶，并按规定力矩拧紧，拧紧力矩为（12～18）N·m。

11.2.5　检查减速器有无异响情况

运行整车，检查减速器有无异常噪声，若有异常噪声，主要原因可能为：润滑油不足、轴承损坏或磨损、齿轮损坏或磨损、箱体磨损或破裂等。这些问题的处理措施如表 11-2 所示。

表 11-2　减速器异响故障的分类和处理措施

故障分类	处理措施
润滑油不足	按规定型号和油量添加润滑油
轴承损坏或磨损	参考维修手册对减速器进行维修
齿轮损坏或磨损	参考维修手册对减速器进行维修

思　考　题

1. 简述电动汽车减速器的工作原理。
2. 减速器的检查与维护有哪些？
3. 如何检查和更换减速器润滑油？
4. 减速器有异响的原因是什么？如何处理？

第12章

冷却系统的检查与维护

12.1　冷却系统的功能与工作原理

12.1.1　冷却系统的功能

　　传统汽车发动机中冷却系统的功能是带走发动机因燃烧所产生的热量，使发动机维持在正常的运转温度范围内。当发动机工作时，气缸内的气体温度可高达 1 727～2 527 ℃，若不及时冷却，将造成发动机零部件温度过高，尤其是直接与高温气体接触的零件，会因受热膨胀影响正常的配合间隙，导致运动件受阻甚至卡死。此外，高温还会造成发动机零部件的机械强度下降，使润滑油失去作用等。而冷却系统可以在发动机工作时对温度进行合理的调节与控制，使发动机各部件保持在正常的工作温度，从而获得理想的动力输出与良好的燃油经济性，如果没有冷却系统的帮助，发动机将无法正常工作。

　　电动汽车虽然没有发动机，但是电动汽车中的关键零部件电机、电机控制器及充电机在能量转化过程中也会产生大量的热，如果这些热量不能够及时地散发出去，将导致车辆限扭运行甚至导致零件的损坏。电机在运行过程中产生的热对电机的物理、电气和力学特性有着重要影响，当温度上升到一定程度时，电机的绝缘材料会发生本质上的变化，最终使其失去绝缘能力；随着电机温度的升高，电机中的金属构件的强度和硬度也会逐渐下降。由电子元器件构成的控制器同样会由于温度过高而导致性能下降，出现不利影响，如过高温度会导致半导体节点、电路损坏，增加电阻，甚至烧坏元器件。

　　电动汽车的冷却系统的功用是将电机、电机控制器及充电机产生的热量及时散发出去，保证其在要求的温度范围内稳定、高效地工作，如图 12-1 所示。

12.1.2　冷却系统的工作原理

　　冷却系统由两个体系构成，分别为冷却液回路和冷却风流道。

　　冷却液在流经 MCU（电机控制器）、充电机和驱动电机等热源时，热源通过热传导将热量传递给冷却液，高温冷却液通过电动水泵提供的动力流经散热器时，将热量通过热传导传递给散热器芯体，冷却空气通过热对流将热量带走，完成换热过程，如图 12-2 所示。

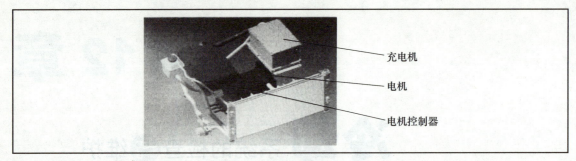

充电机

电机

电机控制器

图 12－1　电动汽车的冷却系统

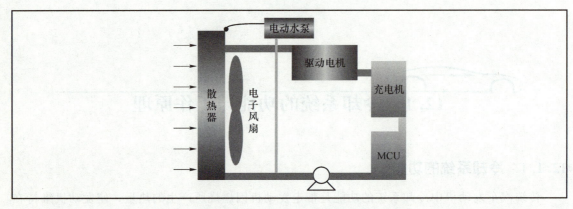

电动水泵

驱动电机

充电机

散热器

电子风扇

MCU

图 12－2　冷却系统的换热过程

膨胀水箱在冷却系统中起到提高冷却液沸点和提供冷却液加注口两大作用。

12.1.3　冷却系统的组成与冷却形式

目前，电动汽车的冷却形式根据对充电机的冷却方式可分为风冷和水冷两种。电动汽车冷却系统主要由电动水泵、散热器、电子风扇、膨胀水箱和冷却液等组成。

（1）风冷式充电机的冷却系统如图 12－3 所示，风冷式充电机冷却系统的冷却路径为：水泵—MCU—电机—散热器—水泵。

（2）水冷式充电机的冷却系统如图 12－4 所示，水冷式充电机冷却系统的冷却路径为：水泵—MCU—充电机—电机—散热器—水泵。

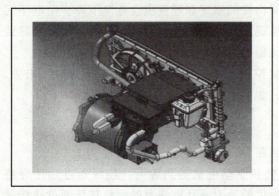

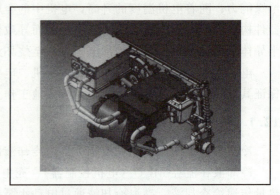

图 12－3　风冷式充电机的冷却系统　　　　图 12－4　水冷式充电机的冷却系统

12.2　冷却系统的检查与维护

12.2.1　冷却系统的检查与维护

在对电动汽车高压部件进行维护之前，一定要做好高压安全防护准备。下面以北汽新能源汽车为例，来说明电动汽车冷却系统的检查与维护。

1. 检查冷却系统管路及接口处有无泄漏、渗漏情况

检查冷却系统有无泄漏和渗漏情况。目测冷却系统各管路及各零部件接口处有无泄漏情况，环箍有无损坏，如图 12-5 所示。

2. 检查和清洁散热器

清洗散热器散热片是保证良好传热效果所必需的工作。若散热器和空调散热片出现碎屑堆积，须进行清洗。在电机冷却后，在散热器后部（电机侧）使用压缩空气来冲走散热器或空调冷凝器的碎屑。需检查散热器翘片是否有变形，否则会降低通风量。严禁使用水枪对散热器散热片喷水清洗。

3. 检查水泵工作是否正常

冷却系统电动水泵的安装位置，如图 12-6 所示。启动车辆，检查电动水泵有无泄漏情况，是否存在异响。检查电动水泵的线束是否有老化、破皮、电源线铜芯外露等情况。

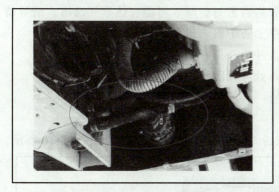

图 12-5　目测冷却系统管路及接口处

图 12-6　冷却系统电动水泵的安装位置

4. 检查部件温度是否正常

启动车辆，使用红外测温仪检查散热器、驱动电机、电机控制器等的温度是否正常，如图 12-7 所示。

5. 检查冷却液液位

电动汽车冷却液液位必须定期检查，如图 12-8 所示。检查冷却液液位前，需要将车辆停驻在水平路面上，应在电机降温后检查。在电机未完全冷却时，打开散热器盖，可能会导致冷却液喷出，造成严重烫伤。电动汽车冷却液液位的检查与传统汽车没有区别，主要通过目视检查。

在打开散热器盖之前，必须确认电机、DC/DC变换器、电机控制器及散热器均已冷却。在冷却液处于冷状态测量时，罐内冷却液的高度应保持在两条标记线之间，如果液位偏低，需添加冷却液。

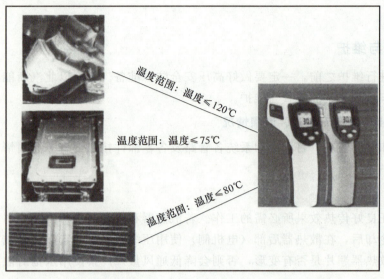

温度范围：温度≤120℃

温度范围：温度≤75℃

温度范围：温度≤80℃

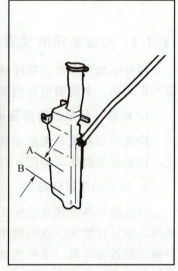

A

B

图 12-7　使用红外测温仪检查各部件的温度

图 12-8　检查冷却液液位

6. 排放与添加冷却液

当冷却系统温度高于环境温度时，请勿打开散热器盖，否则热的蒸气或沸腾的冷却液会从散热器中飞溅出来对人体造成伤害。在打开散热器密封盖时，可能有热蒸气逸出。请等待车辆冷却后再进行相关工作。请戴好护目镜并穿上防护服，以免伤害眼睛和烫伤。

（1）打开散热器密封盖。用抹布盖住密封盖并小心打开。

（2）将收集盘置于车下散热器冷却液排放阀处（见图12-9）。

（3）逆时针方向松开散热器冷却液排放螺栓。

（4）排放出散热器中的冷却液。

（5）添加新的冷却液，使用冰点测试仪检查冷却液的冰点。冰点测试仪如图12-10所示。

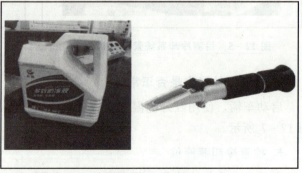

图 12-9　冷却液排放阀位置

图 12-10　冰点测试仪

12.2.2　选择冷却液的注意事项

（1）只允许使用符合车辆要求的冷却液作为冷却液添加剂。

（2）不允许与先前的冷却液添加剂混合。

（3）符合标准的冷却液添加剂可防止霜冻、腐蚀和结垢，此外还能提高沸点。因此冷却系统务必全年加注防冻、防腐剂。

（4）必须保证防冻温度低至约 −25 ℃（在极地气候的国家最低至约 −35 ℃），即使在暖和的季节或暖和的国家也不允许添加水来降低冷却液的含量。冷却液添加剂的比例必须至少为 40%。

（5）如果出于气候原因需要更强的防冻效果，可以提高冷却液的比例，但最高只到 60%（防冻温度最低至约 −40 ℃），否则防冻又会减弱，此外还会降低冷却效果。

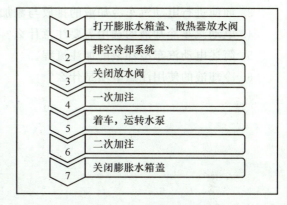

图 12 - 11　冷却液加注流程

冷却液的加注流程，如图 12 - 11 所示。

（1）一次加注。向散热器加注口加注符合新能源汽车使用标准的冷却液，目测冷却液加注至冷却液加注口位置时，大约加 3 L 冷却液。

（2）二次加注。开启电动水泵，待水泵循环运行 2～3 min 后，再向散热器补充冷却液至加注口，重复以上加注操作，直到达到冷却系统加注量要求。

（3）然后向膨胀水箱加注冷却液至上限位置。

12.2.3　冷却液使用注意事项

（1）冷却液有毒，如果吞咽可能致命，请保持容器密封并摆放在儿童不易触摸到的位置。如果发现误食，请立即就医。

（2）避免冷却液与皮肤或眼睛接触。如果发生上述情况，请立即用大量清水冲洗。

（3）冷却液中含有重要的防腐剂，冷却液中防腐剂的成分应常年维持在 50%±5%（不仅在低温条件下）。为确保冷却液的防腐性能，无论车辆的行驶里程是多少，应定期检查一次冷却液中防腐剂的含量，冷却液应每两年完全更换一次。如不能及时检查或更换，会导致散热器和驱动电机等零部件的腐蚀。

（4）如果更换了散热器、驱动电机等，就不能重新使用已经用过的冷却液。

（5）若冷却液高度明显，降低，意味着冷却系统发生了泄漏。如果发生这种情况，应检查泄漏点并排除。

（6）如果冷却液高度降到储液罐上的低水位刻度线位置以下，须打开盖子并向储液罐中添加冷却液。冷却液的加注量为 6 L。

（7）冷却系统是密封的，所以正常情况下，冷却液的损耗是非常少的。

思 考 题

1. 简述电动汽车冷却系统的组成与冷却形式。
2. 对电动汽车冷却系统的检查与维护工作有哪些?
3. 如何进行电动汽车冷却液的排放与添加?
4. 电动汽车冷却液的选用需要注意什么?
5. 简述电动汽车冷却液的加注流程。
6. 冷却液的使用注意事项是什么?

第 13 章

空调系统的检查与维护

汽车空调系统用来调节车内的温度、湿度、气流速度和空气洁净度，从而创造清新、舒适的车内乘员环境。汽车空调是衡量汽车功能的标志之一，在任何气候和行驶条件下，通过对车厢内的空气进行调节以之达到人体最适宜的状态，从而改善驾驶员的驾驶环境，提高乘客乘坐的舒适性。

汽车空调系统主要由制冷系统、暖风系统和送风系统组成。空调制冷和供暖系统的主要组成部分如图 13－1 所示。

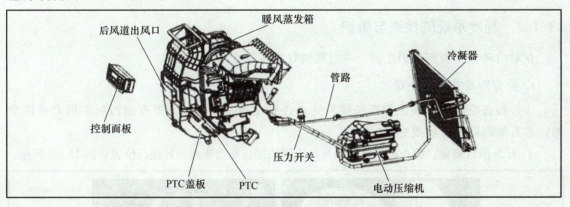

图 13－1　空调制冷和供暖系统的主要组成部分

13.1　空调制冷系统的检查与维护

13.1.1　空调制冷系统的工作原理

空调制冷系统由电动压缩机、冷凝器、压力开关、储油罐、膨胀阀、蒸发器及管路等组成。

电动汽车空调制冷系统的工作原理和传统燃油汽车是一样的，都是利用空气的热传递效应将空气中的热量向低温处传播。当蒸发器处于低温时，会吸收外部热量，制冷剂作为传导介质被压缩机抽走，制冷剂经压缩机压缩后温度上升，此时制冷剂温度比外部环境温度高出许多,高温制冷剂流入冷凝器,通过电风扇向外界排放热量,降低温度,然后经膨胀节流作用生成低温制冷剂流入蒸发器,进行工作循环,不断地抽取车厢内的热量,从而达到降温效果。当制冷系统工作时,制冷剂以不同的状态在这个密闭系统内循环流动,每个循环又有 4个基本过程,如图 13 - 2 所示。

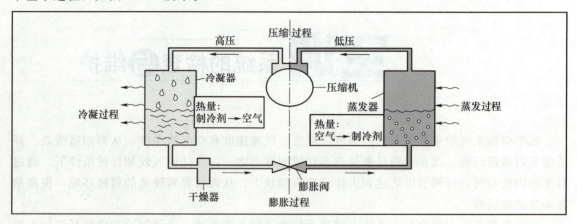

图 13 - 2　空调制冷剂的循环过程

13.1.2　制冷系统的检查与维护

在对电动汽车进行维护之前,一定要做好高压安全防护准备。

1. 检查制冷系统的外观

(1) 检查空调制冷系统各管路接头处是否有油污及灰尘,如果有油污灰尘则有可能泄漏,若有泄漏则须维修或更换。

① 打开前机舱盖,检查高压维修阀及高压管路接口是否泄漏,各接口位置如图 13 - 3 所示。

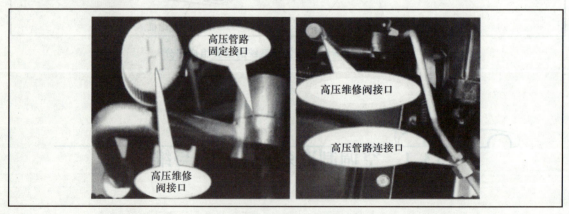

图 13 - 3　高压维修阀及连接管路位置

② 检查低压维修阀及高低压管路接口是否泄漏,以及紧固状态,其管路接口紧固位置如图 13 - 4 所示。

③ 举升车辆,检查冷凝器和压缩机管路接口是否泄漏及其紧固状态,其管路接口的位置如图 13 - 5 所示。

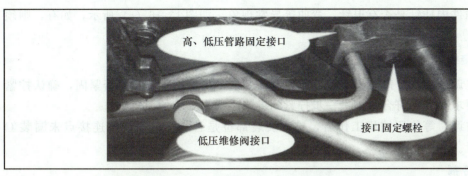

图 13 - 4 低压维修阀接口及高低压管路的紧固位置

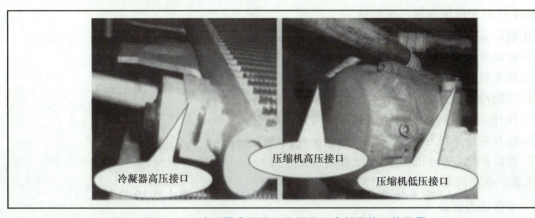

图 13 - 5 冷凝器高压接口和压缩机高低压接口的位置

（2）检查冷凝器表面是否有脏污，如不洁净，可用气枪吹净。

（3）检查散热片是否有倒伏变形。

（4）检查低压管路是否有结霜，如果有结霜，则是由于膨胀阀开度过大。

2. 检查电路线束

（1）检查电路线束及插接件连接处是否对插到位，有无松动、破损、腐蚀等问题，如图 13 - 6（a）所示，若未达到要求则须修复或更换。

（2）检查插接件线束波纹管有无破损，如图 13 - 6（b）所示，若有，则须修复或更换。

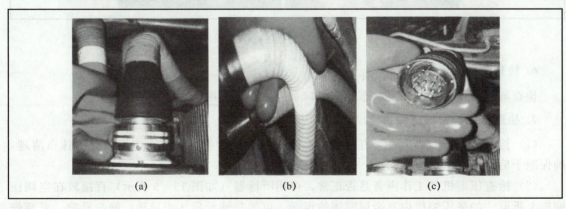

（a）　　　　　　　　　（b）　　　　　　　　　（c）

图 13 - 6 检查电路线束插件

（3）检查插件内插针是否有退针、弯曲等异常现象，如图13-6（c）所示，如有，则须修复或更换。

3. 检查连接螺栓

（1）检查空调压缩机、散热器、蒸发箱等制冷系统部件的螺栓连接是否紧固，确认拧紧力矩是否符合要求，若不符合，则进一步拧紧到维修手册上要求的力矩。

（2）打开空调，等待压缩机工作后，检查安装部位是否达标，确认各连接点未漏装O形圈，螺栓拧紧。

4. 检查制冷剂

检查制冷剂加注量是否符合标准，若制冷剂不足，应按标准加注制冷剂至标准值。制冷剂的加注过程和传统燃油汽车相同。

① 制冷系统抽真空；

② 将歧管表组和空调制冷机充放机设备连接到制冷系统中；

③ 打开吸气和排放阀，然后打开加注阀使加热的制冷剂流入系统；

④ 当制冷剂传送停止时，关闭吸气和排放阀；

⑤ 打开低压侧阀，将剩余的制冷剂输送到制冷系统中；

⑥ 断开制冷系统维修接口上的加注设备和歧管表组；

⑦ 将防护帽安装到制冷系统维修接口上；

注意：电动汽车中不能使用荧光剂查漏和检测。

5. 检查压力开关

检查压力开关（如图13-7所示）是否损坏，若损坏，则更换压力开关。

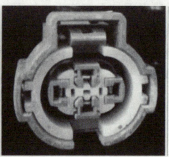

图13-7　空调压力开关

6. 检查蒸发器排水口

检查蒸发器排水口的固定状态及排水口是否堵塞，如图13-8所示。

7. 检查与维护空调压缩机

（1）检查空调压缩机上是否有灰尘、水渍与锈蚀等杂物，若有，应用潮湿的抹布清理，确保晾干后将压缩机重新装回。

（2）检查压缩机的工作声音是否正常，可用听诊器（如图13-9所示）直接放在空调压缩机上听取。如果压缩机内有金属摩擦的声音，可能是轴承损坏或异动、静盘异响，需要修复或更换。

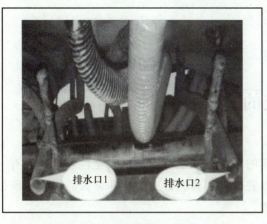

图 13 - 8　检查蒸发器排水口

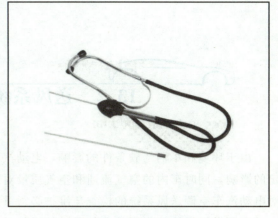

图 13 - 9　汽车听诊器

如果发现异响，应立即关闭空调系统，防止加重损坏程度。

8. 检查与维护压缩机控制器的绝缘性能

电动汽车的空调压缩机控制器属于高压部件，需要检查空调压缩机控制器正负极的绝缘电阻是否正常。以北汽 EV200 为例，检查方法如下。

（1）绝缘电阻检查应在高低压断电及电容放电以后，用数字绝缘测试仪在 DC 500 V 下测试控制器高压端子与外壳间的绝缘电阻是否大于 5 MΩ，如图 13 - 10 所示。若未达到，则修复或更换。

（2）高压插接件电阻值的检查应在高低压断电及电容放电以后，拔下母端高压插接件，确认压缩机侧公端高压插接件正负极之间的电阻，正常值为 1.7～2 MΩ，如图 13 - 11 所示。若未达到，则修复或更换。

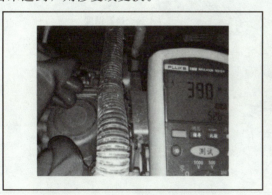

图 13 - 10　测试控制器的绝缘电阻

图 13 - 11　检测高压插接件正负极之间的电阻值

在检测中，应注意以下两个方面的问题。

（1）压缩机及压缩机控制器是高压电器件，在其与电源相连的任何时候接触空调压缩机，操作人员都必须采取必要的安全防护措施。

（2）压缩机控制器内部电路自身的电荷会在 3 min 内放电完毕。若不进行强制放电则需要等待 3 min 再取下压缩机控制器，以避免电击危险。

13.2 送风系统的检查与维护

由于环境和车辆驾驶条件的影响,电动汽车的空调送风系统对车内安全性和舒适性有一定的影响,同时车内的空气流通和空气质量对驾驶员和乘客的健康也有非常大的影响,所以对电动汽车空调送风系统的检查与维护必须重视。

空调送风系统的作用是空气通过鼓风机的工作气流,将蒸发器和 PTC 形成的冷风或暖风根据驾驶员的需求输送到指定的出风口。

空调送风系统主要由鼓风机、风道、内外转换风门、空调滤芯、出风口等组成,如图 13-12 所示。

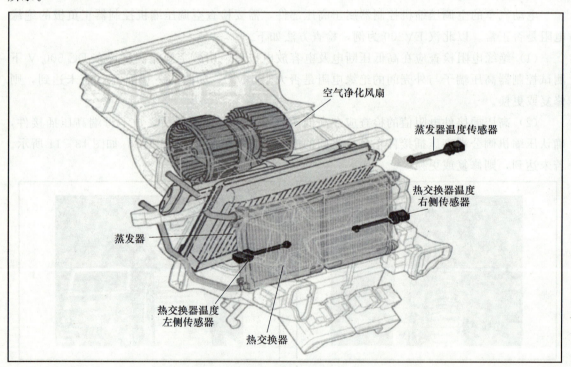

空气净化风扇

蒸发器温度传感器

热交换器温度右侧传感器

蒸发器

热交换器温度左侧传感器

热交换器

图 13-12 空调送风系统的组成

13.2.1 空调控制面板功能的检查

空调控制面板如图 13-13 所示。检查时,转动到 ON 挡,按下 A/C 按钮。

(1) 扭转风量调节旋钮,检查风量是否和调节相符合。

(2) 按下内外循环按钮,观察空调能否进行内、外循环模式的切换。

(3) 按下 MODE 按钮,根据显示屏上的出风模式检查各出风口是否正常工作。

（4）分别按下前后风窗玻璃除霜按钮，检查出风口是否正常工作。

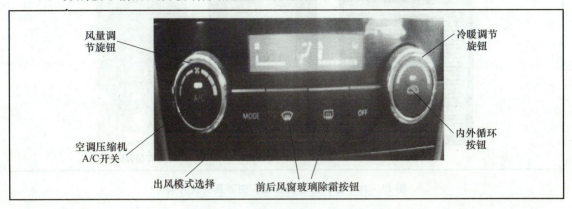

图 13 - 13　空调控制面板示意图

13.2.2　空调滤芯的检查和更换

空调滤芯通过过滤外界进入车厢内部的空气来提高空气的洁净度。检查空调滤芯是否过脏，风速是否正常，以确保滤芯清洁，通风良好，无霉无菌，滤芯放置周边的密封应良好。下面以 EV200 车型为例介绍滤芯的更换步骤。

（1）空调滤芯在副驾驶位搁脚处上方位置，如图 13 - 14 所示。

图 13 - 14　空调滤芯的安装位置

（2）打开空调滤清器盖板后方的固定卡扣，取下空调滤清器盖板，如图 13 - 15 所示。

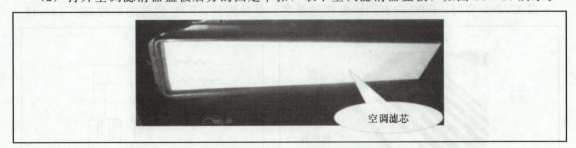

图 13 - 15　空调滤芯的位置

（3）取出空调滤芯，将气枪高压空气喷嘴与滤芯保持 50 mm 的距离，以 500 kPa 的气压吹大约 2 min。如果滤芯过脏，则需要更换。

（4）当安装空调滤芯时，需要注意安装方向，如图 13 - 16 所示。

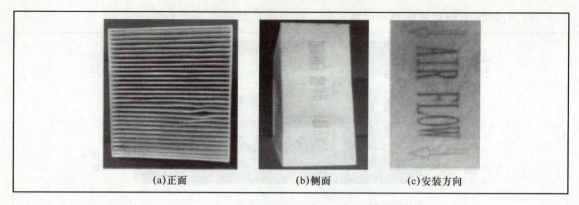

(a)正面　　　　(b)侧面　　　　(c)安装方向

图 13 – 16　空调滤芯的正面、侧面及安装方向

13.2.3　风道通风装置的检查

检查风道是否过脏或有异响情况，确保风道清洁、通风良好、无异响。

（1）检查左侧与右侧风道通风装置的上下左右调节功能和清洁情况。

（2）检查控制面板中央出风口的上下左右调节功能和清洁情况。

13.3　暖风系统的检查与维护

由于电动汽车没有传统燃油汽车的发动机，也就没有了热源，因此电动汽车的空调暖风系统的工作原理与传统燃油汽车也有所区别，电动汽车的空调暖风系统是利用 PTC（加热器）通电加热车内的空气来达到制热效果的。

电动汽车空调暖风系统 PTC 的整体结构如图 13 – 17 所示。PTC 是电动汽车制造热风的主要来源，其最大的优势就是发热速度快、温度可控、使用方便。

以 EV200 为例，PTC 内有两组电热丝并联，单独控制。PTC 内部的原理如图 13 – 18

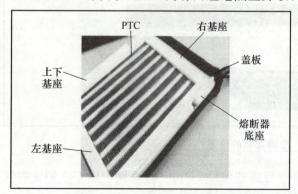

图 13 – 17　电动汽车空调暖风系统 PTC 的整体结构

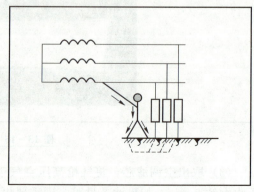

图 13 – 18　PTC 内部原理

所示。PTC 上有温度传感器可以实时监测 PTC 本体的温度，控制 PTC 的导通和切断。高压控制盒内有 PTC 熔断器用来防止 PTC 失控发生火灾。

13.3.1　电路线束的检查与维护

在对电动汽车高压部件进行维护之前，一定要做好高压安全防护准备。

（1）检查电路线束及插接件连接处是否对插到位，有无松动、破损、腐蚀等问题，若未达到要求，则修复或更换。

（2）检查插接件线束波纹管有无破损，若有，则修复或更换。

（3）检查插件内插针是否有退针、弯曲等异常现象，如，有则修复或更换。

13.3.2　检查连接螺栓

检查 PTC 的螺栓连接是否紧固，确认拧紧力矩是否符合要求，若不符合则进一步拧紧到维修手册上要求的力矩。

13.3.3　检查 PTC 的绝缘性

打开空调 A/C 开关，按下内外循环按钮，扭转制冷旋钮，启动制热功能，空气通过 PTC 加热从仪表盘通风口输出。暖风功能打开工作几分钟之后，检查吹出的风有无焦煳味。

电动汽车的空调 PTC 属于高压部件，检查 PTC 绝缘性时一定要断开高低压电，断开插接件时请注意安全。检查 PTC 正负极的绝缘电阻是否正常。以北汽 EV200 为例，检查方法如下：

在高低压断电及电容放电以后，根据高压控制盒高压附件接口的定义（如图 13－19 所示），用数字绝缘测试仪在 DC 500 V 下测试 PTC 正负极与车身（外壳）间的绝缘电阻是否大于 500 MΩ，若未达到则修复或更换。

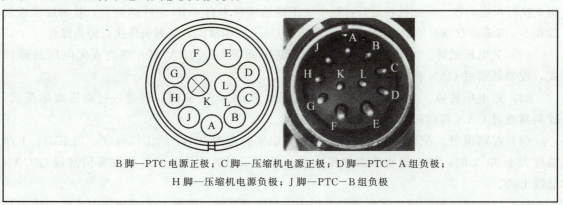

B 脚—PTC 电源正极；C 脚—压缩机电源正极；D 脚—PTC－A 组负极；
H 脚—压缩机电源负极；J 脚—PTC－B 组负极

图 13－19　高压控制盒高压附件接口的定义

检测 PTC 正负极的绝缘性，如图 13－20 所示。

（1）红表笔接 B 端子，黑表笔接车身搭铁，检测绝缘电阻。

（2）红表笔接 D 端子，黑表笔接车身搭铁，检测 A 组负极的绝缘电阻。

（3）红表笔接 J 端子，黑表笔接车身搭铁，检测 B 组负极的绝缘电阻。

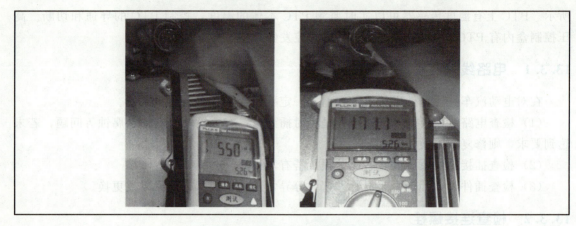

图 13 - 20 检测 PTC 正负极的绝缘性

13.4 空调系统故障的诊断与处理

13.4.1 空调系统故障的诊断原理

空调系统故障包括 CAN 通信故障、欠电压故障、过电压故障、过热报警和过电流保护等。

（1）CAN 通信故障。当空调控制器接收来自 CAN 总线的控制指令时，控制器将根据控制指令执行相应动作。压缩机在运行过程中要不断地接收来自 CAN 总线的信息，若压缩机控制器在 5 s 内未接收到有效的 CAN 指令，则认为 CAN 通信故障，压缩机将执行停机操作。

（2）欠电压故障。当空调控制器的输入电压低于 DC 220 V 时，将进入欠电压故障模式，控制器通过 CAN 将故障信息上传。

（3）过电压故障。当空调控制器输入电压大于 DC 420 V 时，将进入过电压故障模式，控制器通过 CAN 将故障信息上传。

（4）过热报警。控制器通过内部传感器可以实时监测 IGBT 的工作温度。当 IGBT 工作温度大于 90 ℃时，控制器将给出停机指令，停止压缩机工作并将过热报警信息通过 CAN 总线上传。

（5）过电流保护。控制器在运行过程中，如果载荷超过系统最大带载能力或出现较大扰动，会造成系统输出相电流变大，当相电流达到硬件设定值时，触发硬件过电流保护功能。控制器立刻停止运行并通过 CAN 通信上报故障信息。

13.4.2 空调系统维修的注意事项

在维修空调系统时，要注意以下事项。

（1）压缩机的绝缘电阻值应为 20 MΩ。

（2）注意高压部件的安全操作。

（3）拆解后及时密封各管路开口，防止水或湿空气进入系统。

（4）冷冻机油（压缩机润滑油）为 POE68，与传统燃油汽车（PAG 冷冻机油）不同，不要混用。

（5）连接安装各管路接口时，注意管口清洁，O 形圈涂抹冷冻油。

（6）制冷剂加注量按要求确定。

（7）制冷剂喷出时注意个人防护，避免接触冻伤、吸入及误入眼睛。

13.4.3　制冷系统故障排查的简要流程

1. 压缩机故障

（1）首先确认操作正常。

（2）检查系统压力是否正常。

（3）检查空调系统的电路是否存在短路、断路，以及插接器不良的现象。

（4）若均正常，可怀疑空调控制面板或整车控制器出了问题，检查电动压缩机控制信号是否正常。

（5）若无法检查出外围故障，则可认定为压缩机自身故障。

2. PTC 控制器故障

（1）首先确认操作正常。

（2）检查系统连接是否正常，是否存在插接件漏插等现象。

（3）检查高压熔丝（即高压电输入 PTC 控制器）是否正常。

（4）建议通过故障诊断仪进行故障提示。

13.4.4　空调压缩机常见故障分析

空调压缩机是空调系统的核心部件，表 13 - 1 所示为空调压缩机常见故障分析。

表 13 - 1　空调压缩机常见故障分析

故障	现象	原因及判断	检测及排除措施
驱动控制器不工作，压缩机不工作	压缩机无启动声音，电源电流无变化	① DC 12 V 控制电源未通入驱动控制器 ② 控制电源电压不足或超压 ③ 插接件端子接触不良或松脱	① 检查驱动控制器控制电源插头端子是否松脱 ② 检查控制电源到驱动控制器之间的导线是否有断路 ③ 测量控制电源电压是否达到要求 　（对于 DC 12 V 控制电源驱动的控制器，控制电源的电压至少大于 DC 9 V，但不得高于 DC 15 V）
驱动控制器工作正常，压缩机不正常工作	压缩机发出异常声音	① 电机缺相 ② 冷凝器风机未正常工作，系统压差过大，电动机负载过大	① 检查驱动控制器与电机连接的三相插头及相关导线，保证其接触良好及导通 ② 保证冷凝器风机正常工作，待系统压力平衡后再次启动

故障	现象	原因及判断	检测及排除措施
驱动控制器工作正常，压缩机不工作	压缩机无启动声音，电源电流无变化，各端口电压正常	驱动控制器未接收到空调系统的 A/C 开关信号	① 检查 A/C 开关是否有故障 ② 检查与 A/C 开关相连的导线是否断路 ③ 检查 A/C 开关的连接方式是否正确
驱动控制器工作正常，压缩机不工作	压缩机无启动声音，电源电流无变化，高压端口电压不足或无供电	欠电压保护启动	关闭整车主电源 ① 检查驱动控制器主电源输入接口处的插接件端子是否有松脱 ② 主电源到驱动控制器之间的导线是否断路 ③ 控制主电源输入的继电器是否正常动作
驱动控制器自检正常，压缩机不工作	压缩机启动时有轻微抖动，电源电流有变化随后降为 0	① 冷凝器风机未正常工作，系统压差过大，电机负载过大导致的过电流保护启动 ② 电机缺相导致的过电流保护启动	① 保证冷凝器风机正常工作，待系统压力平衡后再次启动 ② 检查驱动控制器与电机连接的三相插头及相关导线，保证其接触良好及导通

PTC 控制器的常见故障及排除措施如表 13-2 所示。

表 13-2 PTC 控制器的常见故障及排除措施

故障	观象	原因及判断	检测及排除措施
PTC 控制器不工作	启动功能设置后风仍为凉风	① 冷暖模式设置不正确 ② PTC 控制器本体断路 ③ PTC 控制器控制回路断路 ④ 内部短路烧毁高压熔丝	① 检查冷暖设置是否选择为暖方向 ② 断开高压插件后，测量高压正负电阻是否正常 ③ 断开低压插件后，测量两极间是否为导通 ④ 更换 PTC 控制器及高压熔丝
PTC 控制器过热	出风温度异常升高或从空调出风口嗅到塑料焦煳气味	PTC 控制器控制模块损坏粘连不能正常断开	关闭制热功能，断电检查 PTC 控制器加热器及 PTC 控制器控制模块

思 考 题

1. 制冷系统的外观检查与维护有哪些？

2. 如何检查制冷剂？

3. 对空调压缩机需要进行哪些方面的检查与工作？

4. 如何检查压缩机控制器的绝缘性能？

5. 如何检查维护空调滤芯？

6. 如何检查 PTC 的绝缘性能？

7. 简述空调系统的故障诊断原理。

8. 制冷系统故障排查的简要流程是什么？

9. 简述 PTC 控制器加热器常见的故障模式及排除方法。

10. 简述电动压缩机的常见故障及检测排除措施。

第14章

电动 汽车底盘系统的维修

14.1 电动汽车转向系统的检查与维护

汽车转向系统是驾驶员用来保持或改变汽车行驶方向的机构。在汽车转向行驶时，转向系统要保证各转向轮之间有协调的转角关系。驾驶员通过操纵转向系统，使汽车保持在直线或转弯运动状态。转向系统是指挥车辆行驶的重要系统，车辆在高速行驶时方向稍有偏差，就有可能造成交通事故，所以转向系统的维护检查工作格外重要。

14.1.1 转向系统的结构组成与工作原理

1. 转向系统的结构和组成

转向系统主要包括转向操纵机构、转向器和转向传动机构等，如图 14-1 所示。

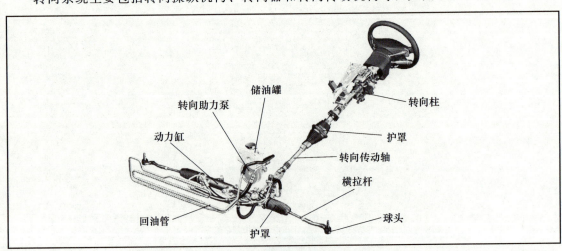

图 14-1 转向系统的结构和组成

目前电动汽车常用的转向系统为电动助力转向系统（electric power steering，EPS）。电动助力转向系统如图 14-2 所示，它是由转矩传感器、电子控制单元（ECU）、助力电机、减速机构和齿轮齿条传动机构等共同组成的。ECU 根据各传感器输出的信号计算所需的转向助力，并通过功率放大模块控制助力电机的转动，电机的输出经过减速机构减速增扭后驱动齿轮齿条机构产生相应的转向助力。

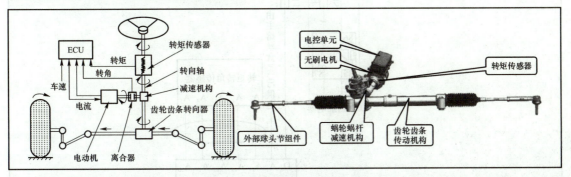

图 14-2　电动助力转向系统

与传统的液压助力转向器相比，电动助力转向系统具有很多优点，包括：

① 只在转向时电机才提供助力，可以显著降低燃油或电能的消耗。

② 转向助力经过软件匹配，兼顾低速时的转向轻便性和高速时的操纵稳定性，回正性能好。

③ 结构紧凑，质量轻，生产线装配精度好，易于维护，比起液压系统，电动助力转向器不需要液压油，而且零部件少。

2. 电动助力转向系统的工作原理

以北汽新能源汽车 EV200 为例，图 14-3 所示为其电动助力转向系统的工作原理图。

（1）当点火开关置于 ON 挡时，控制器开始对 EPS 系统进行自检，自检通过后，闭合继电器和离合器，EPS 系统便开始工作，此时车速为零，驾驶员转动转向盘时，助力电机以最大助力输出。

（2）转向控制器在供电 200 ms 内完成自检，供电 200 ms 后可以与 CAN 总线交换信息，供电 300 ms 后输出 470 帧（转向故障和转向状态上报帧）。

（3）当电动助力转向系统检测到故障时，通过 CAN 总线或硬件向整车控制器发送故障信息，并采取相应的处理措施。如果车辆在行驶过程中由于故障而导致转向助力失效，驾驶员仍然可以通过人力来操作转向盘，不会出现转向机构卡死的现象。

（4）电动助力转向系统正常工作时，当转向盘转动时，位于转向轴上的转角传感器和扭矩传感器把测得的转向盘上的角位移和作用于其上的力矩等信号转化为电信号送至电子控制单元 ECU，ECU 再根据转矩信号、车速信号、轴重信号等进行计算，得出助力电机的转矩和助力电流的大小，完成转向助力控制，实现在全速范围内的最佳控制。

电动助力转向系统的助力作用受计算机控制，在低速转向时的助力作用最强，随着车速的升高助力作用逐渐减弱，当达到一定车速时，计算机停止向电动机供电，转向变为完全由驾驶员人力操纵。由此可见，电动助力转向系统在低速转向时，可获得较轻便的转向特性，而在高速转向时，则可获得完全的转向"路感"，具有优越的控制特性，保证车辆行驶的安全。

EPS 转矩传感器插件的端子定义如图 14-4 所示。

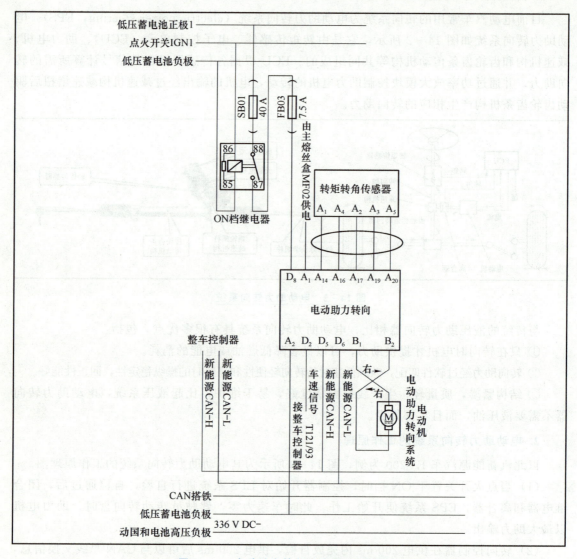

图 14－3　电动助力转向系统的工作原理图

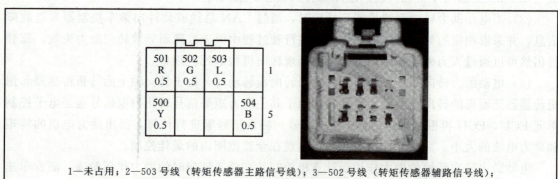

1—未占用；2—503 号线（转矩传感器主路信号线）；3—502 号线（转矩传感器辅路信号线）；
4—501 号线（EPS 电机控制器输出 5 V 即转矩传感器 5 V 电源）；5—504 号线（转矩传感器地线）；
6—未占用；7—未占用；8—500 号线（EPS 电机控制器输出 12 V 即转矩传感器 12 V 电源）

图 14－4　EPS 转矩传感器插件的端子定义

EPS 电机控制器 20 芯插件的端子定义如图 14-5 所示，各端子的定义如下。

① 1—183 号线：故障信号线至 VCU（BJEV 为 T81/57、德尔福为 T73E/45 灰色插件）。

② 3—38 号线：车速信号线至 VCU（BJEV 为 T81/44、德尔福为 T73E/57 灰色插件）。

③ 5—170 号线：点火开关 ON 挡供电，至 FU 保险盒 FU11 熔丝。

④ 7—501 号线：EPS 电机控制器输出 5 V 即转矩传感器 5 V 电源。

⑤ 8—502 号线：转矩传感器辅路信号线。

⑥ 10—500 号线：EPS 电机控制器输出 12 V 即转矩传感器 12 V 电源。

⑦ 19—504 号线：转矩传感器地线。

⑧ 20—503 号线：转矩传感器主路信号线。

⑨ 其余针脚未占用。

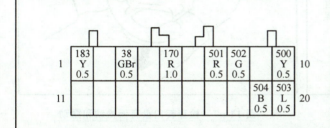

图 14-5　EPS 电机控制器 20 芯插件的端子定义

14.1.2　转向系统的检查与维护

1. 检查转向盘的自由行程

转向盘的自由行程是指不使转向轮发生偏转而转向盘所能转过的角度。不同汽车转向盘的自由行程的大小应查阅相关车辆的技术手册，大多数汽车转向盘正常的自由行程在 10°～15°之间。检查步骤如下。

（1）将转向盘置于正前方位置，给转向盘周围施加 5 N 的力。

（2）测量转向盘周围的自由行程，如图 14-6 所示。

如果转向盘不在规定的自由行程范围内运动，按如下步骤进行检查，如果发现缺陷，进行更换。

① 检查转向横拉杆球头是否磨损；

② 检查下部球接头是否磨损；

③ 检查转向轴接头是否磨损；

④ 检查转向小齿轮或齿轮齿条是否磨损或破裂；

⑤ 检查其他部件是否松动。

2. 检查转向盘有无松动和摆动，可否自由移动

用双手握住转向盘上下晃动，检查转向盘有无松动和摆动；用双手握住转向盘左右移动，检查转向盘可否自由移动，如图 14-7 所示。如果发现缺陷，进行维修或更换；拉动转向盘调节开关，检查是否可以随驾驶员的要求上、下调整转向盘的高度，并锁止在需要的高度。

3. 检查转向器传动机构的工作状况和密封性

检查转向器传动机构的工作状况和密封性是否正常，检查前悬架、后悬架、转向器、转向横拉杆、转向管柱等相关部件是否松动或损坏，校紧各部螺栓，如图 14-8 所示。

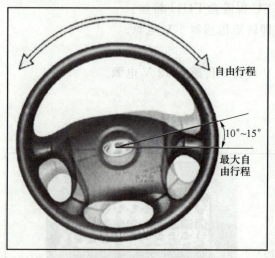

图 14-6　测量转向盘周围的自由行程

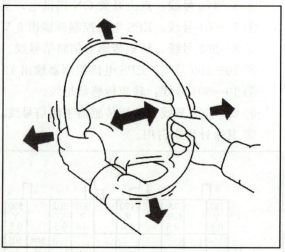

图 14-7　检查转向盘有无松动和摆动

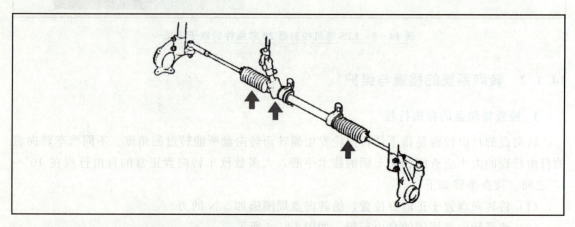

图 14-8　检查转向器传动机构的工作状况和密封性

4. 检查转向盘及转向管柱有无变形与损坏情况

（1）转动转向盘，检查转向球节轴承工作是否正常，目测其有无磨损、损伤情况。检查转向轴和轴承，是否有"咔嗒"声和损坏，如有"咔嗒"声和损坏，应更换新部件。

（2）目测检查轴是否损伤或变形。

（3）转动转向盘，目测插接器的转动是否顺畅，是否有损伤及转动。

5. 检查转向器本体的连接紧固状态

（1）检查转向器壳体上是否有裂纹，并注意转向器上的零件不允许焊接或校正，只能更换。

（2）检查轴承及衬套的磨损与损坏，以及油封、防尘套的磨损与老化情况，如有问题，及时更换。

（3）目测检查转向器上有无漏油处，如有漏油，更换全部 O 形圈及密封垫。

6. 检查转向横拉杆球头的间隙、紧固程度及防尘套

检查转向横拉杆球头的间隙、紧固程度及防尘套时，需要按照下列步骤进行作业。

（1）举升车辆（车轮悬空），通过摆动车轮和转向横拉杆来检查间隙。

（2）检查转向横拉杆球头的固定螺母是否牢固，如图 14 - 9 所示。

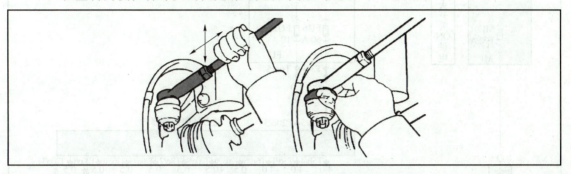

图 14 - 9　检查转向横拉杆球头的固定螺母是否牢固

（3）检查转向横拉杆的防尘套有无损坏和安装位置是否正确，如图 14 - 10 所示。

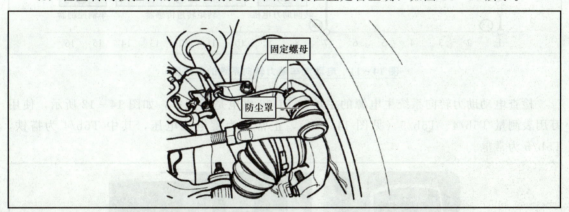

图 14 - 10　检查转向横拉杆的防尘套

7. 检查转向助力功能

检查转向助力功能的方法为：在道路试车过程中，通过原地转向、低速行驶中转向，检测转向时转向盘是否有沉重、助力效果不足等故障。将转向盘分别向左右转动至极限位置，检测是否有转向盘抖动、转向器异响等故障。

8. 路试检查

路试检查转向功能是否正常，有无噪声。

车辆在发生事故维修后，除了检查四轮定位之外，还应对转向盘进行完整的循环转动检查，此外还须目视检查转向器和转向横拉杆是否弯曲或产生裂纹，底盘及所有相关部件（如减振器、转向节、摆臂、后桥、稳定杆）及其他紧固件是否发生变形。

9. 检测电动助力转向系统的主电源

图 14 - 11 所示为某电动汽车助力转向系统的电路图。

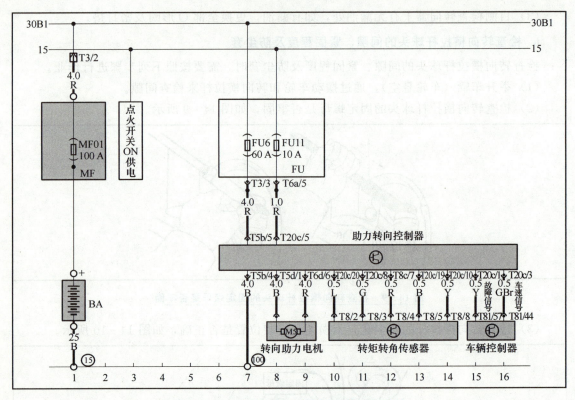

图 14-11　电动汽车助力转向系统的电路图

检查电动助力转向系统主电源的主熔丝 FU06 供电是否正常，如图 14-12 所示，使用万用表测量 T5b/4、T5b/5（见图 14-11），正常应为蓄电池电压，其中 T5b/4 为搭铁，T5b/5 为常电。

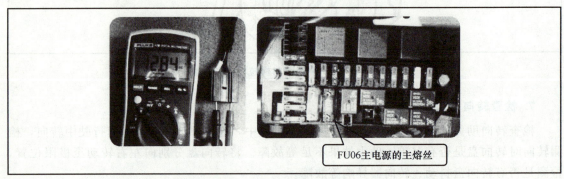

图 14-12　检查电动助力转向系统主电源的主熔丝 FU06 的供电情况

10. 检测电动助力转向系统控制器 20 针插件的供电及信号输入

将钥匙转动至 ON 挡，检查电动助力转向系统控制器 5 号脚的电压与蓄电池电压是否一致，如图 14-13 所示。

检查 3 号脚车速信号线至整车控制器的电压，用万用表电压挡测得的数值应在 0.03～13.6 V 的范围内。如图 14-14 所示，检查 4 号脚 501 号线，使用万用表测量电动助力转向系统电机控制器的输出电压应为 5 V，其中 5 号脚 504 号线接转矩传感器搭铁。

图 14 - 13　检查电动助力转向系统控制器
5 号脚的电压

图 14 - 14　检查电动助力转向系统
电机控制器的输出电压

使用万用表检查 501 号线与 504 号线的电压，应为（5±0.1）V，若电机控制器没有（5±0.1）V 的输出，则更换电机控制器。

11. 转向力的检查

（1）汽车停放在水平路面上，转向盘放置在平直向前位置。

（2）检查轮胎充气压力是否符合指定要求。

（3）启动车辆，将点火开关置于 ON 挡，通过在相切方向钩住转向盘上的弹簧秤测量转向力。

（4）转向力至少应为 35 N。

14.1.3　电动助力转向系统常见故障的修理方法

1. 电动助力转向系统的常见故障

电动助力转向系统常见故障的原因及修理方法如表 14 - 1 所示。

表 14 - 1　电动汽车转向系统常见故障的原因及修理方法

故障现象	可能的原因	修理方法
1. 转向沉重	① 接插件未插好 ② 线束接触不良或破损 ③ 转向盘安装不正确（扭曲） ④ 扭矩传感器性能不良 ⑤ 转向器故障 ⑥ 车速传感器性能不良 ⑦ 主保险丝和线路保险丝烧坏 ⑧ EPS 控制器故障	① 插好插头 ② 更换线束 ③ 正确安装转向盘 ④ 更换转向器 ⑤ 更换转向器 ⑥ 更换车速传感器 ⑦ 更换保险丝 ⑧ 更换控制器
2. 在直行时车总是偏向一侧	扭矩传感器性能不良	更换转向器
3. 转向力不平顺	扭矩传感器性能不良	更换转向器

2. 故障检测流程

排除电动助力转向系统的故障要遵循一定的故障检测流程，如图 14 - 15 所示。

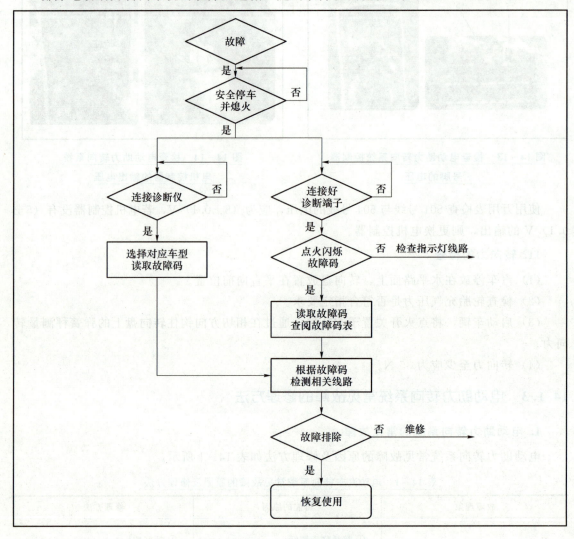

图 14 - 15　故障检测流程

3. 故障检查步骤

故障检查步骤如表 14 - 2 所示。

表 14 - 2　故障检查步骤

步骤	操作	是	否
1	主熔丝和线路熔丝是否完好	进入第 2 步	主熔丝和线路熔丝断
2	打开点火开关，检查终端"D8"和控制盒体搭铁之间的电压是否为电池电压	进入第 3 步	整车信号线断开或短路

续表

步骤	操作	是	否
3	检查终端"A₁"和控制盒体搭铁之间的电压,是否为电池电压	进入第 4 步	整车电源线断开或短路
4	整车无助力可以行驶	进入第 5 步	CAN 通信不畅
5	插头与电动助力转向系统控制盒之间连接是否牢靠	如果上述各项都完好,更换一个换好的电动助力转向系统控制盒,重新检查	搭铁不良

4. 转矩传感器的检测

参考图 14-2、图 14-3 和图 14-5 对转矩传感器的电压信号进行检测,打开点火开关,转动转向盘,在直行状态时主、辅信号电压约为 2.5 V;左转时主信号电压升高,辅信号电压降低,主、辅电压之和等于 5 V;右转时主信号电压降低,辅信号电压升高,主、辅电压之和等于 5 V。

14.2　电动汽车制动系统的检查与维护

制动系统是安全行车的重要保证。制动系统是汽车上用以使外界(主要是路面)在汽车某些部分(主要是车轮)施加一定的力,从而对其进行一定程度的强制制动的一系列专门装置。制动系统的好坏直接影响到驾驶人、乘客及其他人员的生命和财产安全。制动系统分为行车制动和驻车制动,它的作用是使行驶中的汽车按照驾驶员的要求进行适时的强制减速甚至停车,使已停驶的汽车在各种道路条件下(包括在坡道上)稳定驻车,使下坡行驶的汽车速度保持稳定。

14.2.1　电动汽车制动系统的组成

电动汽车制动系统一般与传统汽车制动系统类似,主要由制动器、制动压力调节装置 ABS、电动真空助力系统等部分组成,如图 14-16 所示。

1. 制动器

制动器是产生阻碍车辆的运动或运动趋势的力(制动力)的部件。目前汽车所用的摩擦制动器可分为鼓式和盘式两大类。鼓式的摩擦副中的旋转元件为制动鼓,工作面为圆柱面;盘式的旋转元件为圆盘状的制动盘,工作面为圆盘端面。

电动汽车所用的制动器主要有前盘后鼓和前后均为盘式制动器两种形式。盘式制动器效率比鼓式制动器高,乘用车使用的盘式制动器主要为浮动钳盘式制动器,如图 14-17 所示。鼓式制动器用在后轮上的比较多,兼驻车制动的功能。内张型鼓式制动器是利用制动鼓的圆柱内表面与制动蹄摩擦片的外表面作为一对摩擦表面在制动鼓上产生摩擦力矩,如图 14-18 所示。

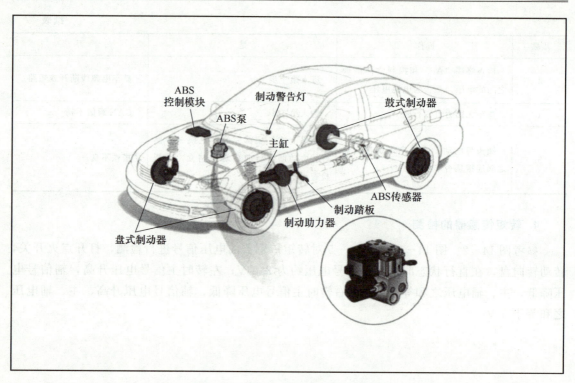

图 14 - 16　电动汽车制动系统的组成

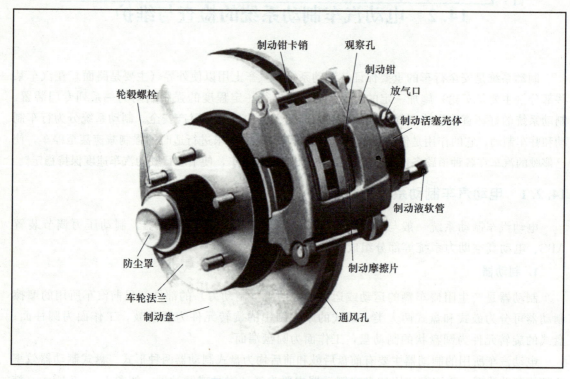

图 14 - 17　浮动钳盘式制动器

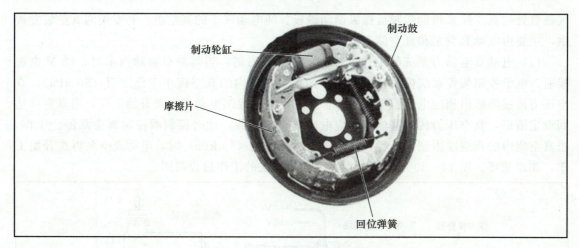

图 14 - 18　内张型鼓式制动器

2. 制动压力调节装置

现代汽车所用的制动压力调节装置主要是 ABS，ABS（antilock brake system）是制动防抱死系统的简称，它能够在汽车制动时，自动控制制动器制动力的大小，使车轮不被抱死，处于车轮边滚边滑（滑移率在 20％左右）的状态，以保证车轮与地面的附着力在最大值。ABS 通常由电动泵、储能泵、主控制阀、电磁控制阀和一些控制开关等组成，如图 14 - 19 所示。

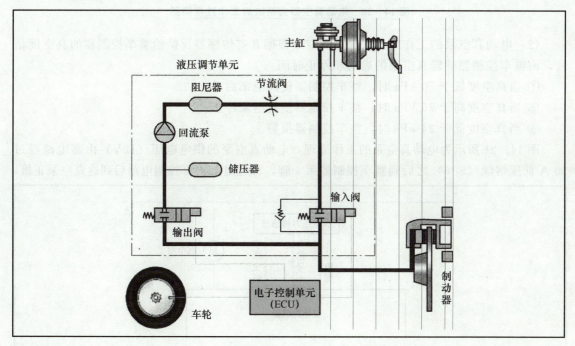

图 14 - 19　ABS 的组成

3. 电动真空助力系统

电动乘用车上广泛装用真空助力器作为制动助力器，在传统燃油汽车上则利用发动机进

227

气歧管处的真空度来帮助驾驶员操纵制动踏板。纯电动汽车的真空由一套专用的真空装置提供，主要由电动真空泵和真空储存罐组成。

（1）电动真空助力系统的工作过程。以某车型为例，当驾驶员启动汽车时，12 V 电源接通，电子控制装置系统模块开始自检，如果真空罐内的真空度小于设定值（50 kPa），真空压力传感器输出相应电压值至控制器，此时控制器控制电动真空泵开始工作，当真空度达到设定值后，真空压力传感器输出相应电压值至控制器，此时控制器控制真空泵停止工作，当真空罐内的真空度因制动消耗，真空度小于设定值（50 kPa）时，电动真空泵再次开始工作，如此循环。图 14 - 20 所示为电动真空助力系统的工作过程简图。

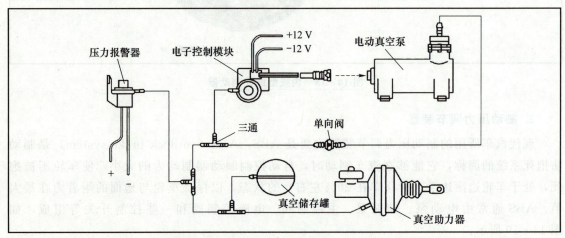

图 14 - 20　电动真空助力系统的工作过程简图

（2）电动真空泵的工作原理。电动真空泵根据真空传感器反馈给整车控制器的真空度信号，由整车控制器确定真空泵的启动和停止时间。

① 当真空度低于 50 kPa 时，整车控制器使真空泵启动；

② 当真空度高于 75 kPa 时，整车控制器使真空泵停止；

③ 当真空度低于 34 kPa 时，整车控制器报警。

图 14 - 21 所示为电动真空泵的工作原理，电动真空泵的供电电压（12V）由蓄电池经过 30 A 低压熔丝（SB6）之后到整车控制器第 4 脚，再经过其内部控制电路后到达真空泵正极，

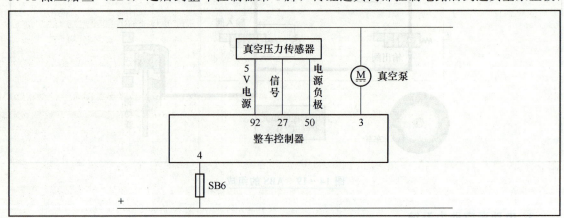

图 14 - 21　电动真空泵的工作原理

真空泵负极直接与蓄电池负极相接。真空泵是否启动受整车控制器控制，其控制依据是根据真空压力传感器送入的信号电压的大小来决定是否启动真空泵。当满足真空泵启动条件后，整车控制器第 3 脚输出 12 V 电压，给真空泵供电，真空泵即开始工作。真空压力传感器与整车控制器的连接关系是：传感器的供电和搭铁由整车控制器完成，分别接入整车控制器的第 92 脚和 50 脚，信号电压由传感器送入整车控制器（第 27 脚）。

14.2.2　制动系统典型故障的诊断与排除

1. 常见电动真空系统故障及排除方法

电动真空系统故障诊断及排除方法如表 14-3 所示。

表 14-3　电动真空系统故障诊断及排除方法

故障现象	检测方法及处理措施
连接电源后电机不转	检查熔丝是否熔断 熔断　　　　　　　　　　　未熔断 （1）线路短路　　　　　　（1）蓄电池亏电 （2）控制器损坏　　　　　（2）线路断路 （3）电机烧毁短路　　　　（3）控制器损坏
接通电源后，将真空度抽至上限设定值，电机不停转	（1）开关触点短路常开 （2）电子延时模块损坏，应更换
压力开关不能正常开启和断开	（1）压力开关触点污损、锈蚀，接触不良。清洁触点或更换压力开关 （2）连接线折断或插头连接处脱焊，应更换连接线 （3）管路密封性不好，检查管路密封性，必要时更换
设备的机壳带电	（1）电源线接错，壳体与电源的正极连接，应纠正错误连接 （2）电源插座的搭铁线未真实与搭铁连接，应把电源插座中的搭铁线连接好

2. 根据电路原理图检查电动真空泵电机的供电

检查电动真空泵电机的供电是否正常的步骤如下。

（1）检查发动机舱电气盒是否损坏，如损坏则更换。

（2）检查发动机舱电气盒线束插件是否接触不良。

（3）检查发动机舱电气盒真空泵 30 A 电机熔丝是否接触不良，其位置如图 14-22 所示。

（4）根据电动真空泵工作原理，使用万用表测量发动机舱电气盒真空泵电机熔丝 SB6（30A）是否烧损，如果损坏，做更换处理；否则检测整车控制器的 4 脚是否有 12 V 电压。如无则整车控制器线束损坏，更换该线束。

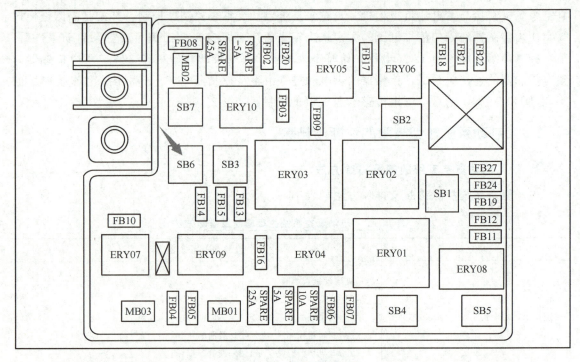

图 14 - 22　熔丝所在位置

14.2.3　行车制动系统的检查与维护

1. 检查制动踏板

（1）关闭电源，踩几次制动踏板，感觉制动踏板的反应灵敏程度，看制动踏板能否完全落下，有无异常噪声，是否过度松旷。

（2）检查制动踏板自由行程。反复踩制动踏板，直至助力器中无真空为止，然后用手轻轻按压制动踏板，并且使用钢直尺测量并计算出制动踏板的自由行程，如图 14 - 23 所示。

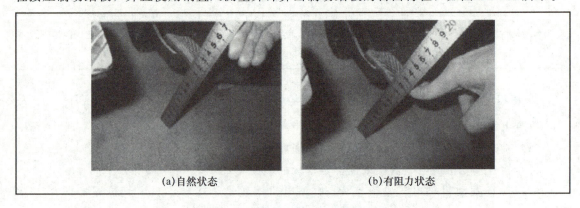

(a)自然状态　　　　　　　　　　(b)有阻力状态

图 14 - 23　测量制动踏板的自由行程

2. 检查制动液

（1）检查制动液储液箱内的制动液量，如图 14 - 24 所示。液面应在制动液储液箱侧面

MAX 与 MIN 标记之间。若液面低于 MIN 标记，需补充制动液。汽车在出厂前就加注了制动液，并在储液箱盖上已注明，如再加注时，应使用同样的制动液，否则会发生严重的损坏。不能使用过期的、用过的制动液，或末密封容器内的制动液。

（2）检查制动总泵与储液箱周围有无泄漏，如发生泄漏，应立即维修。制动液软管是否有扭曲、磨损、裂纹，表面有无凹痕或其他损伤。

（3）更换制动液。车辆正常行驶 40 000 km 或制动液连续使用超过两年，制动液很容易由于使用时间长而变质，要及时更换。具体更换方法如下。

① 首先将制动系统内原有的制动液完全排尽，然后进行排气操作（排气顺序为右后轮、左后轮、右前轮、左前轮）。更换时应加注型号相同的制动液，在加注的过程中，注意不要让制动液沾在油漆上，如沾上应立即清洗。

② 把放气管连接在制动分泵放气孔上，如图 14 - 25 所示。另一端插入装有一些制动液的容器内。反复踩几次制动踏板，踩住不动时松开放气螺栓。按此方法重复几次，直到放气孔中没有气泡流出，然后以规定转矩拧紧放气螺栓。

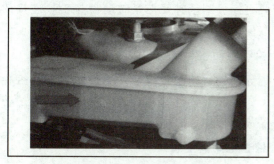

图 14 - 24　制动液液量检查

图 14 - 25　安装放气管

3. 检查制动盘和摩擦片

（1）卸下车轮及卡钳，但不能将制动软管从钳上取下，如图 14 - 26 所示。

图 14 - 26　卸下车轮及卡钳

（2）清洁摩擦片，检查摩擦片厚度，摩擦片厚度不符合标准时应更换，如图 14 - 27 所示。

（3）检查制动盘有无过度磨损、裂纹。清洁制动盘，在距制动盘端面外边缘 10 mm 处沿圆周 4 个等分点，用千分尺分别测量制动盘厚度，如图 14 - 28 所示。若制动盘厚度超过极限，必须更换制动盘。

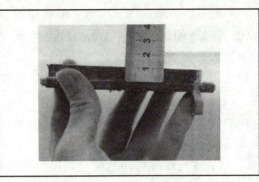

图 14-27 检查摩擦片厚度

图 14-28 测量制动盘厚度

（4）检查制动盘跳动量。在离制动盘端面最外大约 10 mm 处，放置百分表顶尖。转动制动盘，测量轴向圆跳动量，如图 14-29 所示。若超过极限值，需要更换。测量时要拧紧制动盘与轮毂连接的螺母，以保证测量准确。

图 14-29 检查制动盘跳动量

4. 检查制动钳导向销和活塞防尘罩

检查导向销运动是否灵活，活塞防尘罩是否存在破损。如有必要，可在两者表面涂上润滑脂。若出现卡滞或破损应立即更换。

5. 检查电动真空泵

（1）检查电动真空泵的管路是否存在松动或漏气。

（2）检查真空罐单向阀（如图 14-30 所示）连接管路是否漏气及真空罐单向阀胶圈是否损坏。

（3）检查真空助力器及连接管路有无漏气，如图 14-31 所示。

图 14-30 真空罐

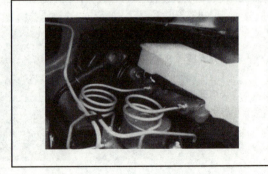

图 14-31 真空助力器

14.2.4 驻车制动系统的检查与维护

1. 检查驻车制动器

检查驻车制动拉索的收紧程度和驻车制动手柄拉起的齿数。

在正常情况下，拉起驻车制动器，能听见棘爪的响声。当手柄提到整个行程 70% 的时候，驻车制动就处在正常的制动位置了。

2. 检查后制动鼓与制动蹄片

（1）卸下车轮与制动鼓，图 14 - 32 所示为卸下制动鼓。

（2）检查后制动鼓与制动蹄片有无过度磨损、损坏。在卸下车轮与制动鼓的同时，应检查制动分泵有无泄漏，如图 14 - 33 所示，如有损坏应立即更换。

图 14 - 32　卸下制动鼓

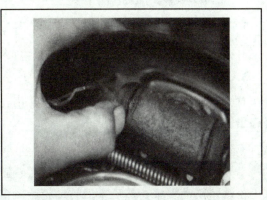

图 14 - 33　检查制动分泵

14.3　电动汽车行驶系统的检查与维护

汽车的行驶系统主要由车轮、悬架、车架和车桥组成，它将全车各总成及部件连成一个整体，支撑汽车的总质量，承受并传递路面作用于车轮上的各种力及其力矩，缓和不平路面对车身造成的冲击和振动，保证汽车平稳行驶。行驶系统与制动系统配合，提供汽车减速或停车所需的制动力，与转向系统配合，实现汽车的安全行驶与转向。

14.3.1　车轮的检查与维护

1. 检查轮胎气压

汽车轮胎胎压不应超过厂家规定的标准气压，过高和过低都会造成轮胎的异常磨损。轮胎气压的检查应在轮胎冷却后进行，将胎压表对准轮胎气门嘴读取数值，如果胎压不在正常值范围内，应及时调整，如图 14 - 34 所示。

2. 检查轮胎的外观

检查轮胎外表是否有硬物，如石头、钉子、铁屑等，如有异物，先查看轮胎是否被扎破，如果没有，则用螺钉旋具等工具进行清理，如图 14 - 35 所示。

图 14-34　检查轮胎气压

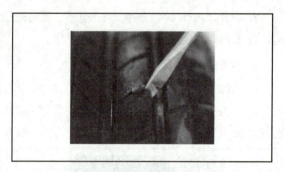

图 14-35　清除轮胎外表硬物

3. 检查轮胎的磨损程度

首先目测轮胎表面是否有异常磨损，用花纹深度尺在不同地方多次检测花纹深度，看是否超出安全的花纹深度。

4. 检查轮毂

举升车辆到相对高度后，用双手握住轮胎的上下侧，来回扳动轮胎，多次检查轮毂轴承有无松动、摆动现象，然后来回转动轮胎，多次检查有无噪声、有无卡滞。

5. 检查车轮动平衡

当汽车车轮高速旋转起来后，如果车辆在行驶中出现车轮抖动、转向盘振动的现象，就需要对车轮进行行动平衡检测来校正。

对车轮进行动平衡检测的步骤如下：

（1）清除被测车轮上的泥土、石子等杂物。

（2）拆下旧平衡铅块，如图 14-36 所示。

（3）检查轮胎气压，如不合规定，则充气至规定值。

（4）根据轮辋中心孔的大小选择锥体，装上车轮，用快速锁紧螺母将车轮锁紧在转轴上，如图 14-37 所示。

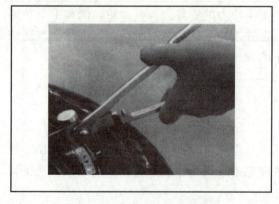

图 14-36　拆下旧平衡铅块

图 14-37　选择锥体并锁紧

（5）安装车轮，拧紧快速锁紧螺母，如图 14-38 所示。

（6）用卡尺测量轮辋宽度、轮辋边缘至动平衡机距离，如图 14-39、图 14-40 所示。将宽度、距离及轮辋直径数据输入动平衡机。

图 14-38 安装车轮

图 14-39 测量轮辋宽度

（7）放下车轮防护罩，按下启动键（有的是自动启动），车轮旋转，平衡测试开始，自动采集数据；运行几秒钟后，车轮自动停转（或听到提示笛声后按下停止键使车轮停转），从指示装置读取车轮内、外不平衡质量和不平衡位置信息。

（8）抬起车轮防护罩，用手慢慢转动车轮。当指示装置发出指示（音响、指示灯亮、制动、显示点阵或显示检测数据等）时停止转动。在轮辋的内侧或外侧的上部（时钟12点位置）安装平衡块。内、外侧要分别进行，平衡块装卡要牢固，如图14-41所示。

图 14-40 测量轮辋边缘到动平衡机距离

图 14-41 安装平衡块

（9）安装新平衡块后，按第七步重新进行平衡试验，直至不平衡量＜5g，或指示装置显示"00"时为止；结束测试拆下轮胎。

14.3.2 悬架系统的检查与维护

汽车悬架系统是车架（或车身）与车轴（或车轮）之间的弹性连接装置的统称，由弹性元件、导向机构、减振器和横向稳定杆组成。它的作用是弹性地连接车桥和车架（或车身），缓和行驶中车辆受到的冲击力，衰减由弹性系统引进的振动，使汽车在行驶过程中保持稳定，提高舒适性及操纵稳定性。

1. 减振器的检修

（1）目测减振器（见图14-42）是否有凹痕、损坏、变形等情况。

图14-42　减振器

（2）停车后用力往下按压汽车的一侧，若汽车摆动三四次，则说明减振器的减振性能已经很弱，需要更换。

（3）检查减振器是否有漏油，防尘罩是否有裂纹，油封是否有损坏，有则需要更换。

（4）检查减振器上方的连接螺栓是否按要求力矩紧固。

（5）拆下减振器，检查是否发生活塞杆卡滞或推拉活塞杆没有阻力，有则需要更换。减振器更换时只能整件更换，不能拆开维修。

2. 悬架装置的检查

（1）检查左右摆臂、转向器外侧的拉杆球头及拉杆球头上的防尘罩是否出现破损、漏油现象。

（2）检查拉杆球头（见图14-43）的摆动与转动是否流畅，或是否有松动现象。

（3）在轮胎气压正常、汽车空载状态下，观察汽车，如汽车左右不等高，则要注意检查前悬架螺旋弹簧是否有左右长度不等现象，如有上述情况发生，更换螺旋弹簧。

（4）检查橡胶件，如有损坏、开裂或老化失效，则应更换。

（5）检查前、后悬架装置（见图14-44）是否有损坏、松脱、车身倾斜现象。

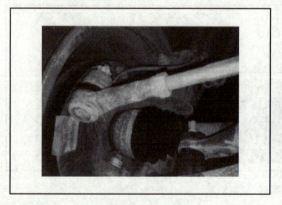

图14-43　拉杆球头

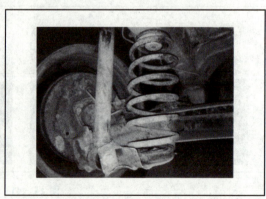

图14-44　悬架装置

（6）检查前、后悬架上弹簧座有无脱开、撕裂或其他损坏。如有损坏，应更换。

（7）检查悬架螺栓、各支架螺连接是否紧固。

（8）检查后稳定杆、纵臂等是否弯曲、变形、损坏。

思　考　题

1. 简述电动助力转向系统的组成。
2. 电动助力转向系统有何特点？
3. 转向系统的检查与维护工作有哪些？
4. 如果转向盘的自由行程不在规定范围内，可能的原因是什么？
5. 简述电动汽车转向系统常见故障的原因及修理方法。
6. 如何检查排除电动助力转向系统的故障？
7. 简述电动汽车制动系统的组成。
8. 简述电动真空泵的工作原理。
9. 简述常见电动真空系统的故障及排除方法。
10. 如何检查制动踏板的自由行程？
11. 如何更换制动液？
12. 车轮的检查与维护工作有哪些？
13. 如何进行减振器的检修？
14. 悬架装置有哪些方面需要进行检修？

附录 A   电动汽车驱动电机系统故障分类

随着新能源汽车的快速发展，国家工业和信息化部于 2011 年 12 月 20 日发布了国家汽车行业标准《电动汽车用驱动电机系统故障分类及判断》（QC/T 893—2011）。该标准于2012 年 7 月 1 日实施，标准规定了电动汽车用驱动电机系统故障的确认原则、故障模式和故障分类。

A.1   电动汽车驱动电机系统故障的分类

QC/T 893—2011 标准根据故障的危害程度将电动汽车驱动电机系统的故障分为致命故障、严重故障、一般故障和轻微故障 4 级。各级故障特性描述如表 A-1 所示。

表 A-1   驱动电机系统的故障分类和特性描述

故障等级	故障类型	故障特性描述
1 级	致命故障	(1) 危及人身安全； (2) 影响行车安全； (3) 对周围环境造成严重危害； (4) 造成车辆在故障发生地不能行驶； (5) 主要零部件功能失效； (6) 引起整车其他相关主要零部件严重损坏
2 级	严重故障	(1) 造成车辆不能正常行驶，但可以从发生故障地点移动到路边，等待救援； (2) 性能发生较明显的衰退
3 级	一般故障	(1) 非主要零部件故障，可以从发生故障地点非正常开到停车场； (2) 非主要零部件故障，能用易损备件和随车工具在短时间内排除
4 级	轻微故障	(1) 不需更换零部件，车辆仍能正常运行； (2) 不需更换零部件，可用随车工具在短时间内排除

A. 2　驱动电机系统的故障模式

QC/T 893—2011 标准将驱动电机系统的故障模式分为损坏型故障模式、退化型故障模式、松脱型故障模式、失调型故障模式、堵塞与渗漏型故障模式及性能衰退或功能失效型故障模式等。故障模式的分类与特征描述如表 A-2 所示。

表 A-2　故障模式的分类与特征描述

故障模式	故障类型	故障特征描述
损坏型故障模式	断裂	具有有限面积的几何表面分离。发生位置如控制器的壳体、电机机座、端盖等
	碎裂	零部件变成许多不规则形状的碎块的现象。发生位置如轴承、转子花键等
	裂纹	在零部件表面或内部产生的微小的裂纹。发生位置如控制器的壳体、电机机座、端盖等
	开裂	焊接处、钣金件、非金属件产生的可见裂纹。发生位置如绝缘板、接线板、电缆线等
	点蚀	零部件表面产生的点状剥蚀。发生位置如电机花键
	烧蚀	零部件表面因局部熔化而发生的损坏。发生位置如断路器
	击穿	绝缘体丧失绝缘，出现放电现象，造成损坏。发生对象如电机绕组、电容、功率器件等
	变形	零部件在外力作用下改变原有的形状的现象。如电机转轴的弯曲或扭转变形，控制器外壳的变形等
	压痕	零部件表面产生的凹状痕迹。如转子花键表面的压痕
	烧损	由于运行温度超过零部件的允许温度，且持续一定时间，造成全部或部分功能失效。发生位置如定子绕组、功率器件、电容、电路板、风机电机等
	磨损	由于摩擦使相互配合零件表面磨蚀严重而影响该对零部件正常工作的物理现象，或非配合零部件表面磨蚀严重而影响其中一个零部件正常工作的物理现象。发生位置如电缆线、连接线等
	短路	电路中不同电位之间由于绝缘损坏发生线路短路
退化型故障模式	老化	非金属零部件随使用时间的增长或周围环境的影响，性能衰退的现象。如绝缘板、密封垫、密封圈等的老化
	剥离	金属、非金属或油漆层以薄片状与原表面分离的现象
	异常磨损	运动零部件表面产生的过快的非正常磨损。如转子花键的磨损
	腐蚀	外壳、电连接器、电路板的氧化、锈蚀
	退磁	永久磁体退磁

续表

故障模式	故障类型	故障特征描述
松脱型故障模式	松动	连接件丧失应具有的紧固力或过盈失效。如连接螺栓、轴承、转子铁心等
	脱落	连接件丧失连接而造成的零部件分离的现象。如悬挂点的连接等
失调型故障模式	间隙超差	触点间隙或配合间隙超出规定值而影响功能的现象。如接触器、轴承等的间隙超差
	干涉	运动部件之间发生相碰或不正常摩擦的现象。如风机叶片与风罩、速度传感器与齿盘、电机定子与转子之间的干涉等
	性能失调	关键输出量不稳定。如输出转矩、转速的振荡、不稳定
堵塞与渗漏型故障模式	堵塞	在管路中流体流动不畅或不能流动的现象。发生位置如液冷电机和控制器的管路
	漏水	在密闭的管道及容器系统中，有液体成滴或成流泻出的现象
	渗水	在水密闭的管道及容器系统中，有液体痕迹，但不滴落的现象
性能衰退或功能失效型故障模式	性能衰退	在规定的行驶里程或使用寿命内，电机及控制器的性能低于技术条件规定的指标的现象。如最大输出转矩、功率出现明显下降造成整车动力性能下降
	功能失效	由于某一局部故障导致电机或控制器某些功能完全丧失的现象
	公害限值超标	产品的噪声超过规定的限值
	异响	电机或控制器工作时发出非正常的声响
	过热	电机或控制器的整体或局部的温度超过规定值

A.3　驱动电机系统故障模式及分类举例

　　常见驱动电机系统故障的模式及分类举例如表 A-3～表 A-6 所示。驱动电机系统故障的模式包括但不局限于表 A-3～表 A-6 中的内容。

表 A-3　致命故障

序号	零部件名称	故障模式	情况说明
1	电机定子绕组	烧损	电机绕组之间由于短路或电机运行温度过高造成烧损
2	电机定子绕组	击穿	电机绕组绝缘击穿，造成对电机外壳短路或绕组匝间短路
3	电机转速/位置传感器	功能失效	不能产生电机转速/位置信号，造成驱动电机系统不能工作
4	转子花键	断裂或碎裂	转子花键断裂或异常磨损，不能传递转矩
5	接线板	烧损	控制器和电机之间电气连接失效
6	接线板	击穿	控制器输出线间短路或对外壳短路
7	电机轴承	碎裂	电机轴承碎裂，不能正常支撑转子

附录 A　电动汽车驱动电机系统故障分类

续表

序号	零部件名称	故障模式	情况说明
8	电机轴承	烧损	电机轴承温度过高，造成内部润滑脂蒸发，出现烧损，不能正常支撑
9	控制器电容器	烧损	控制器电容器本体或连接失效
10	控制器电容器	击穿	控制器电容器正负极之间或对外壳短路
11	控制器功率器件	烧损	功率器件功能失效
12	控制器功率器件	击穿	功率器件的阳极、阴极、门极之间或端子对外壳短路
13	控制器电压、电流传感器	烧损	传感器功能失效，造成控制器不能工作
14	控制器电压、电流传感器	击穿	传感器正负极之间或对外壳短路，造成控制器不能工作
15	充电接触器、主接触器	烧损	接触器线包或触头烧损，功能失效，造成控制器不能工作
16	充电接触器、主接触器	间隙超差	接触器无法可靠接触或断开，造成控制器不能工作
17	电路板	烧损	电路板部分元器件烧损，造成电路板的部分或全部功能失效，控制器不能工作
18	电路板	击穿	电路板部分元器件击穿或带电部分对安装支座、外壳击穿，造成控制板部分或全部功能丧失，控制器不能工作
19	充电电阻	烧损	控制器不能工作
20	熔断器	烧损	控制器不能工作
21	电缆线和连接件	烧损	电缆和连接件因磨损或其他原因造成短路、接地等故障，造成控制器不能工作
22	温度传感器	烧损	传感器功能失效，造成控制器不能工作
23	温度传感器	击穿	信号线间短路或对壳体短路，造成控制器不能工作
24	电机安装支座	脱落	电机发生明显位移，造成车辆无法安全行驶
25	电机永磁体	性能衰退	驱动电机系统 400 h 可靠性试验后，电机失磁过高，造成最大转矩或最大功率性能低于技术条件规定指标的 5%
26	通信	功能失效	控制器不能工作
27	软件	功能失效	控制器不能工作

表 A-4　严重故障

序号	零部件名称	故障模式	情况说明
1	电机永磁体	性能衰退	电机的性能低于技术条件规定的指标，造成整车动力性能下降
2	电机转速/位置传感器	功能失效	不能产生电机转速/位置信号，但驱动电机系统能在故障模式下工作
2	冷却风机	烧损	因冷却风机不能运转，控制器或电机无法连续正常工作
3	冷却风机	干涉	风机风罩与叶片干涉，造成风机不能正常运转，控制器或电机无法连续正常工作

续表

序号	零部件名称	故障模式	情况说明
4	冷却液体泵	烧损	因冷却液体泵不能运转，控制器或电机无法连续正常工作
5	控制器和电机冷却管路	堵塞	因冷却液无法循环，造成控制器或电机无法连续正常工作
6	控制器和电机冷却管路	漏液	冷却系统缺液，控制器或电机无法连续正常工作
7	电机轴承	异常磨损	电机轴承出现非正常磨损，需对轴承进行清洗润滑，处理后电机仍可正常使用
8	风机或水泵接触器	烧损	风机或水泵无法启动，控制器或电机无法连续正常工作
9	风机或水泵接触器	间隙超差	接触器无法可靠接触或断开，造成风机和水泵无法正常启动，控制器或电机无法连续正常工作
10	温度传感器	烧损	传感器功能部分失效，控制器无法连续正常工作
11	温度传感器	击穿	信号线间短路或对壳体短路，控制器无法连续正常工作
12	电缆线和连接件	磨损	电缆和连接件因磨损造成短路、接地等故障，造成控制器无法连续正常工作
13	电机安装支座	脱落	电机发生明显晃动或振动，造成车辆无法连续行驶
14	软件	性能失调	造成控制器无法连续正常工作
15	电机	异响	车辆回修理厂检查电机轴承，对其进行清洗和润滑或更换处理

表 A-5 一般故障

序号	零部件名称	故障模式	情况说明
1	冷却风机	烧损	乘客下车，车辆缓慢回到修理场
2	风机或水泵接触器	烧损	风机或水泵无法启动，车辆缓慢回到修理厂
3	风机或水泵接触器	间隙超差	风机或水泵无法启动，车辆缓慢回到修理厂
4	电机定子绕组	温度过高	车辆可缓慢回到修理场
6	电机连接螺栓	松动	个别松动，需进修理厂紧固
7	控制器连接螺栓	松动	个别松动，需进修理厂紧固
8	电机冷却管路接头	漏液或渗液	紧固接头处，需进修理厂紧固
9	控制器冷却管路接头	漏液或渗液	紧固接头处，需进修理厂紧固
10	散热器	漏液或渗液	需进修理厂修理或更换
11	控制器插头	松动	插头重新插接
12	电缆线和连接线	磨损	磨损处用绝缘胶带和波纹管包好
13	电机安装支座	脱落	个别脱落，不影响行车安全，需进修理厂
14	线束	松动	需进修理厂检查修理
15	温度传感器	烧损	传感器功能部分失效，控制器可在限制条件下工作，需更换传感器

表 A－6　轻微故障

序号	零部件名称	故障模式	情况说明
1	安装螺栓	松动	个别松动，紧固螺栓
2	导线固定件	松动	个别松动，紧固固定件
3	外壳	腐蚀	外壳锈蚀
4	外壳	剥离	外壳油漆剥离
5	外壳	脱落	非关键焊点脱落
6	可恢复性故障保护	性能失调	出现故障保护且自动在很短的时间内恢复或关闭电源后重新启动能够自动恢复

参 考 文 献

[1] 景利平，敖东光，薛菲．电动汽车检查与维护［M］．北京：机械工业出版社，2017.

[2] 敖东光，宫英伟，陈荣梅．电动汽车结构原理与检修［M］．北京：机械工业出版社，2017.

[3] 猴庆伟，李卓．新能源汽车原理与检修［M］．北京：机械工业出版社，2017.

[4] 吴文林．电动汽车结构原理与使用维修［M］．北京：化学工业出版社，2017.

[5] 陈黎明，王小晋．电动汽车结构原理与故障诊断［M］．北京：机械工业出版社，2015.

[6] 刘振楼．汽车维修技术［M］．北京：人民交通出版社，2005.